Tatjana Kuschtewskaja

Küche Sibiriens

Die Kochkunst und die Rezepte der Völker Sibiriens

Die Bilder zum Buch gezeichnet hat

Ruslan Naida

Berlin 2016

Tatjana Kuschtewskaja, geboren 1947 in der Turkmenischen SSR in der Wüstenoase Dargan-Ata; verbrachte ihre Jugend in der Ukraine; Studium der Musikpädagogik an der Musikhochschule von Artjomowsk (Diplom); arbeitete acht Jahre lang als Musikpädagogin in Jakutien; 1976 bis 1981 Studium an der Fakultät für Drehbuchautoren der Filmhochschule Moskau (Diplom), wo sie 1983 bis 1991 einen Meisterkurs für Drehbuchautoren leitete und als freie Journalistin tätig war; verfasste zahlreiche Drehbücher und Reportagen; unternahm Reisen durch alle Regionen der ehemaligen UdSSR; lebt seit 1991 in Deutschland.

Veröffentlichungen in deutscher Sprache: „Ich lebte tausend Leben", Velbert, 1997; „Russische Szenen", Berlin, 1999; „Mein geheimes Rußland", Düsseldorf, 2000; „Transsibirische Eisenbahn", Berlin, 2002; „Die Poesie der russischen Küche", Düsseldorf, 2003; „Meine sibirische Flickendecke", Düsseldorf, 2005; „Hier liegt Freund Puschkin. Spaziergänge auf russischen Friedhöfen", Düsseldorf, 2006; „Sibirienreise – Die Lena", Berlin, 2007; „Küssen auf Russisch", Düsseldorf, 2007; „Der Baikal", Berlin, 2009; „Tolstoi auf'm Klo", Berlin, 2010; „Liebe – Macht – Passion. Berühmte russische Frauen", Düsseldorf, 2010; „Die Wolga", Berlin, 2011; „Russinnen ohne Russland", Düsseldorf, 2012; „Florus und Laurus. Meine russischen Tiergeschichten", Berlin, 2013; „Der Jenissei - ein sibirischer Strom. Geschichte und Geschichten von seinen Quellflüssen bis zum Polarmeer", Berlin, 2014; „Zu Tisch bei Genies. Neue kulinarische Streifzüge durch die russische Literatur", Düsseldorf, 2014; „Am Anfang war die Frau. Die Frauen russischer Genies", Düsseldorf, 2016.

© 2016 Wostok Verlag
Redaktionelle Bearbeitung: Peter Franke, Britta Wollenweber
Übersetzung: Steffi Lunau
Alle Rechte vorbehalten

Umschlag und Layout: Ruslan Naida, Peter Franke, Wostok Verlag
Fotos: Privatarchiv der Autorin
Zeichnungen: Ruslan Naida
Satz: Wostok Verlag – Berlin
Druck: Bookpress, Olsztyn

Wostok Verlag, Am Comeniusplatz 5, 10243 Berlin
Im Internet: www.wostok.de

ISBN: 978-3-932916-64-9

Inhalt

Die traditionelle Küche der Völker des Nordens

„Es gibt keine wahrhaftigere Liebe, als die Liebe zu guter Küche." Wie oft habe ich mich an diese Worte von George Bernard Shaw anlässlich seiner Feinschmeckerreise durch Sibirien erinnert. Für mich sind die Liebe zu Sibirien und seiner Geschichte, das lebendige Interesse an den Traditionen der Völker des Nordens und die Begeisterung für ihre Küche nicht voneinander zu trennen. Sibirien ist kein ethnisch einheitliches Gebiet, hier lebt eine Vielzahl größerer, kleiner und kleinster Völker zusammen: Jakuten, Burjaten, Tuwiner, Chakassen, Chanten, Mansen, Nenzen, Selkupen, Nganasanen, Tschuktschen, Ewenen, Ewenken und viele andere. Sie alle haben ihre eigenen Sitten, Bräuche und Religionen, die von ihren Lebenswelten geprägt sind. Und diese Lebenswelten könnten unterschiedlicher nicht sein; im südsibirischen Tuwa reitet man auf dem Kamel, und im sibirischen Norden trifft man auf den Eisbären. Stellen Sie sich die Polargebiete Sibiriens vor, in denen ein halbes Jahr lang Polarnacht herrscht und es auch im Sommer bitter kalt ist. Noch vor hundert Jahren konnte dort von Feinschmeckertum keine Rede sein, weil die polare Tundra keinen Brennstoff liefert. Und wenn es keine Bäume gibt, wo soll das Holz herkommen, mit dem man den Herd feuert? Und noch etwas. Der wichtigste Held der Mythologie des Hohen Nordens, Bootur der Zielstrebige, verspeist bei einem Festmahl in der Regel ein Rentier und zehn Lachse, dazu trinkt er fünf Trinkschläuche Milchwodka leer. Sie merken schon, es ging weniger um Genuss als vielmehr um Menge und Masse.

Ein Phänomen der sibirischen Küche besteht in den scharfen Übergängen von traditionell-einfachen zu fein-eleganten Speisen. In den letzten Jahren fand ein Sprung vom allerbescheidensten Essen zum heutigen Wohlstand und zur kulinarischen Erlesenheit der Restaurants des Nordens statt. Wenn auf der Halbinsel Jamal, dem Gebiet der Nenzen, Selkupen und Chanten, in den Zeltlagern der Rentierhirten traditionelles Essen nach uralten Rezepten gereicht wird, so gibt es in Jakutsk, der Hauptstadt der Republik Sacha (Jakutien), bereits Feinschmeckerrestaurants, die höchsten Ansprüchen genügen und deren Kreationen auf den ersten Plätzen der russischen Gourmetlisten stehen. Davon erzähle ich ein wenig mehr im Kapitel „Die Küche der Jakuten".

Jedem Sibirienreisenden empfehle ich, Stroganina zu kosten, das sind fein geschnittene Scheiben aus frischem, gefrorenem Fisch. Nun, das hört sich zunächst einfach an. Tatsächlich ist Stroganina jedoch eine außergewöhnlich delikate Speise mit starkem regionalen Bezug. Sie zählt wie auch Jukola zu den Gerichten, die es in den Küchen aller indigenen Völker Sibiriens gibt.

Stellen wir uns ein traditionelles jakutisches Festmahl vor. Als Vorspeise gibt es also Stroganina. Dazu ein Gläschen Wodka. Dann wird Ihnen wunderbarer Hering in Senfsauce gereicht. Und erst der jakutische Lachs! In einer hellen Polarnacht gefangen! Doch nein, den Lachs ignorieren wir an dieser Stelle zunächst. Besser, wir kosten von der jakutischen Suppe „Selieideech min". Diese Suppe wird aus zartestem Pferde- oder Rindfleisch mit Zwiebeln und Mehl zubereitet. Und die Fladen, die in Jakutien gebacken werden! Und zu den noch heißen Fladen wird kalte „Kertschech" gereicht, eine Art Sahne. Man streicht Kertschech wie Butter auf die heißen Fladen. Die Jakutinnen sind echte Meisterinnen im Sahneschlagen. Dann kommt „Tiesteleech et" auf den Tisch, was auf jakutisch so viel bedeutet wie Schaschlik aus dem zarten Fleisch eines jungen Rentiers. Dieses Schaschlik ist so ausgezeichnet, dass es nach einem guten Bier ruft. Und auch daran gibt es in Sibirien keinen Mangel. Und jetzt kosten wir „Butugas". Wie es zubereitet wird? In kochende Dickmilch wird Mehl gerührt und dann der Saft von Preiselbeeren zugegeben. Das sieht sehr schön aus! Speisen müssen schön aussehen und das Auge ansprechen, das gilt auch für die sibirische Küche! „Butugas" wird in besonderen hölzernen Schalen gereicht, die auf jakutisch Kytyjna genannt werden. Und zum Abschluss des Festmahls naschen wir eingelegte Preiselbeeren und natürlich Zedernkerne ...

Jedes der Völker hat seine Küche mit ihren Besonderheiten und Geheimnissen.

In meinem kulinarischen Gedächtnis gibt es ein Regal des Glücks. Dort lagern die Erinnerungen an mit dem Fleisch schwarzer Krabben gefüllte Pelmeni, in Salz eingelegten Baikal-Omul, in Folie gebackenen sibirischen Nelma-Lachs, „betrunkenes Rentierfleisch" und den Cocktail „Wilder Norden" ... Ich erinne-

> **Als Gott die Schätze der Welt verteilte, froren ihm über Sibirien die Hände, und er ließ sehr viel fallen.**
>
> **Was im Wasser ist, ist Fisch, was in Federn und Fell geht, ist Fleisch.**
>
> **Das Ren und der Hund, die Freunde des Jägers.**
>
> Sprichworte der Sibirjaken

re mich gut, wie beeindruckt ich einst von der Kochkunst einer alten Ewenkin war, die nördlich des Polarkreises auf der Taimyr-Halbinsel lebte. Sie bewirtete mich mit einem Seevogel, der den Namen Papageitaucher trägt. Der Name ist seinem grellroten Schnabel geschuldet. Doch ist der Papageitaucher ein Alkenvogel, und im Gegensatz zu den Papageien lebt er in den Klippen am Nordatlantik und am Weißen Meer. Der Geschmack des Vogels hat sich mir für immer eingeprägt, er erinnert an zarte Kalbsleber, die sehr nach einem guten Weißwein verlangt. All das sind unvergessliche Eindrücke.

Nichts im Leben tun wir so oft wie essen, und es wäre dumm, diese Tätigkeit dem Schicksal zu überlassen ...

Einen besonderen Platz in der sibirischen Küchenlandschaft nimmt die der Sibirjaken ein.

Das Wort „Sibirjak" bezeichnete am Anfang jemanden, der in Sibirien lebt, inzwischen ist es jedoch zu einem beinahe ethnischen Begriff geworden. Es sind die Russen damit gemeint, die seit Jahrhunderten in Sibirien ansässig sind und sich weit von ihren zentral-, süd-, west- oder nordrussischen Wurzeln entfernt haben. Natürlich können Sibirjaken auch ethnische Belarussen oder Ukrainer sein. Die ersten Russen stießen im 16. Jahrhundert nach Osten vor und eroberten den weiten sibirischen Raum. Doch nach und nach und unmerklich wurden sie selbst erobert von diesem Raum. Sie russifizierten Sibirien und wurden selbst „sibirisiert".

Die Küche der russischstämmigen Sibirier ist eine einzigartige Verbindung aus altrussischer Küche und regionalen Traditionen der Völker Sibiriens. Das beliebteste Gericht sind Pelmeni, von denen es mehr als fünfzig verschiedene Arten gibt. Ich werde nie den Schriftsteller vergessen, den ich auf einer Reise in den Altai begleitete. Wir kamen in Jasowo, einem Dorf etwa hundert Kilometer von Barnaul entfernt, an und labten uns an der dortigen Küche. Halb im Ernst, halb im Spaß sagte er: „Dafür hat es sich gelohnt, zu leben und zu hoffen!" Das glaube ich auch. Ich kenne einen Deutschen, der die Region seit den 1990er Jahren schon 220 Mal besucht hat. Lufthansa-Piloten pflegten in Jasowo Station zu machen, wenn sie zwischen zwei Flügen einige Tage frei hatten. Sie konnten die Natur genießen und ausgezeichnet essen: Bœuf Stroganoff aus Rentierfleisch mit Pilzen, Fisch in Gurkensud auf sibirische Art, Pelmeni, sibirische Äschen mit Preiselbeeren, Buchweizenkascha mit Zedernkernen ... Im Kapitel „Die Küche des Altai" erzähle ich mehr darüber.

Nur in Sibirien treffen Sie auf eine so virtuose Nutzung eines einzigen Rohstoffs für die Zubereitung von Speisen, das ist natürlich Fisch. Fisch wird eher selten gekocht oder gebraten, er wird roh gereicht, gesalzen, gedörrt (Jukola), gesäuert, über dem Feuer getrocknet (Duktemi), gefroren oder in Asche gebacken. Mir selbst schmeckt Lachs zum Beispiel am besten, wenn er geräuchert ist.

Die Grundlage vieler Gerichte der sibirischen indigenen Völker – Nenzen, Selkupen, Chanten, Jakuten und andere – ist Rentierfleisch. Es enthält alle Spurenelemente, die für eine vollwertige Ernährung notwendig sind. Das Bemerkenswerteste ist, dass es, ähnlich wie das Filet der delikaten sibirischen Fische, auch roh verwendet werden kann. Die Feinschmecker unter uns wird das vielleicht bestürzen, manche werden sich fragen, ob das nicht gefährlich ist. Aber nein! Frisches Rentierfleisch gilt bei den Bewohnern des Hohen Nordens als reines Fleisch, es enthält keine Parasitenlarven oder Bakterien und ist zudem reich an Eiweiß und Spurenelementen. Das Fleisch ist etwas trocken, aber der Geschmack aromatisch, und es schmeckt ausgezeichnet! Und wie auch nicht, steht es doch für eine uralte Tradition.

Rohes Fleisch wird in vielen verschiedenen Arten verwendet. Als noch warmes Fleisch, Fett und Blut. Beispielsweise wird Blut zu gleichen Teilen mit frisch gemolkener Rentiermilch gemischt, eine Delikatesse. Eine andere Art ist Stroganina, wie wir sie schon vom Fisch kennen. Das frische, natürlich gefrorene Fleisch von Rentieren wird in hauchzarte Scheiben geschnitten und leicht gesalzen. Es wird auch mit Kräutern, Kresse oder Bärlauch gewürzt. Die dritte Art schließlich ist das von Frost und Wind gedörrte rohe Fleisch.

Natürlich wird in Sibirien auch Bärenfleisch gegessen, zudem essen die indigenen Völker Walfleisch, Walrossfleisch, Robbenfleisch, Hecht und Karausche und viele andere Fische. Diese Lebensmittel werden jedoch vor dem Verzehr verarbeitet. Man findet kaum gebratene Speisen in den nationalen Küchen des Hohen Nordens. Eine Ausnahme sind die Fladen, die über offenem Feuer in zerlassenem Walrossfett gebacken werden. Walrossfett ist zudem eine delikate Saucengrundlage, in die Stücke rohen Rentierfleischs getunkt werden.

Das Polargebiet hat seine besondere Gewürze und Beilagen. Das sind in ledernen Trinkbeuteln (Burdjuk) konservierte Beeren, die in den kurzen Sommern reifen (Moltebeeren, Krähenbeeren, Moosbeeren, Rauschbeeren), und Wildkräuter (Lauch, Sauerampfer und die jungen Blätter der Zwergweide). In den nördlichen Gebieten wachsen viele Pilze, aber die Einheimischen sammeln sie nicht, denn schließlich sind sie die Lieblingsspeise der Rentiere. Eine Besonderheit ist die Vielzahl von Taigakräutern, mit denen die Speisen gewürzt werden. Dafür kommt eigentlich alles in Frage, was hier wächst.

100 Rubel kein Geld, 100 Jahre kein Alter, 100 Werst keine Entfernung

**Heimat ist nicht, wo Du die Bäume kennst,
sondern wo die Bäume Dich kennen.**

**Wenn sich im Paradies eine Menschenseele und eine Hundeseele
begegnen, muss sich die Menschenseele vor der Hundeseele verneigen.**

Sprichworte der Sibirjaken

In der zweiten Hälfte des 20. Jahrhunderts gelangten auch in die traditionellen Behausungen wie Tschum und Jaranga industriell hergestellte Lebensmittel, darunter Zucker, Schokolade und Getreide. Doch den alten Rezepten und den traditionellen Delikatessen wird weiterhin der Vorzug gegeben. Nach wie vor werden sehr sättigende, kalorienreiche Speisen gekocht, um den Energiehaushalt in dieser frostigen Umgebung auszugleichen. Wie in alten Zeiten werden handwerklich erzeugte Lebensmittel der Rentierwirtschaft, der Jagd und des Fischfangs bevorzugt. Häufig werden als Beilage Beeren gereicht, Moosbeeren, Preiselbeeren, Heidelbeeren, Rauschbeeren und Moltebeeren. Nach Jakutien kam ich aus der warmen und sonnigen Ukraine und lebte dort viele Jahre. Die Idee, rohen Fisch zu essen, kam mir anfangs seltsam vor, aber ich gewöhnte mich schnell daran, auch wenn ich mit den Vorlieben der ukrainischen Küche – mit Gesottenem und Gebackenem, Gekochtem und Gedünstetem – groß geworden bin. Das rohe Rinderhackfleisch „Tatar" stammt ja ursprünglich auch aus Sibirien. Darüber berichtete bereits der Venezianer Marco Polo, der im 13. Jahrhundert auf dem Landweg nach China reiste. Damals wurde der gesamte Nordteil Asiens als Land der Tataren bezeichnet. Von hier stammt auch das Tatarensteak. Eigentlich ist es Fleisch auf sibirische Art. Interessant finde ich die Äußerung des deutschen kulinarischen Ethnologen Prof. Dr. Marin Trenk: „Die wirkliche Geschmacksrevolution aus Asien waren Sushi. Dass man hier anfing, rohen Fisch zu essen – und dann bald auch rohes Fleisch in Form von Carpaccio –, war spektakulär. Roher Fisch und rohes Fleisch galten zuvor als Inbegriff kulinarischer Barbarei. Der Trend hat sich von Japan in die USA und dann nach Europa ausgebreitet und damit eine sehr starke Ekel-Barriere eingerissen." Die heutige Begeisterung für die japanische Küche mit ihrer Verwendung von rohem Fisch erklärt er mit dem Streben des modernen Menschen nach einer minimalistischen Nahrungszubereitung, nach gesunder und vollwertiger Ernährung. Die sibirische Küche war ihrer Zeit also weit voraus!

Ich habe immer Rezepte gesammelt, auch in Sibirien. Ich habe damals viel in mein „Quantengedächtnis" eingetragen, meinen Speicher der Erinnerung. Heute schlage ich ein Notizbuch von damals auf und erinnere mich genau, wo, wann, unter welchen Umständen und sogar mit wem ich das eine oder andere Gericht gegessen habe. War der Mensch, mit dem ich gegessen habe, sympathisch oder unsympathisch? Und so will ich die Rezepte mit Erzählungen über derlei Treffen ergänzen. Diese „kulinarischen Geschichten" sind fröhlich, zum Lachen, oder traurig. Sie runden meine Eindrücke als Feinschmeckerin ab. Und in meiner Erinnerung tauchen Bilder der mythischen, wunderbaren Orte auf, und auf der Zunge habe ich den Geschmack der mitunter exotischen, jedoch immer schmackhaften sibirischen Gerichte.

Die Küche der Sibirjaken

In Sibirien sagt man: „Keiner wird als Sibirjak geboren." Es reicht allerdings auch nicht aus, in Sibirien geboren zu sein. Um als Sibirjak zu gelten, muss man sich gewissermaßen mit der Erde und der Luft vollsaugen. Erst dann kann man Sibirien emotional erfahren und lieben, mit seiner besonderen Luft, die nach Weite und Freiheit riecht, und mit seinen Unvorhersehbarkeiten in allen Lebensbereichen, seien es das Klima, das Wetter, die Landschaft, die Menschen oder auch das Essen. Wer in Sibirien lebt, ist starken Reizen ausgesetzt. Das prägt den Charakter, besonders in der Jugend. Das Lebensgefühl in den Städten und Dörfern der Taiga und der Tundra ist von besonderer Intensität und unvergesslich.

Ende der 1960-er Jahre tauchte bei mir, einer jungen Musiklehrerin in der jakutischen Stadt Lensk an der Lena, ein Arzt im Bekanntenkreis auf, ein junger Unfallchirurg, der aus Moskau stammte. Er arbeitete bei der Flugrettung. Im ganzen Gebiet gab es drei Hubschrauber, die, ohne Treibstoff zu sparen, in die entlegensten Gegenden und zu den hoffnungslosesten Kranken flogen. Mein neuer Bekannter erzählte ungern im Detail von seiner Arbeit, aber ich erfuhr doch, dass er Wunden in der Tundra versorgte, im Regen auf freiem Feld operierte oder mitten in der Taiga Notverbände anlegte. Manchmal stellte sich vor Ort heraus, dass der Kranke gar keinen Chirurgen gebraucht hätte, sondern einen Internisten, dann tat mein Bekannter dennoch alles, um das Leben des Patienten zu retten. Einmal sah der Pilot der Luftrettung unter sich ein Rudel Wölfe und fürchtete sich, mit dem Hubschrauber zu landen, doch wurde er von dem Arzt kräftig zusammengestaucht: „Sofort landen! Der Patient schwebt in Lebensgefahr! Es geht um Minuten!"

Heute werden junge Ärzte mit hohen Gehältern und guten Wohnbedingungen in die entlegensten Winkel Sibiriens gelockt. Trotzdem kommen nur wenige. In den 1960-er Jahren war es romantisch, als Arzt in Sibirien zu arbeiten. Gruppenweise brachen junge Mediziner auf, reisten mit Gitarren und Liedern im Gepäck in die raue Natur, um sich zu erproben und am Aufbau neuer Städte mitzuarbeiten. Es lockte die unberührte Weite, die jungen Menschen hatten damals Sehnsucht nach Aufbruch, nach Einzigartigkeit, nach Abenteuern und nach Idealen. Und Sibirien entsprach diesen romantischen Erwartungen. Unendliche Weiten und ungeahnte Schwierigkeiten taten sich vor den jungen Menschen auf. So war es damals.

Der Hubschrauberpilot wurde mit der Zeit der beste Freund des Arztes. Einmal setzte er ihn extra auf einer malerischen Lichtung ab, damit er einen großen Strauß Rhododendron für mich pflücken konnte, jenen in Sibirien berühmten „Bagulnik", der zart rubinrot blüht. Diese Blumen und einen großen Kabeljau, den er vom Vater eines kleinen Patienten geschenkt bekommen hatte, überreichte er mir. Was sollte ich bloß tun mit diesem „König der Meere", wie der Kabeljau im Norden genannt wird?

Nun, ich ging los, um eine kundige Sibirjakin zu befragen, die als Verkäuferin auf dem Fischmarkt arbeitete. Sie machte sich konzentriert und gründlich an die Unterweisung, und die anderen Käufer, die in der Schlange standen, begannen nicht etwa zu murren, wie es vielleicht woanders die Regel gewesen wäre, sondern nahmen lebhaften Anteil an unserem Gespräch: Mehr frische Zwiebeln! Nein, das Geheimnis des Erfolgs ist das richtige Verhältnis der Ingredienzen der Marinade! Hört nicht auf sie ... Mir drehte sich der Kopf angesichts all der Rezepte und guten Ratschläge, als ich mich auf den Heimweg machte, um mit der Zubereitung zu beginnen.

Und so verwandelte sich dieser Riesenfisch in der häuslichen Küche in zwei Filethälften, die ich in gleichmäßige Stücke schnitt. Die Stücke panierte ich in Mehl mit etwas Salz, ließ sie in der Pfanne auf mäßigem, aber ausreichend kräftigem Feuer leicht bräunen, gerade so, dass das Fleisch nicht zerfiel. Dann kam eben jenes Erfolgsgeheimnis an die Reihe. Es verbirgt sich tatsächlich in der richtigen Zusammensetzung und Zubereitung der Marinade, das heißt, man muss zwei Teile Wasser mit einem Teil neunprozentigem Essig mischen. Die zwei Teile Wasser müssen zuvor sieben Minuten mit einem Lorbeerblatt, einigen Körnern Schwarzem Pfeffer, Nelken, Salz und Zucker gekocht werden. Mit dem Essig verwandelt sich das Ganze in eine kernig-süßliche Marinade. Mit der noch heißen Marinade begoss ich den gestückelten „König der Meere", wobei ich ihn abwechselnd mit rohen Zwiebelringen und in feine Scheiben geschnittenen gekochten Möhre bedeckte.

Auf den Tisch kam das Gericht erst viel später, denn es zog zunächst einige Zeit bei Zimmertemperatur und dann einige Stunden im Kühlschrank. Aber dann genossen meine Freunde und ich ein richtiges Festessen!

Das war meine allererste sibirische kulinarische Erfahrung, meine Initiation. Von da an brachte der junge Arzt öfter etwas von seinen Reisen mit, mal ein Säckchen Zedernkerne hier, eine Handvoll Taigapreiselbeeren da, mal ein Stück frisches Rentierfleisch und ein anderes Mal wieder einen Fisch.

Dann geschah Unvorhergesehenes. Ein ehemaliger Patient, ein sibirischer Jäger, erkannte den Arzt auf der Straße und umarmte ihn aus Dankbarkeit so fest, dass er ihm zwei Rippen brach. Der Arzt war zierlich, eher klein von Wuchs. Als er ins Krankenhaus kam, bat er mich, ihm einen sibirischen Preiselbeerenmors zu kochen. So etwas hatte ich noch nie gemacht. Nun war ich in der Pflicht.

Mors ist ein Erfrischungsgetränk aus Beerensaft und Wasser unter Hinzugabe von Zucker oder Honig. Weil der Name Fruchtsaft dem Getränk nicht gerecht wird, das ohnehin meist aus Beeren zubereitet wird, bleiben wir beim russischen Wort „Mors". Dem Mors wird heilkräftige Wirkung nachgesagt, außerdem gilt er als sehr vitaminreich. Wie auch immer, es war das richtige Getränk zur Genesung und Stärkung.

Ich bin Menschen begegnet, die sich an den Geschmack von Speisen besser und lebhafter erinnern konnten, als an eigene Lebensereignisse. Wie auch nicht! Gutes Essen bleibt sich immer gleich. Rezepte von Speisen, die ich interessant und köstlich fand, habe ich stets notiert. Und heute, besonders in schlaflosen Nächten, öffne ich entweder mein dickes „Opernlexikon" oder meine Sammelmappe mit Rezepten und Eindrücken von bemerkenswerten Mahlzeiten. Ich nenne es mein „Kulinarisches Theater". Es ist ein sehr persönliches, ein intimes, menschliches Theater, voller bittersüßer Erinnerungen. Meine inzwischen 95-jährige Mutter wird augenblicklich jünger, wenn sie er-

Der Leichtsinnige hat Wasser zum Trinken, der Fürsorgliche Honig.

Sprichwort der Sibirjaken

zählt, wie sie mit ihrer Großmutter Kuchen gebacken hat, ihre Stimme wird dann lebhaft und klangvoll und aus ihren Augen fließen Ströme fröhlichen Lichts. Beim gemeinsamen Backen mit der Großmutter ist ihr etwas für immer in Erinnerung geblieben, etwas, das liebevoll und warm ist und die Kraft hatte, ihr das ganze Leben zu versüßen, das wahrlich reich an Bitternis war.

Wir, die russischen Sibirier der zentralen und südlichen Gebiete Jakutiens, lebten inmitten der jakutischen Bevölkerung. Deshalb bereiteten wir unsere Speisen oft auf jakutische Art und Weise mit regionalen Lebensmitteln zu. Wir verwendeten wie die Jakuten häufig Pferdefleisch, im Unterschied zu den Ewenken, die zwar Nachbarn der Jakuten sind, jedoch kein Pferdefleisch essen. Aber wir wandelten auch vieles ab. Oft kochten wir Mehlspeisen und Gemüsegerichte, die es in der traditionellen jakutischen Küche nicht gibt. Wir verwendeten auch andere Zutaten für die herkömmlichen Gerichte. Die Vorfahren der heutigen Sibirjaken brachten die russische Art und Weise der Speisezubereitung in den Norden mit.

Doch die traditionelle russische Küche hat in Sibirien ihre Besonderheiten. Nehmen wir zum Beispiel Pelmeni, die Lieblingsspeise aller Bewohner Sibiriens. Und wie viele unterschiedliche Pelmenirezepte es gibt. Ich selbst habe mehr als fünfzig gesammelt. Es gibt ganz kleine Pelmeni, nicht größer als ein Daumennagel. Fünf Stück passen auf einen Esslöffel, und sie rutschen, die Zunge mit heißer Bouillon und gemahlenem Schwarzem Pfeffer verbrennend, direkt in den Magen, ohne dass man sie kauen müsste. Die obligatorische Smetana, der russische Schmand oder Sauerrahm, grantelt hinterher: „Mich habt ihr wohl ganz vergessen!" Andere sibirische Pelmeni werden mit einer Füllung aus drei verschiedenen Fleischsorten zubereitet: nämlich Rindfleisch, Schweinefleisch und Lammfleisch.

Für einen Hungrigen ist jede Speise schmackhaft.

Sprichwort der Sibirjaken

Gefrierschränke hatten wir damals nicht: Wenn der Winter begann und die starken Fröste einsetzten, versammelte sich die ganze Familie um den Tisch und formte Pelmeni. Sie gefroren auf natürliche Weise in der sibirischen Kälte und wurden dann in einem Leinensack in einem unbeheizten Wirtschaftsraum gelagert.

Ich werde nie vergessen, wie ein Sibirjak, der zu Gast war, auf einen Rutsch und ohne mit der Wimper zu zucken hundert Pelmeni hinunterschlang und dann auch noch einen ganzen Kuchen verdrückte. Dabei erzählte er lustige Geschichten: „In der Zeitung las ich kürzlich unter den Heiratsanzeigen: ‚Sibirjakin, 30 Jahre alt, sucht einen Mann mit Geschmack am Leben.' Du liebe Güte, könnte sie denn in Sibirien jemals einem Mann begegnen, der keinen Geschmack am Leben hat?! Die liegen doch alle auf dem Friedhof ..."

In Sibirien wächst wenig Getreide, es muss aus anderen Landesteilen gebracht werden und ist teuer. Dafür gibt es viel Fisch, der praktisch das ganze

Jahr über gefangen werden kann. Beliebt und geschätzt sind Meeresfische wie Kabeljau, Schellfisch, Heilbutt, Dorsch. Die Vielfalt an Süßwasserfischen ist einzigartig. Da das Wasser das ganze Jahr über kalt ist, sind die Fische besonders zart, und ihr Fett gehört zu den guten Fetten. Fisch wird auf vielfältige Weise zubereitet: er wird gekocht, gedünstet, in Aspik gestürzt, mit Pilzen, Beeren, mit Gemüse oder Kartoffeln gefüllt. Im abgelegensten Teil Sibiriens, im Hohen Norden, wird gern gefrorener roher Fisch, Stroganina gegessen. Es gibt gedämpften Fisch, Fisch mit Schuppen gebacken oder in Smetana gedünstet, Fisch von Wind und Sonne gedörrt oder getrocknet. Früher gab es keinen Räucherfisch, das Räuchern gelangte erst Anfang des 20. Jahrhunderts nach Sibirien. Für Sibirien typisch ist auch mit wenig Salz zubereiteter Fisch: „Malosol". Mit wenig Salz zubereiteter Fisch oder Kaviar ist länger haltbar, und der Eigengeschmack wird nicht übertönt. „Malosol" ist deshalb auch eine Bezeichnung für hochwertige Qualität, eine Delikatesse.

Natürlich wird Ucha gekocht. Diese ursibirische Fischsuppe wird auf vielfältigste Weise zubereitet, sogar auf Milchbasis. Neben Ucha wird Kalja gekocht. Früher war Kalja ein Festtagsgericht und wurde mit Fisch und Fischrogen oder nur mit Fischrogen zubereitet. Wahre Meister, die Kaleischtschiki, bereiteten sie zu, und es hieß: „Wo Kalja, da bin ich." Heute ist Kalja eher wie eine Rassolnik-Suppe, da kommt zum Fisch sehr viel fein gehackte Zwiebel, Salzgurken, der Sud der Salzgurken und eine Handvoll Getreidekörner, die die gerade vorrätig sind.

Eine der besten Bewirtungen erlebte ich am Baikalsee. Die Sibirjaken bewirteten uns mit Renken-Schaschlik, Fischklößen und einem Krebs-Kebab. Diesen Kebab werde ich nie vergessen, selbst wenn die Altersdemenz unausweichlich näher kommt. Ein Kilogramm erlesene Krebsschwänze, 200 Gramm Schweinespeck und eine Zwiebel wurden zerkleinert und miteinander vermengt. Diese Mischung wurde auf Schaschlikspieße gesteckt und auf Holzkohle gegrillt.

Auch der leicht gesalzene Baikal-Omul ist weit über Sibirien hinaus berühmt. Wer ihn noch nicht gekostet hat, kann sich diesen Hochgenuss nicht im Traum vorstellen. Es gibt mehrere Arten Baikal-Omul zu salzen: im ausgenommenen und im nicht ausgenommenen Zustand. Man sagt, dass sich der Geschmack des Fisches je nach Rezept und der Zeit, die vom Tag des Salzens an vergangen ist, stark verändert. Er ist stets gut und unvergesslich schmackhaft kurz nach dem Einsalzen. Dazu mehr im Kapitel „Die Küche am Baikal".

Einen wichtigen Platz auf der Speisekarte der Menschen Sibiriens nimmt Wild ein: Hasenfleisch, Elchfleisch, Bärenfleisch. Vom Fleisch des Bären heißt es, es würde den Organismus stärken, den Appetit anregen, bei Verdauungsstörungen helfen und das Immunsystem aufpäppeln. Der Verzehr von Bärenfleisch wird vor allem Menschen empfohlen, die sich schwach fühlen, an Herz- und Gefäßerkrankungen leiden, Probleme mit der Haut oder der Lunge haben oder sonst von Krankheiten geplagt sind. Und erst das Bärenfett! Darüber lohnte ein kleiner Exkurs. Von alters her ist es als Heilmittel bekannt und wird bis heute in der Hausmedizin verwendet. Allerdings hat Bärenfleisch seine Eigenheiten. Zum einen entströmt ihm ein wilder, animalischer Geruch, zum anderen ist es ausgesprochen zäh. Die Zubereitung von Bärenfleisch nimmt viel Zeit in Anspruch. Es muss vor der Verwendung etwa 15 Stunden in einer Marinade ziehen, die aus Kräutern und Wein oder Essig besteht. Dann wird es noch einmal lange gekocht oder gedünstet.

Von den Gemüsekulturen sind in Sibirien solche verbreitet, die anspruchslos und frostbeständig sind: Kürbis, Rüben, Möhren, Rote Bete und Weißkraut. Kartoffeln fanden erst im 19. Jahrhundert ihren Platz in der sibirischen Küche. Interessant ist, dass die Sibirjaken frische Gurken immer mit Honig aßen, das tun sie bis heute. Eine nationale Delikatesse sind Zedernkerne. Sie finden sich in den Zapfen der jahrhundertealten Taigazedern.

In der Küche Sibiriens finden sich wenig Salate. Dafür gibt es eine riesige Vielfalt an kalten Sakuski: gesalzene und marinierte Pilze, wobei alle Sorten –

Pfifferlinge, Butterpilze, Birkenreizker – seit alters her und bis heute einzeln verwendet werden, eingelegte Preiselbeeren, Rauschbeeren, Moosbeeren, zudem die ganze Vielfalt der Fischsakuski aus Forelle, Taimen, Hecht und Belugastör, dann auf verschiedenste Weise eingelegte Gurken und eine große Vielfalt an gesäuertem Kohl. Die Liste kann man unendlich fortsetzen.

Früher wurde meist im russischen Ofen gekocht, das heißt, es wurden keine in Öl gebratenen Gerichte zubereitet, sondern alles wurde gedünstet, geschmort und überbacken. Die Zubereitung im russischen Ofen ermöglichte es, ganz auf Fett zu verzichten, was besonders zur Fastenzeit wichtig war.

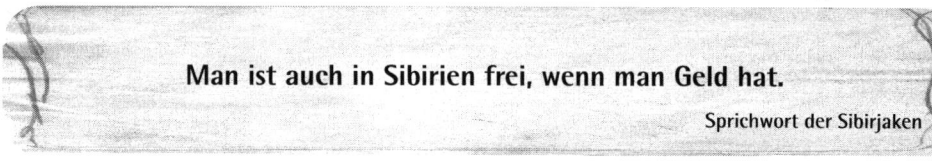

Man ist auch in Sibirien frei, wenn man Geld hat.

Sprichwort der Sibirjaken

Etwas zum Tee. Der Tee, wie er heute getrunken wird, kam Ende des 18. Jahrhunderts in den Norden. Bis dahin trank man einen Sud aus duftenden Kräutern, die im Sommer in großer Zahl wachsen. Mit dem Tee kam dann auch das Ritual des Teetrinkens als eine beliebte und kurzweilige Beschäftigung auf. Der Samowar ersetzte den großen Kupferkessel, in dem das Wasser erhitzt wurde. Zum Tee wurden unbedingt Piroggen gereicht.

Im Sommer bereiten die Sibirjaken eingelegte Preiselbeeren für den Winter zu. Eine wunderbare Beilage zu Fisch- und Fleischgerichten, eine duftende Zutat für Salate und Vinaigretten. Wenn man Preiselbeeren richtig einlegt, bewahren sie ihr Aroma, ihre Farbe und ihren Geschmack zwei Jahre lang!

Auf ein Kilogramm Beeren kommen 300 Milliliter Wasser und 300 Gramm Zucker. Die Preiselbeeren waschen, in saubere Einweckgläser füllen, das Wasser mit dem Zucker aufkochen, die Beeren damit übergießen, mit dem Deckel verschließen und fertig. Einige Wochen später kann man sie genießen!

Aber auch ohne Zucker lassen sich Preiselbeeren einlegen. Dann werden sie nur in frischem kaltem Wasser eingeweckt. Da Preiselbeeren einen hohen Anteil Benzoesäure enthalten, können sie ohne Konservierungsstoffe lange aufbewahrt werden. Servieren Sie sie auf kleinen Kristalltellerchen. Dann ist Ihnen die Aufmerksamkeit der Gäste für diese einfache, effektvolle und überaus gesunde kleine Beigabe sicher. Eingelegte Preiselbeeren, ja, sie sind der kulinarische Ruhm Sibiriens, ein richtiges Meisterwerk!

Für dieses Buch habe ich interessante traditionelle Rezepte, aber auch solche der modernen sibirischen Küche ausgewählt.

Inzwischen gibt es in den großen sibirischen Städten wie Irkutsk, Omsk, Nowosibirsk und Tomsk ausgezeichnete Restaurants mit regionaler Küche. Doch auch in Moskau gibt es sibirische Restaurants, darunter etwa das „Expedizija" in der Pewtscheski-Gasse 6 (Metrostation Kitai Gorod). Hier gibt es Wild- und Fischgerichte, die typisch für unterschiedliche Regionen Sibiriens sind.

Ist man in Sibirien unterwegs, kann man schmackhaft in den kleinen Bistros und Stolowajas, den preiswerten Kantinen, in denen häufig sehr traditionell gekocht wird, essen. Besonders gut sind die Suppen. Ein Teller genügt, und man ist satt. Übrigens, das russische Wort „restoran" vom lateinischen „restaurare" oder „restauratio" bedeutet nichts anderes als „Wiederherstellung der Kräfte" oder „Erfrischung". Es gibt eine schöne Geschichte. Auf dem Ladenschild des weltweit ersten Wirtshauses, das sich als Restaurant bezeichnete – es öffnete 1765 in Paris –, soll der Wahlspruch „Venite ad me omnes, qui stomacho laboratis et ego restaurabo vos" gestanden haben, was wörtlich bedeutet: „Kommt alle zu mir, die ihr am Magen leidet, ich stelle eure Kräfte wieder her". Der Inhaber, ein Wirt namens Boulanger, der seine Gästen vor allem mit hausgemachten Suppen bewirtet haben soll, soll sich angeblich das Recht erstritten haben, eine Auswahl an Gerichten – ein Menue – anzubieten und dieses an eingedeckten Tischen zu servieren. Das Verständnis des Begriffs hat sich natürlich im Verlauf von 250 Jahren geändert. Doch auch heute noch findet sich in den sibirischen Restaurants eine Vielfalt an hervorragenden Suppen: Borschtsch, Soljanka, Ucha, Rassolnik, so dass man sich gleich an die alte Inschrift des Ladenschilds des ersten Restaurants erinnert.

Dennoch gibt es in Sibirien noch nicht ausreichend gute Cafés oder Restaurants. Den Grund dafür erfuhr ich unlängst von einem jungen Paar aus Sibirien. Sie wollten in der Region Primorje, am berühmten warmen See Chanka, den die Sibirjaken als Erholungsgebiet nutzen, um dort Lotusblüten und seltene fernöstliche Schildkröten zu bewundern, ein kleines Bistro eröffnen. Anbieten wollten sie dort vor allem eine Ucha, deren Rezept seit Generationen

Saures kuriert, Süßes verstümmelt.

Sprichwort der Sibirjaken

in der Familie weitergegeben wurde. Woran sie scheiterten? Wie aus einem Munde nannten die beiden einen Begriff, der in allen Ländern der ehemaligen UdSSR verstanden wird: „Am otkat!" „Otkat" ist das russische Wort für das Bestechungsgeld, das an Beamte verschiedener Ebenen bei Gründung eines Privatunternehmens gezahlt werden muss.

Und eine letzte Bemerkung. Die Mehrzahl der sibirischen Zutaten kann man heute an jedem beliebigen Punkt der Erde kaufen. Außerdem sind keine raffinierten Kochkünste oder technisch aufwendige Küchenausstattungen notwendig, um sibirische Gerichte zuzubereiten. Und wenn Sie, inspiriert von den Informationen über die sibirischen Essgewohnheiten, in die Küche gehen und etwas aus diesem Buch auf den Tisch bringen wollen, so vergessen sie die Hauptsache nicht: Alle Rezepte sind nur Anregungen für Ihre Variationen des „sibirischen Themas". In diesem Sinne: Los geht's!

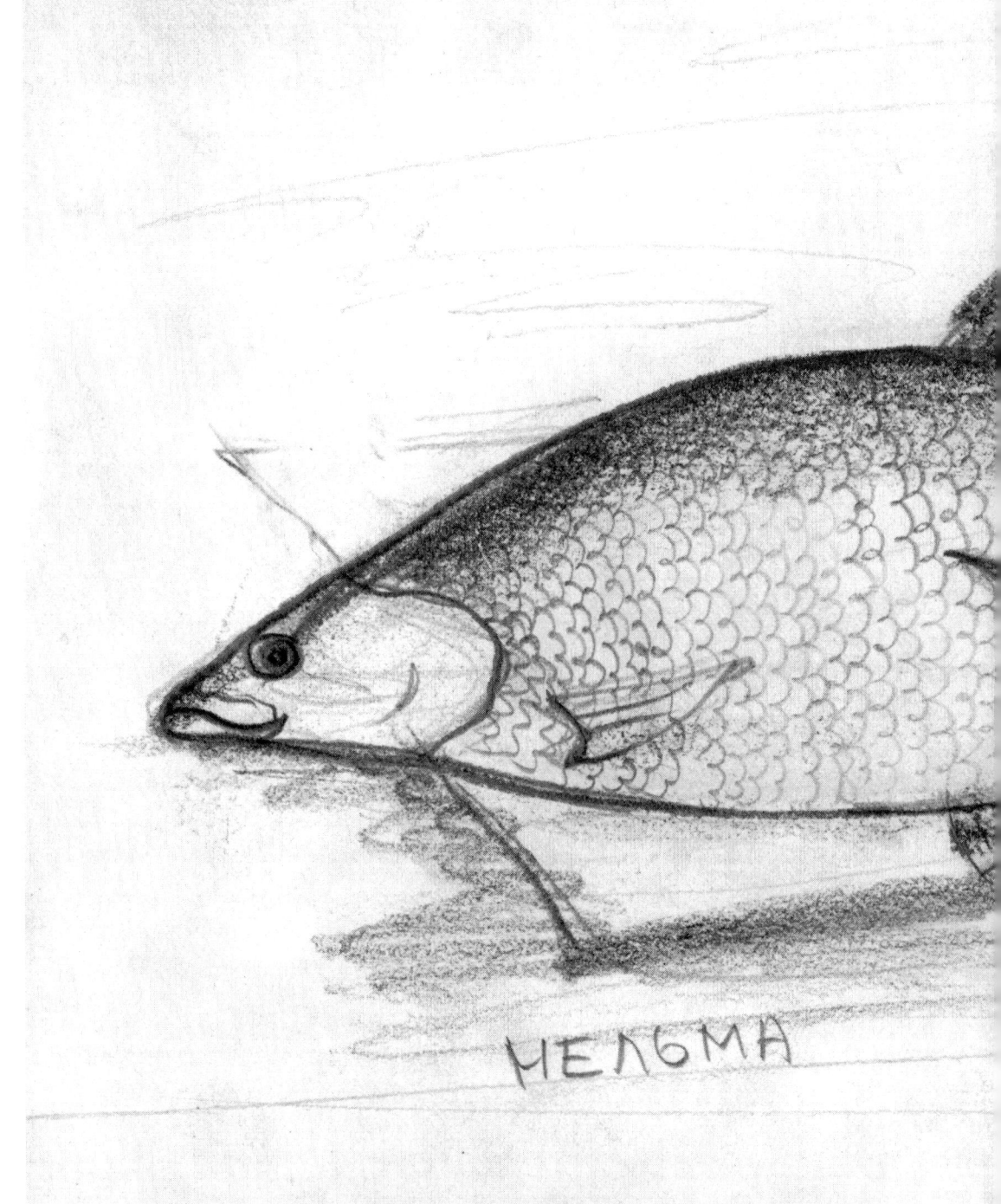

МЕЛЬМА

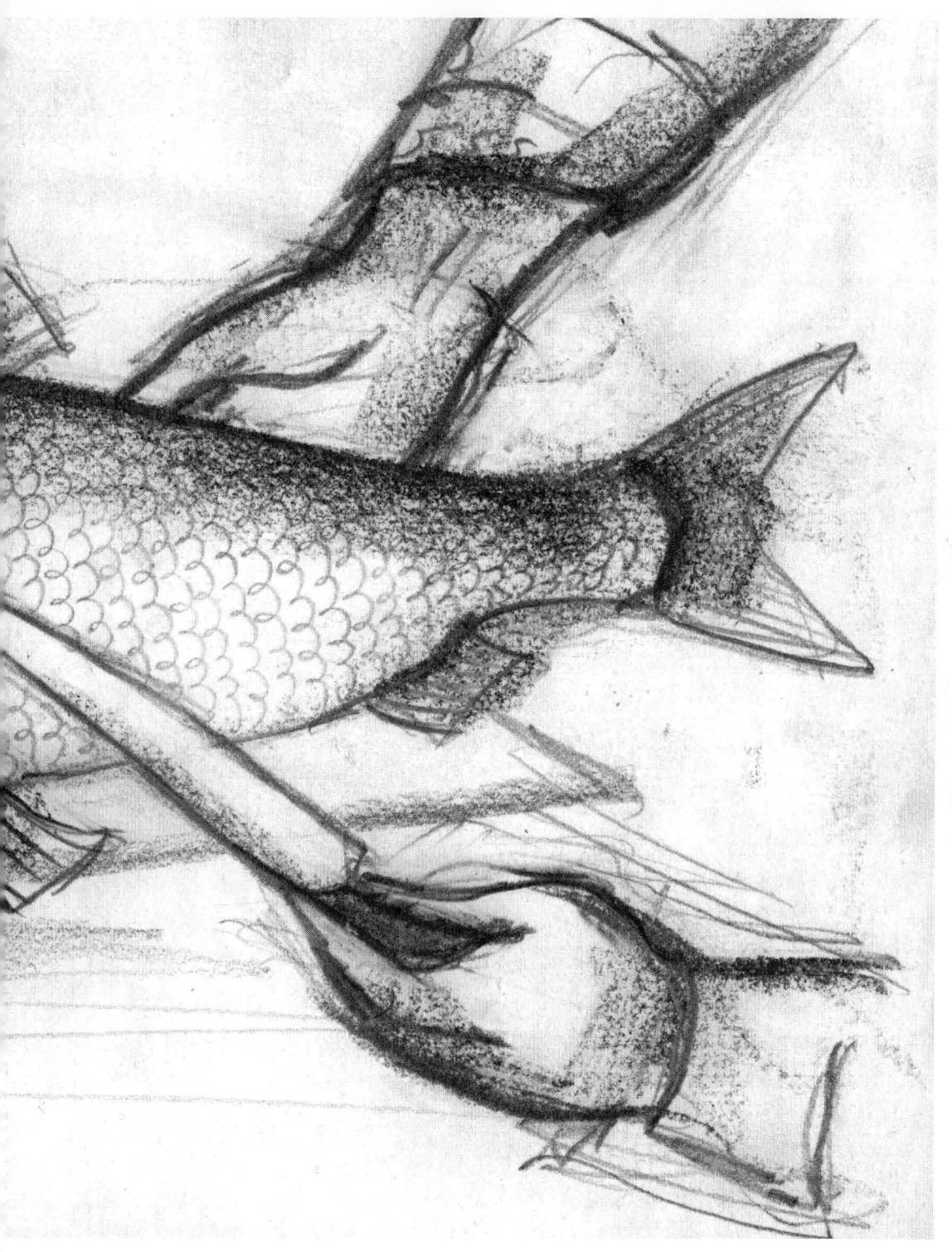

Vorspeise aus Käse und Zedernkernen

Zutaten:

250 Gramm Roquefort • 200 Gramm Zedernkerne • 50 Gramm Butter
50 Gramm grüne Salatblätter

Zubereitung:

Den Roquefort in einem Porzellangefäß zerdrücken, die Butter hinzufügen und alles sorgfältig vermischen. Dann die Zedernkerne zerstoßen. Eine Hälfte zur Käsemasse geben und untermischen, die entstandene Masse in Stücke zu je 10 bis 15 Gramm teilen und zu kleinen Bällchen formen. Diese mit den restlichen Zedernkernen panieren, auf Spieße stecken und auf einen mit Salatblättern ausgelegten Teller legen. Passt fantastisch gut zu einem schönen trockenen Weißwein.

Pilze mit Knoblauch und Zedernkernen

Zutaten:

3 Esslöffel Olivenöl • 2 Knoblauchzehen • 500 Gramm Pilze
4 Esslöffel Sherry • 2 Esslöffel Zedernkerne • 1 Zitrone
2 Esslöffel fein gehackte Petersilie • Salz
frisch gemahlener Schwarzer Pfeffer

Zubereitung:

Das Olivenöl in einer großen Pfanne erhitzen, fein geriebenen Knoblauch hineingeben und bei starker Hitze 3 Minuten anrösten, bis er goldbraun ist. Dann die grob geschnittenen Pilze und die Zedernkerne hinzugeben, mit Sherry übergießen und braten, bis alle Flüssigkeit verdunstet ist. Mit dem Saft der Zitrone abschmecken, salzen und nach Geschmack pfeffern, mit gehackter Petersilie bestreuen und servieren.

Canapé mit Zedernkernbutter

Zutaten:
200 Gramm Zedernkerne • 150 Gramm Butter • 2 bis 3 Esslöffel Sahne
Baguette • Pflanzenöl zum Anrösten

Zubereitung:
Zedernkerne in Pflanzenöl anrösten, bis sie braun sind, abkühlen lassen, zweimal durch den Fleischwolf drehen, die Butter hinzufügen und langsam die Sahne hinzugeben, dabei aufschlagen. Das aufgeschnittene und geröstete Baguette mit der Zedernkernbutter bestreichen.

Buckellachs in Gurkensud

Zutaten:
500 Gramm Buckellachs • 1/3 Glas Pflanzenöl • 2 Zwiebeln
1 Teelöffel Senf • 1 bis 2 Lorbeerblätter • 3 bis 5 Pimentkörner • Gurkensud
Grün von Petersilie und Dill • Salz nach Belieben

Zubereitung:
Den Buckellachs filetieren, die Gräten, jedoch nicht die Haut entfernen, die Filets in Stücke von der Größe von Fischstäbchen schneiden. In einen weiten, mit Öl gefetteten Topf legen. Mit Gurkensud angießen, so dass der Fisch zur Hälfte bedeckt ist. Lorbeerblatt, Pimentkörner und geviertelte Zwiebeln hinzufügen. Auf dem Herd erhitzen, nach Erreichen des Siedepunkts 10 Minuten bei kleiner Flamme köcheln lassen. Den Fisch in eine Keramikform legen. Den Sud abseihen und auf Zimmertemperatur abkühlen lassen. Den Sud dann mit dem in Öl eingerührtem Senf würzen. Etwa 2 bis 3 Stunden vor dem Servieren dieser Vorspeise den Fisch mit dem Sud angießen und im Kühlschrank aufbewahren. Vor dem Servieren mit Petersilie und Dill dekorieren.

Fisch in Aspik

Zutaten:

1,5 Kilogramm Fisch • 1 bis 2 Petersilienwurzeln • 1 Möhre • 2 Zwiebeln
2 bis 3 Lorbeerblätter • 4 Gewürznelken • 6 bis 8 Pimentkörner
½ Glas Essig • 2 bis 3 Teelöffel Gelatine • Zucker • Salz nach Geschmack

Zubereitung:

Die Fische ausnehmen, putzen, mit der Haut in Stücke schneiden, die Gräten entfernen. Köpfe, Flossen und Gräten in einen Topf legen, mit kaltem Wasser bedecken und zum Kochen bringen. Den Schaum abschöpfen, die Hitze reduzieren und 20 bis 30 Minuten köcheln lassen. Die geputzten und in Stücke geschnittenen Petersilienwurzeln, Möhren und Zwiebeln sowie das Lorbeerblatt, Nelken, Piment und Salz hinzufügen. Auf kleiner Flamme 30 Minuten

Iss mehr, dann wirst du ein Recke.

Sprichwort der Sibirjaken

köcheln lassen, dann die Brühe abseihen, zum Kochen bringen und die Fischstücke hineingeben. Kochen, bis der Fisch gar ist, das heißt, etwa 15 bis 20 Minuten, dabei darauf achten, dass der Fisch nicht zerfällt. Den Fisch aus dem Sud nehmen, abkühlen lassen. In den Sud Essig, Zucker und die zuvor in kaltem Wasser eingeweichte Gelatine geben. Den Sud so lange weiter erhitzen, bis sich die Gelatine vollständig aufgelöst hat, er darf dabei nicht kochen. Abseihen und auf Zimmertemperatur abkühlen lassen. Den Fisch in ein zum Gelieren geeignetes Gefäß geben und mit dem Sud begießen. Zum Auskühlen in den Kühlschrank stellen.

Zum Fischgelee reicht man eine Sauce aus Meerrettich, die mit Essig verfeinert wird. Sie lässt sich gut aufbewahren, so dass man sie am Tag zuvor zubereiten kann. Für Fisch in Aspik werden in der Regel Fischarten wie etwa Zander verwendet, die gekocht schmackhaft sind. Damit die Fischstücke während des Kochens ihre Form nicht verlieren, muss man die Haut einritzen oder an einigen Stellen einstechen. Sollte der Sud nach der Zugabe von Essig trüb werden, kann er mit frischem Eiweiß geklärt werden.

Räucherfisch mit Meerrettichsauce

Zutaten:
1 Kilogramm heiß geräucherter Fisch
Für die Sauce:
¼ Glas Smetana (Schmand) • 2 Esslöffel geriebener Meerrettich in Essig
Zucker • Salz • Gurke • Radieschen • Petersilie
Zubereitung
Alle Gräten, auch die kleinsten, aus dem Fischfilet entfernen, das Filet auf Teller legen und mit Sauce beträufeln. Für die Sauce Salz, Zucker, Meerrettich und Smetana verrühren. Mit Gurken, Radieschen und Petersilie dekorieren.

Leicht gesalzener Kaviar heimischer Herstellung

Zutaten:
Frischer Kaviar vom Buckellachs • 1 Teelöffel Zucker • 2 Teelöffel Salz
Wasser • Öl
Zubereitung:
Zucker und Salz in 1 bis 2 Glas heißem Wasser auflösen. Den Kaviar des Buckellachses (wenn er gefroren ist, nicht auftauen!) in ein Gefäß geben, mit dem Sud angießen, 30 Minuten ziehen lassen. Den Kaviar in ein kleines Einweckglas füllen, falls nötig, etwas nachsalzen und einige Tropfen Öl hinzugeben. Nicht länger als zwei Tage im Kühlschrank aufbewahren.

Oladi (Eierspeise) mit geräuchertem Lachs

Zutaten:

100 Gramm Räucherlachs • 20 Gramm Zedernkerne • ½ Glas Milch
120 Gramm Mehl (mit Backpulver) • 1 Ei • 2 Esslöffel Pestosauce
1 Glas Smetana (Schmand) • Pflanzenöl zum Braten • Salz
gemahlener Schwarzer Pfeffer • Basilikum

Zubereitung:

Die Hälfte der Milch in eine Schüssel füllen, Mehl, Ei, Pestosauce, Salz und gemahlenen Schwarzen Pfeffer hinzufügen. Rühren, bis ein glatter Teig entstanden ist. Die restliche Milch hinzugeben und noch einmal kräftig umrühren. Das Pflanzenöl in einer großen Pfanne erhitzen. Mit einem Löffel den Teig portionsweise in das heiße Öl geben. 30 Sekunden braten, dann wenden. Die fertigen Oladi an einem warmen Ort aufbewahren. In kleinen Mengen nacheinander zubereiten, bis der Teig aufgebraucht ist. Die Oladi auf einen Servierteller legen. Auf jede einen Löffel Smetana geben. Den Lachs in 1 Zentimeter dicke Scheiben schneiden und auf die Oladi legen. Mit gerösteten Zedernkernen bestreuen und mit frischen Basilikumblättern dekorieren.

Stint in Marinade

Zutaten:

150 Gramm frischer Stint • 10 Gramm Weizenmehl
20 Gramm Sonnenblumenöl oder geschmolzene Butter • Salz
frische Kräuter
Für die Marinade:
200 Gramm Zwiebeln • 100 Gramm Möhren • 130 Gramm Essig
70 Gramm Wasser • 15 Gramm Zucker • 1 Lorbeerblatt
je 4 Körner Schwarzer und Weißer Pfeffer • Salz nach Belieben

Zubereitung:

Den Fisch putzen, salzen, in Mehl wenden und in Sonnenblumenöl oder Butter anbraten. Den abgekühlten Fisch in ein Gefäß legen und mit der kalten Marinade begießen. Zwei Stunden ziehen lassen, dann mit frischen Kräutern verzieren und servieren. Die Marinade wird wie folgt zubereitet: Essig und Gewürze in kochendes Wasser geben, Zwiebelringe hinzufügen und kochen, bis sie gar sind. Möhren separat in Salzwasser kochen, in Scheiben schneiden und in die Marinade geben.

Leicht gesalzener Lachs in Johannisbeersauce

Zutaten:
500 Gramm Lachsfilet • 2 Esslöffel Meersalz • 2 Esslöffel Zucker
¼ Glas Wasser • 200 Gramm Schwarze Johannisbeeren • 1 Zitrone

Zubereitung:

Das Lachsfilet salzen, in Pergament einhüllen und über Nacht im Kühlschrank ruhen lassen. Für die Zubereitung der Sauce Wasser mit Zucker aufkochen, die zerdrückten Schwarzen Johannisbeeren hinzufügen, abkühlen lassen. Am nächsten Tag das überschüssige Salz von der Oberfläche des Lachsfilets abtupfen und mit Johannisbeersauce bestreichen. Das Filet über Nacht im Kühlschrank ziehen lassen, dann die Reste der Beerensauce abreiben und den Fisch in Streifen schneiden. Mit Zitronenscheiben und einzelnen Schwarzen Johannisbeeren garnieren und dann servieren.

Leicht gesalzener Muksun

Zutaten:
1,5 Kilogramm Renkenfisch (Muksun, Tschir, Nelma) • 150 Gramm Salz
1 Esslöffel Zucker • 2 Teelöffel gemahlener Weißer Pfeffer • Dill

Zubereitung:

Den Fisch ausnehmen, die Schleimschicht abwaschen, nicht schuppen. Den Fisch mit einem Küchentuch trocken tupfen und entlang der Hauptgräte in zwei Hälften teilen. Die Hauptgräte herauslösen, dabei die Haut, die die beiden Fischteile verbindet, nicht beschädigen. Auf einen weiten und tiefen Teller grobes Salz streuen. Darauf den Fisch mit der Schuppenseite nach unten legen. Auf die offene Seite des Fischs Salz, Zucker, zerstoßenen Weißen Pfef-

Alles ist gesund, was in den Mund passt.

Sprichwort der Sibirjaken

fer und eine große Menge gehackten frischen Dill streuen. Den Fisch zuklappen. Die Schuppenseite wieder mit grobem Salz und Dill bestreuen. Den Fisch oben mit einem leichten Gewicht beschweren, damit er seine Form behält. Das Gewicht darf nicht zu schwer sein, da bei zu starker Pressung zu viel Saft austritt. Den Fisch einige Stunden ruhen lassen. Die Dauer des Einsalzens hängt von der Größe des Fischs und der Zimmertemperatur ab.

Roulade aus Renke mit Moosbeeren

Zutaten:
500 Gramm frische Renke (Filet) • 50 Milliliter Milch • 10 Gramm frischer Kaviar • 2 Eier • 150 Gramm frische Moosbeeren

Zubereitung:
Filet ohne Haut und Gräten leicht klopfen, salzen und auf ein Backblech legen. Die Füllung zubereiten, dafür die Eier mit der Milch und dem frischen Kaviar verrühren. Die Masse braten, bis sich eine gelbliche Kruste bildet. Den

Pfannkuchen auf das vorbereitete Filet legen und zu einer Roulade wickeln. Mit Küchengarn zubinden. Die Roulade in der Fischbouillon 10 bis 15 Minuten kochen, dann abkühlen lassen, dabei mit einem Gewicht beschweren. Die Roulade vor dem Servieren in Scheiben schneiden und mit Moosbeeren bestreuen.

Fischfrikadellen

Zutaten:
500 Gramm Kaviar oder das Fleisch von kleinen Fischen wie Gründlingen oder Karauschen • ½ Glas Milch oder Wasser • 2 bis 3 Esslöffel Mehl
Salz nach Geschmack • Öl
Zubereitung:
Kaviar oder kleine Fische zu Mus zerdrücken. Wasser oder Milch sowie Salz und Mehl hinzufügen. Sorgfältig mischen. Den entstandenen Teig ausrollen, kleine Fladen formen, mit Öl bestreichen und in einer heißen Pfanne braten.

Fisch in weißer Marinade

Zutaten:
700 Gramm beliebiges Fischfilet • Pflanzenöl • Petersilie oder Koriander
gemahlener Schwarzer Pfeffer • Salz
Für die Marinade:
4 Zwiebeln • 2 bis 2,5 Glas Fischfond • ½ Glas Essig • 1 Esslöffel Zucker
1 bis 2 Lorbeerblätter • 8 Körner Weißer Pfeffer • 2 Gewürznelken • Salz
Zubereitung:
Fischfilet in Stücke schneiden, salzen, pfeffern und in der Pfanne in heißem Pflanzenöl braten. Wenn kein vorbereiteter Fischfond zur Verfügung steht, kann er aus Fischköpfen, Schwänzen und Gräten mit etwa 2,5 Glas Wasser

selbst zubereitet werden. Einfach alles kochen und abseihen. Zum Fischfond Essig, Zucker und Salz, das Lorbeerblatt, den Pfeffer und die Nelken hinzugeben, alles 3 bis 4 Minuten kochen lassen, dann die Zwiebelringe in den Sud geben, umrühren, zum Kochen bringen und vom Herd nehmen. Den angebratenen Fisch mit der Marinade begießen und 5 bis 10 Minuten darin kochen. Abkühlen lassen, auf einen Servierteller legen und in den Kühlschrank stellen. Gekühlt servieren, mit einigen Petersilienblättern dekorieren.

Gesalzener Ketalachs

Zutaten:
500 bis 600 Gramm Ketalachs (ein Stück aus der Mitte des Fisches) mit Haut
1 Esslöffel Zucker • 2 Esslöffel Salz • ein Zweig Minze oder Oregano
Zubereitung:
Den Fisch waschen, trocken tupfen. Eine Mischung aus Salz und Zucker zubereiten und in ein passendes emailliertes Gefäß geben. Den Fisch darin wenden und die Mischung gut einreiben. Das Gefäß verschließen und bei Zimmertemperatur etwa 6 bis 8 Stunden ziehen lassen. Dann in den Kühlschrank stellen. Nach 2 bis 3 Tagen ist der Fisch verzehrfertig. Vor dem Servieren in dünne Scheiben schneiden und mit den Blättern von Minze oder Oregano verzieren.

Tatar aus leicht gesalzenem Muksun

Zutaten:
250 Gramm leicht gesalzener Muksun • 1 Zwiebel • 1 Esslöffel fein gehackter Dill • 100 Gramm Smetana (Schmand) • frisch gemahlener Schwarzer Pfeffer • Kopfsalat • 1 Tomate • Zitrone oder Zitronensaft

Zubereitung:

Die Zwiebel und das Fischfilet fein hacken und mit Smetana und Dill verrühren. Die Masse zu flachen Klopsen formen. Weißbrotscheiben mit einem
Salatblatt belegen, darauf den Fisch-Tatar legen und mit einer Scheibe Tomate oder Zitrone dekorieren. Mit Dill und etwas gemahlenem Pfeffer bestreuen.

Vorspeise aus Räucherlachs

Zutaten:

8 Scheiben Räucherlachs • 100 Gramm Frischkäse
Sahne • 1 Teelöffel Kapern • Frühlingszwiebeln nach Belieben

Zubereitung:

Die Sahne zu einem festen Schaum schlagen, den Frischkäse hinzufügen und
erneut schlagen. Die fein gehackten Frühlingszwiebeln und die Kapern hinzugeben. Lachsscheiben in Form eines Hörnchens zusammendrehen, mit der
Frischkäsemasse füllen, dabei kann eine Spritztüte zu Hilfe genommen werden.

Gefüllte Krabbenstäbchen

Zutaten:

1 Päckchen Krabbenstäbchen • 4 hart gekochte Eigelb
1 Dose Dorschleber • 50 Gramm geschälte Zedernkerne • ½ Zitrone
Salatblätter zur Dekoration

Zubereitung:

Die Dorschleber und die Eigelb mit einer Gabel zerdrücken, die Zedernkerne
hinzufügen, den Saft einer halben Zitrone hineingeben, alles gut verrühren.
Die Krabbenstäbchen vorsichtig aufrollen und in jedes Stäbchen ein wenig

von der Füllung geben, dann sorgfältig wieder zusammenrollen und halbieren. Auf einem Servierteller auf Salatblättern anrichten.

Heringssoufflé

Zutaten:
4 leicht gesalzene Heringsfilets • 2 Äpfel • 1 Zitrone • 2 Zwiebeln
(am besten eignen sich für dieses Rezept rote Salatzwiebeln)
6 Blättchen Gelatine • 500 Gramm fette Smetana (Schmand)
1 Bund Dill

Zubereitung:
Die Heringsfilets in Wasser abspülen. Äpfel schälen und in feine Streifen schneiden. Mit dem Zitronensaft beträufeln. Die Zwiebeln putzen, in feine Würfel schneiden, kurz mit heißem Wasser spülen, um den Geschmack zu verfeinern. Das Wasser abgießen. Die Gelatine 5 Minuten in kaltem Wasser weichen lassen. Unter Rühren die Smetana erhitzen, die Gelatine ausdrücken und untermischen. Eine kleine rechteckige Form mit Alufolie auslegen. Die Hälfte der Smetana-Gelatine-Masse hineingeben und glatt streichen. 15 Minuten in den Kühlschrank stellen. Wenn die Mischung fest wird, vorsichtig den Fisch, die Apfelscheiben, Zwiebeln und Dill aufschichten. Dann alles mit der restlichen Smetana-Gelantine-Masse behutsam übergießen. Für 4 Stunden in den Kühlschrank stellen und gelieren lassen.

Krabbenkugeln

Zutaten:
200 Gramm Krabbenfleisch • 100 Gramm Weißbrot • 1 Eigelb • 1 Ei
1 Teelöffel Zitronensaft • 3 Esslöffel Semmelbrösel • Salz
gemahlener Schwarzer Pfeffer nach Geschmack • Öl zum Frittieren

Zubereitung:

Das Krabbenfleisch sorgfältig zerkleinern, mit Weißbrot, Salz, Pfeffer, Eigelb und Zitronensaft mischen. In 8 Portionen teilen und Kugeln formen. Semmelbrösel ohne Fett in einer heißen Pfanne anrösten. Das Ei aufschlagen und verrühren. Jede Krabbenkugel in die Ei-Masse tauchen und anschließend in Semmelbröseln rollen. In Öl goldbraun frittieren. Auf Küchenpapier abtropfen lassen und kalt oder warm servieren.

Vorspeise aus Garnelen mit Mayonnaise

Zutaten:

500 Gramm frisch oder gekocht gefrostete Garnelen • 3 bis 4 gekochte Eier
½ Glas milder Käse, gerieben • ½ Glas Mayonnaise • Salz
1 Teelöffel fein gehackte Kräuter • 1 Zitrone

Zubereitung:

Das Garnelenfleisch in Stücke schneiden, mit den gehackten Eiern, dem Käse und einem Teil der Kräuter mischen, mit einem Teil der Mayonnaise würzen, mit Salz und ein wenig Zitronensaft verrühren. Die Vorspeise in eine Salatschüssel füllen, mit der übrigen Mayonnaise übergießen und mit den Kräutern bestreuen.

Sibirischer Lachs mit Mandeln

Zutaten:

4 Lachsfilets • 140 Gramm Mandeln • ¼ Glas Mehl • 1 Eigelb
2 Esslöffel Milch • 70 Gramm Butter • Salz • gemahlener Schwarzer Pfeffer

Zubereitung:

Die Lachsfilets vor der Zubereitung mit Salz und Pfeffer einreiben und bei Zimmertemperatur einige Minuten ziehen lassen. Inzwischen die Mandeln mahlen. In einem Topf Mehl mit Mandeln mischen, in einem anderen Eigelb mit Milch verrühren. Auf dem Herd die Butter in einer großen Pfanne stark erhitzen. Das Filet in die Ei-Masse legen, dann in der Mandel-Mehl-Mischung wenden. In die Pfanne legen, dabei darauf achten, dass die Filetstücke einander nicht berühren. Von beiden Seiten 5 bis 8 Minuten anbraten.

Vorspeise aus Kabeljau mit Käse

Zutaten:

400 bis 500 Gramm Kabeljaufilet • 1 Zwiebel • 200 Gramm Butter
100 Gramm geriebener Käse • 200 Milliliter Milch • 1 Lorbeerblatt • Senf
gemahlener Schwarzer Pfeffer • Salz

Zubereitung:

Das Kabeljaufilet in Milch unter Zugabe von Lorbeerblatt und Zwiebeln kochen. Das gare Kabeljaufilet trocken tupfen, abkühlen lassen und zweimal durch den Fleischwolf drehen. Die Masse mit Butter verrühren, dann geriebenen Käse, Senf und Pfeffer einrühren. Nach Geschmack salzen. Die Masse auf einen länglichen Servierteller legen, ihr die Form eines Fischs verleihen, zur Verschönerung mit einem Teelöffel ein Muster in Form von Schuppen in die Oberfläche drücken.

Garnelen-Schaschlik

Zutaten:

12 große Garnelen • 1 Zitrone • 3 Esslöffel Olivenöl • 1 Esslöffel Kapern
½ Teelöffel Basilikum • 200 Gramm Champignons
1 Bund Frühlingszwiebeln • 1 mittlere Zucchini • 1 rote Paprikaschote
½ Teelöffel Salz • ¼ Teelöffel gemahlener Schwarzer Pfeffer
Petersilie nach Geschmack

Zubereitung:

Von der Zitrone die Schale abreiben, den Saft auspressen, mit Olivenöl mischen, die Kapern, das Basilikum, Salz und Pfeffer hinzugeben. In dieser Mischung die Garnelen wenden und für 30 Minuten in den Kühlschrank stellen. 4 kleine Fleischspieße aus Metall zur Hand nehmen, jeweils Gemüsestücke,

> **Nichts fürchte so sehr, wie einen wohlgenährten Hund und einen hungrigen Menschen.**
> Sprichwort der Sibirjaken

Garnelen und Pilzscheiben abwechselnd aufspießen, mit Schaschliksauce bestreichen und 15 Minuten grillen, bis das Gemüse weich ist. Mit frischer gehackter Petersilie servieren.

Sibirische Sülze

Zutaten:

1 Kilogramm Schweins- oder Kalbsfüße • 300 Gramm Kalbfleisch vom Bein
1 Zwiebel • 3 Möhren • 2 Stangen Sellerie • 2 Knoblauchzehen
80 Milliliter Essig • 2 Teelöffel gehackte Petersilie • 3 Lorbeerblätter
5 Körner Weißer Pfeffer • Zitrone • Salz

Zubereitung:

Die Schweins- oder Kalbsfüße waschen, trocknen und in Stücke hacken. Das Kalbfleisch hinzufügen und mit Wasser übergießen. Dann Zwiebeln und Möhren, Lorbeerblatt, Pfefferkörner, den geschälten und grob geschnittenen Knoblauch hinzugeben und alles 2 Stunden auf kleiner Flamme kochen. Mit Salz abschmecken, die gewaschenen und grob geschnittenen Selleriestangen und den Essig hinzufügen und weitere 2 Stunden kochen. Die Füße, das

Fleisch und die Möhren aus der Bouillon nehmen. Die Bouillon abseihen und zur Seite stellen. Das Fleisch zerkleinern, die Möhren in Scheiben schneiden. Möhrenscheiben auf den Boden einer Auflaufform legen, das Fleisch darauf legen, 1 Teelöffel gehackte Petersilie darüber streuen und alles mit der Bouillon bedecken. 4 Stunden lang abkühlen lassen, das Fett sorgfältig abschöpfen. Mit der restlichen Petersilie und Zitronenstücken servieren.

Vorspeise aus Schweinezunge

Zutaten:
4 frische Schweinezungen • 1 Esslöffel Soja- oder Tomatensauce
1 bis 2 Zwiebeln • 1 Esslöffel Wodka • 3 bis 4 Gewürznelken
¼ Teelöffel Zimt • je ½ kleines Bund Petersilie und Dill • Salz
gemahlener Schwarzer Pfeffer • frisches Estragon nach Geschmack
Zubereitung:
Die vorbereiteten Zungen mit den Zwiebeln, der Soja- oder Tomatensauce, den Kräutern, Salz, dem Wodka und den Gewürzen so lange kochen, bis sie gar sind. Dann in kaltem Wasser abschrecken und in noch heißem Zustand, die Haut abziehen. Abkühlen lassen. In dünne Scheiben schneiden, auf einen Teller legen und mit Petersilie oder Estragon verzieren.

Fleisch in Aspik

Zutaten:
150 Gramm Schweinefleisch • 150 Gramm Kalbsfleisch
150 Gramm Rinderfleisch • 150 Gramm Kochschinken
150 Gramm Zungenwurst • 150 Gramm Lyoner Wurst
frische Petersilie nach Geschmack • 1 Liter Bouillon • 6 Blatt Gelatine

Zubereitung:

Zunächst ein Gelee zubereiten und dafür Gelatine in einer kleinen Menge kalter Bouillon auflösen. Dann mit der übrigen Bouillon vermischen, erwärmen und dabei gut umrühren. Alle Fleischzutaten in möglichst dünne und gleichmäßige Scheiben schneiden. Mit der Bouillon begießen, abkühlen lassen, in kleine Rechtecke schneiden und auf einen Servierteller legen. Mit Petersilie dekorieren. Dazu eine scharfe Sauce servieren, die aus einer Mischung aus gemahlenem Schwarzen Pfeffer, Zucker, Senf, Salz und Essig zubereitet wird. Vor dem Servieren die Sauce noch einmal kräftig umrühren.

> **Ein echter Borschtsch muss so sein,**
> **dass man vor Dampf die Kinder nicht sieht.**
>
> Sprichwort der Sibirjaken

Der in Russland und der Ukraine so beliebte Borschtsch hat viele Varianten. In jeder Region, sogar in jeder Familie wird Borschtsch nach einem eigenem Rezept gekocht. Der sibirische Borschtsch ist eine der schmackhaftesten Varianten, die ich kenne. Er kann dem König unter den Borschtsch-Varianten, dem ukrainischen Borschtsch, leicht das Wasser reichen.

Sibirischer Borschtsch

Zutaten:

300 Gramm Rindergehacktes • 1 Ei • 2 bis 3 Kartoffeln • 2 bis 3 Rote Bete (mittelgroß) • 1/3 Glas Bohnen • 2 Zwiebeln • 300 Gramm Weißkraut
1 Möhre • 2 bis 3 fein gehackte Knoblauchzehen • 2 Esslöffel Rinderbouillon
2 Esslöffel Tomatenmark • 10 Gramm Zucker • 1 Teelöffel Essig
frische Kräuter (Dill, Petersilie, Schnittlauch, Koriander) nach Belieben

Salz • gemahlener Schwarzer Pfeffer • Smetana (Schmand)
Pflanzenöl zum Braten

Zubereitung:

Sibirischer Borschtsch wird etappenweise zubereitet. Wenn man zum Mittag Borschtsch auf den Tisch bringen will, müssen die Bohnen am Vorabend in kaltem Wasser eingeweicht werden. Sie brauchen 8 Stunden, um weich zu werden. Die Bohnen dann sorgfältig waschen und kochen, keine Gewürze zugeben. Anschließend in einer gut erhitzten Pfanne und etwas Öl fein gehackte Zwiebeln dünsten, bis sie eine goldgelbe Farbe haben. Zu den Zwiebeln fein geriebene Möhren geben, 3 bis 5 Minuten dünsten, dann Tomatenmark hinzufügen und alles einige Minuten durchschwitzen lassen. In einer separaten Pfanne die fein geschnittene oder grob geriebene Rote Bete andünsten, mit etwas Bouillon angießen, etwas Essig und den Zucker hinzufügen und dünsten. Wenn die Rote Bete weich ist, mit den Zwiebeln und Möhren mischen. Einen Topf mit Bouillon auf den Herd stellen und aufkochen lassen, dann gleich das fein geschnittene Weißkraut in den Topf geben. Sobald die Bouillon mit dem Kraut wieder aufkocht, ist es an der Zeit, die in Würfel geschnittenen Kartoffeln hinzuzugeben. Das alles etwa 7 bis 10 Minuten kochen. Nun ist es an der Zeit, alle vorbereiteten Gemüse in den Topf zu geben, das heißt, die Bohnen und die Rote Bete mit Möhren und Zwiebeln, zudem kommen Knoblauch, Salz und Pfeffer hinzu. Alles 15 Minuten köcheln lassen, dann kann man den Herd abschalten und den Borschtsch noch etwa 20 Minuten ziehen lassen. Während der Borschtsch durchzieht, bereiten Sie Hackfleischbällchen zu, dazu das Rinderhackfleisch mit Ei, Pfeffer und gehackter Petersilie mischen und zu Bällchen formen. Die Bällchen in Salzwasser 15 Minuten kochen. Wenn sie gar sind, portionsweise in die Teller legen und Borschtsch zugeben. Vor dem Servieren jeden Teller noch mit frischen grünen Kräutern und einem Klecks Smetana versehen.

Ucha aus Äschen

Zutaten:

1 Kilogramm Äschen • 2 Liter Wasser • 200 Gramm Reis
30 Gramm Frühlingszwiebeln • Salz • Pfeffer • Lorbeerblatt • Petersilie
geschmolzene Butter

Zubereitung:

Die Äsche von den Schuppen reinigen, Flossen und Kiemen entfernen. Dann die Innereien ausnehmen, den Fisch in kaltem Wasser waschen. Haben Sie einen großen Fisch gekauft, sollte er in Stücke geschnitten werden. Den Fisch in kaltem Salzwasser ansetzen und leicht köcheln lassen. Reis oder ein anderes Getreide waschen, zum Fisch geben. Sobald die Brühe erneut zu köcheln beginnt, die gehackten Frühlingszwiebeln hinzufügen, später kommen Pfeffer, Lorbeerblatt und Petersilie hinzu. Den garen Fisch auf einen Teller legen und mit geschmolzener Butter beträufeln. Die Ucha separat servieren. Äschen lassen sich übrigens auch ausgezeichnet dünsten und braten, und im Winter kann man sie hervorragend zu Stroganina verarbeiten.

Ikrjanka

Zutaten:

Beliebiger Fisch • Wasser • Salz • Zwiebel • Gewürze • Kaviar

Zubereitung:

Die Anwohner der Indigirka bereiten aus Fischsud und Kaviar ein besonderes Gericht zu: Ikrjanka. Man kann jeden beliebigen Fisch dafür verwenden. Er

Leckeres Essen – armer Bauch.

Sprichwort der Sibirjaken

wird in Salzwasser gekocht. Dann werden Zwiebeln und andere Gewürze je nach Geschmack hinzugefügt. Die Fischstücke werden aus dem Sud genommen und in einen tiefen Teller gelegt. In den Fischsud wird unter energischem Rühren zerdrückter Kaviar gegeben, dann erneut aufkochen lassen. Suppe und Fisch werden gesondert serviert.

Buchweizenkascha mit Zedernkernen

Zutaten:

200 Gramm Buchweizenkörner • Wasser • 1 Liter Milch oder Sahne (100 Milliliter für die Kruste) • 100 Gramm Zucker • 30 Gramm Butter 50 Gramm Zedernkerne • 150 Gramm Honig • 1 Ei • 50 Gramm Hefeteig (oder Blätterteig)

Zubereitung:

Die Zedernkerne mit heißem Wasser begießen, ziehen lassen, die Schalen ablösen, fein hacken und etwas Wasser hinzufügen. Sahne oder Milch in ein flaches Gefäß gießen und in die Backröhre schieben. Sobald sich eine Haut bildet, diese mit einer Gabel ablösen, dann weiter erhitzen, die zweite Haut ablösen und so weiter. So lange mit diesem Prozess fortfahren, bis Sie für alle Portionsförmchen ausreichend Haut haben. In die restliche Milch oder die Sahne Buchweizenkörner rieseln lassen, so lange köcheln lassen, bis die Kascha bindet, dann die Zedernkerne hinzufügen, Butter und Zucker dazugeben und alles umrühren. Den Rand der eingefetteten Portionsförmchen mit einer Bordüre aus Blätter- oder Hefeteig auslegen. In die Mitte jeweils im Wechsel eine Schicht Kascha und eine Schicht Haut geben. Die Oberfläche mit Zucker bestreuen, den überstehenden Teig mit Ei bestreichen. Die Kascha im Backofen ausbacken, mit warmem Honig übergießen und servieren.

Zedernkerne sind die Samen der sibirischen Zeder. Sie sind nicht nur ausgesprochen schmackhaft, sondern auch überaus gesund. Das pflanzliche Eiweiß der Zedernkerne ist ideal ausbalanciert und wird vom menschlichen Organismus sehr gut vertragen und zu 99 Prozent verstoffwechselt.

Zedernkerne sind etwas zum Knabbern, aber sie werden auch verwendet, um Saucen die richtige Konsistenz zu verleihen. Es gibt zudem viele Rezepte für Gebäck, in dessen Teig Zedernkerne verwendet werden. Selbst der einfachste Gemüsesalat gewinnt, wenn man ihn mit einer Handvoll Zedernkernen dekoriert, sie machen ihn schmackhafter und auch reichhaltiger. Zedernkerne werden auch in Fruchtsalaten verwendet, in Keksen, Kuchen, Eis, Quarkgerichten und im Müsli. Und die beliebte russische Kascha wird unvergleichlich lecker, wenn sie mit Zedernkernen zubereitet wird.

Buchweizenkascha mit Champignons und Zedernkernen

Zutaten:
1 Glas Buchweizen • 2 Glas Wasser • 50 Gramm Zedernkerne
200 Gramm Champignons • Pflanzenöl zum Braten • Butter • Salz

Zubereitung:
Die Buchweizenkörner in Wasser zum Kochen aufsetzen. Inzwischen die Champignons putzen und in Öl anbraten, Butter hinzugeben. Wenn die Pilze braun werden, die Zedernkerne hinzugeben. Sie können gemahlen, gehackt oder auch im Ganzen zugegeben werden. Leicht anrösten. Wenn die Pilze mit den Zedernkernen etwas durchgebraten sind, die fertige Buchweizenkascha

hinzufügen, umrühren, salzen und für einige Minuten braten. Das Gericht kann auch im Backofen fertig zubereitet werden.

Blumenkohl mit Kürbis- und Zedernkernen

Zutaten:
1 Blumenkohl • 40 Gramm Butter • 1 Schalotte (fein gehackt)
25 Gramm Kürbiskerne • 50 Gramm Rosinen • 25 Gramm Zedernkerne

Zubereitung:
Den Blumenkohl in kleine Röschen teilen und 3 bis 4 Minuten in Salzwasser kochen. Das Wasser abgießen. Öl in einer Pfanne erhitzen, dann die fein gehackte Schalotte glasig andünsten. Die Kürbiskerne, Rosinen und Zedernkerne hinzufügen. Die Blumenkohlröschen mit der gerösteten Mischung bestreuen und servieren.

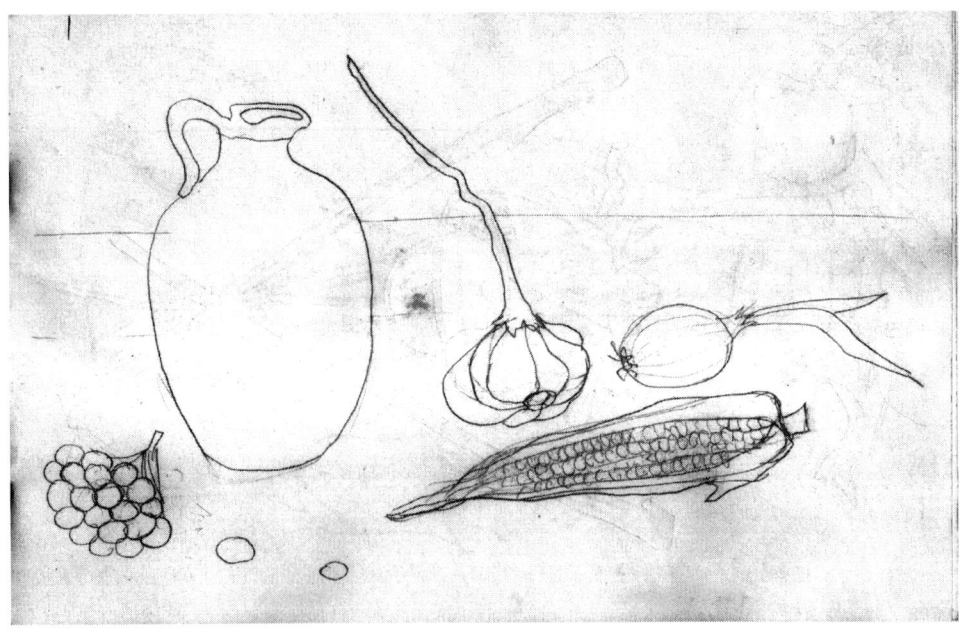

Pelmeni sind das Wesen der sibirischen Küche, kulinarischer Höhepunkt und emotionales Rückgrat. Den sibirischen Pelmeni könnte man Oden der Bewunderung widmen. Auch wenn einem scheint, dass schon alles über sie gesagt wurde, kann man das Gespräch mit der gleichen Begeisterung wieder von vorne beginnen.

Das folgende Rezept ist eine Art Technologie der Pelmeni-Herstellung. Es gründet auf der kollektiven Erfahrung von Pelmeni-Liebhabern aus allen Ecken Sibiriens – vom unteren Ural bis in die Taiga des Altai, von der Taimyr-Halbinsel bis zur Kulundinsker Steppe, aus Tjumen, Tomsk, Tobolsk, Irkutsk und vielen anderen Städten –, diese Technologie ist auch in den abgelegenen sibirischen Dörfern verbreitet, in denen Altes und Bewährtes viel länger bewahrt wurde als in den Städten. Ich habe sehr viele sibirische Pelmeni-Rezepte gesammelt und die wichtigsten Regeln und Besonderheiten herausgearbeitet. Im Allgemeinen werden Pelmeni in Sibirien auf Vorrat zubereitet, und zwar nachdem eine stabile Frostperiode eingetreten ist. An der Herstellung sind alle Familienmitglieder beteiligt, und sie dauert einige Tage lang an. Denn Pelmeni sind ein sibirisches Grundnahrungsmittel und werden nicht kilogrammweise, sondern säckeweise zubereitet. Vielleicht ist das auch der Grund für die Schlichtheit des Rezepts.

Sibirische Pelmeni (klassische Variante)

Teig

Für die Zubereitung braucht man nur Mehl und Wasser. Kein Salz.

Das Mehl zu einem Haufen aufschütten, in die Mitte eine Vertiefung drücken, in die langsam, bei kreisförmigem Kneten, sehr kaltes Wasser gegossen wird. Viele stellen das Wasser nach draußen in den Frost und benutzen es erst, wenn sich eine zentimeterdicke Eisschicht gebildet hat. Der Teig muss zu einer ziemlich festen Konsistenz geknetet werden, man muss sich ihn sozusagen von den Händen reißen. Dann den Teig für mindestens 30 Minuten unter einem feuchten Tuch ruhen lassen.

Füllung:

Die traditionelle Fleischfüllungskombination für Pelmeni in Sibirien ist Rindfleisch, Schweinefleisch und Elchfleisch. In der zweiten Hälfte des 20. Jahrhunderts wurde das Elchfleisch von Hammelfleisch abgelöst, aber die Schafzucht ist nicht in allen sibirischen Regionen verbreitet, und vor allem in der Taiga war Hammelfleisch früher eine Seltenheit. Also für Sibirische Pelmeni: Rindfleisch, Schweinefleisch und Elchfleisch. Kein Salz. Das Verhältnis der drei Fleischarten ist in der klassischen Variante einfach: von jedem ein Drittel. Bis zu höchstens 10 Prozent der Schweinefleischmenge können in Form von Speck zugegeben werden. Eine grundlegende Bedingung: das Fleisch muss sehr fein gehackt werden, es wird also nicht durch den Fleischwolf gedreht. Fleisch hacken ist eine schwere Arbeit, das war stets die Aufgabe der Männer. Die Stücke müssen sehr klein und ungefähr von gleicher Größe sein, darin bestehen auch der Hauptaufwand und die eigentliche Kunst der Pelmeni-Zubereitung. Früher wurden dem Hackfleisch weder Zwiebeln noch Gewürze beigemengt. Das ist eine moderne Erfindung, die die Pelmeni nicht unbedingt verbessert.

Das Formen:

Der Teig muss so dünn wie möglich ausgerollt werden. Das ist von größter Wichtigkeit! Die einen rollen aus kleinen Teigkugeln Fladen aus, die anderen rollen den Teig im Ganzen aus und stechen dann mit einem Glas Kreise aus. Dann wird auf jeden Teigkreis eine gute Portion Hackfüllung gelegt, der Pelmen zusammengekniffen und zu einem Öhrchen gedreht. Anschließend kommen alle Pelmeni auf ein vorbereitetes Blech, das, sobald es voll ist, nach draußen in den Frost gestellt wird. Werden die Pelmeni in einem Tiefkühlschrank eingefroren, sollte er auf volle Stärke gestellt sein, je schneller Pelmeni gefrieren, umso besser. Die gefrorenen Pelmeni werden in Tüten verpackt und im Gefrierfach gelagert.

Die Zubereitung und das Servieren:

Nun ja, vermutlich muss man niemandem erklären, wie Pelmeni gekocht werden. Sie werden in stark kochende Hühner- oder

Rinderbouillon gegeben, aber selbstverständlich kann man sie auch nur in Salzwasser kochen. Die Bouillon sollte nicht zu kräftig sein, sie kann durchaus leicht wie für eine Diät sein. Eine eindringliche Empfehlung: Verwenden Sie stets eine natürliche Bouillon, nehmen Sie auf keinen Fall Brühwürfel. Was das Salz angeht: Die Bouillon muss unbedingt gut gesalzen werden, denn weder die Füllung noch der Teig werden gesalzen!

Wenn die Pelmeni nach oben steigen, warten wir noch ab, bis die Bouillon wieder heftig aufkocht. Ein, zwei Minuten, und die Pelmeni sind fertig.

Wir nehmen nun die Pelmeni mit einem Schaumlöffel aus der Bouillon. Die Pelmeni werden mit ein wenig zerlassener Butter beträufelt in einer tiefen Schüssel oder portionsweise auf Tellern serviert. Wenn es Ihnen wichtig ist, das sibirische Kolorit perfekt einzufangen, dann servieren sie die Pelmeni in einem irdenen Topf und schöpfen Sie sie mit einer hölzernen Schöpfkelle auf die Teller.

Was passt zu Pelmeni?

In Preiselbeersaft oder Brombeersaft marinierte Wildzwiebel und Lauch, in Ringe geschnitten; fein gehackte Zwiebeln, die 3 Stunden in eingelegten Preiselbeeren oder Moosbeerensaft und Pfeffer gezogen haben; Zwiebeln und gesalzene Pfifferlinge (Birkenreizker) fein gehackt oder zerstoßen, im Verhältnis 1 zu 1 gemischt und mit Smetana verrührt; gebackene Zwiebeln, mit Sahne und Salz verrührt; Chrenowina (sibirische scharfe Sauce mit Meerrettich, Rezept: siehe Seite 79); Butterschmalz; zerlassene

Butter; selbstverständlich Smetana (Schmand); Smetana vermischt mit geriebenen Möhren und Knoblauch.

Wiederholung ist die Mutter allen Wissens!

Wir halten den Prozess der Pelmeni-Zubereitung noch einmal fest:

Der Teig: Mehl und sehr kaltes Wasser zu einer festen Masse verkneten, die am gleichen Tag verwendet werden muss.

Die Füllung: drei Sorten Fleisch, klein gehackt, ohne Salz und Gewürze.

Das Verhältnis von Teig und Füllung: etwa 1 zu 2. Wichtig für die Planung großer Mengen.

Das Kneten: fest.

Das Kochen: wünschenswert in selbst zubereiteter Hühner- oder Fleischbouillon.

Beigaben: Zwiebeln, Preiselbeeren, Moosbeeren und Gewürze nach Fantasie und Belieben.

Besondere Anmerkungen: Können Sie kein Elchfleisch kaufen, nehmen Sie statt dessen das Fleisch eines großen Vogels, etwa eine Gans. Mit Hammelfleisch verlieren die Pelmeni an Geschmack.

Einige Sibirjaken geben eine kleine Menge Preiselbeeren- oder Moosbeerensaft in die Fleischmischung oder aber den Saft der Molte- oder Rauschbeere, diese Beeren sind typisch sibirisch. Die Zusätze hängen ganz vom individuellen Geschmack ab. Nach Meinung der Gourmets ist der Preiselbeere der Vorzug zu geben.

Wenn Sie das Fleisch nicht wie oben beschrieben hacken können, so kann es auch durch die gröbste Scheibe des Fleischwolfs gedreht werden. Aber seien Sie darauf gefasst, dass die Füllung und entsprechend die Pelmeni nicht so saftig werden.

Sibirische Pelmeni werden in der Regel recht groß geformt. Die Sibirjaken sagen, „damit es keine Drängelei auf dem Löffel gibt".

Sibirische Pelmeni (moderne Variante)

Zutaten:

Für den Teig:

2,5 Glas Mehl • 2 Eier • 100 Milliliter Wasser • Salz

Für die Füllung:

900 Gramm Fleisch (3 Teile Rind, 2 Teile fettes Schweinefleisch und 1 Teil Hammelfleisch) • 2 Zwiebeln 150 Milliliter Milch • Salz • gemahlener Schwarzer Pfeffer nach Geschmack. Gibt man in die Füllung der Pelmeni zerstoßenes Eis, hilft das beim Formen und lässt die Masse schneller abkühlen, außerdem bleibt das Fleisch saftiger.

Zubereitung:

Das gesiebte Mehl auf dem Tisch anhäufen, eine Vertiefung hineindrücken, Wasser, Eier, Salz hinzufügen. Den Teig kneten, bis er ganz glatt ist. 40 Minuten ruhen lassen, dann eine 1,2 bis 1,5 Zentimeter dicke Wurst daraus formen. Diese in dünne Scheiben schneiden, die Scheiben zu kleinen, dünnen Kreisen ausrollen. Dann die Füllung vorbereiten. Das Fleisch durch den Fleischwolf drehen, vorzugsweise jedoch von Hand fein hacken, und zwar zusammen mit einer Zwiebel, so dass sich Zwiebeln und Fleisch gleichmäßig miteinander mischen. Dann salzen, pfeffern, heiße Milch hinzugeben und umrühren. Auf jeden Teigkreis mit dem Löffel eine Portion der Füllung geben, dabei den Rand frei lassen. Die Teigränder zusammendrücken, so dass die Form eines Halbmondes entsteht, die Ränder gut zusammendrücken und zukneifen. Die Pelmeni in leicht gesalzenem Wasser auf kleiner Flamme kochen, bis sie nach oben schwimmen. Mit zerlassener Butter, Smetana und Kräutern nach Belieben servieren.

Es fahren nicht alle nach Sibirien, die in einer Kibitke sitzen.

Man ist auch in Sibirien, wenn man in Tobolsk ist.

Gute Worte sind besser als eine warme Pirogge.

Willst du Suppe, fang Fisch und gib Petersilie dazu.

Wo Fluss, da Fisch.

Sprichworte der Sibirjaken

Mit Käse überbackener Atlantischer Lachs, Basilikumsauce und Zedernkerne

Zutaten:

600 Gramm Filet vom Atlantischen Lachs • 4 Esslöffel geriebener Parmesan
Öl • 3 Esslöffel Butter • 2 Esslöffel Zwiebackbrösel zum Panieren
1 Sellerieknolle • 3 Möhren • 2 Zucchini • 1 Aubergine • ½ Glas Olivenöl
1 Esslöffel fein gehackter Knoblauch • einige Thymianzweige
Für die Sauce:
½ Glas Olivenöl • 1 Bund gehacktes Basilikum • Cayennepfeffer
2 Teelöffel Zedernkerne • Salz nach Geschmack

Zubereitung:

Das Filet vom Atlantischen Lachs in Stücke schneiden und in ein wenig Öl anbraten. Die Stücke in Zwiebackbröseln, Käse und Butter wenden. Den Fisch in die vorgeheizte Backröhre schieben und backen, bis er eine goldbraune Kruste hat. Das Gemüse in Streifen schneiden und in Öl mit Knoblauch, Thymian und Gewürzen rösten. Aus Olivenöl, fein gehacktem Basilikum, Salz und Cayennepfeffer eine Sauce rühren. Den fertigen Fisch auf das Gemüse legen, mit der Sauce übergießen und mit Zedernkernen bestreuen.

Frikadellen aus Nalim

Zutaten:

650 Gramm Filet vom Nalim • 200 Gramm Reis • 100 Milliliter Milch
40 Gramm Mehl • 30 Gramm Butter • 400 Gramm Smetana (Schmand)
Salz • Zwiebeln • Pfeffer nach Geschmack

Zubereitung:

Den geputzten und ausgenommenen Nalim waschen, die Filets herauslösen und durch den Fleischwolf drehen. Dabei etwas Zwiebel oder Zwiebellauch hinzugeben. In die Masse den gekochten Reis, Salz, Pfeffer und etwas Milch geben, gut untermengen. Dann ovale Fischfrikadellen formen, in Mehl wenden und in Öl anbraten, bis sich eine braune Kruste bildet. Mit Smetana (25 Prozent Fettanteil) ablöschen und noch einmal 5 Minuten dünsten. Die Fischfrikadellen auf die Teller legen und mit Bratkartoffeln oder Kartoffelbrei servieren.

Fisch auf sibirische Art

Zutaten:
1 Kilogramm Fischfilet (Flussbarsch, Wels, Heilbutt oder Zander)
2 Zwiebeln • 5 bis 6 Äpfel • 1 Zitrone • 1,5 Glas trockener Weißwein
30 Gramm Butter • Petersiliengrün • gemahlener Schwarzer Pfeffer

Zubereitung:
Die vorbereiteten Fischfilets waschen, trocken tupfen, in Stücke schneiden und salzen. Zitronenschale mit einem feinen Reibeisen reiben, den Saft der Zitrone auspressen und das Fischfilet damit beträufeln. Zwiebeln und Äpfel schälen, fein schneiden und leicht in erhitzter Butter anbraten. Dann in eine gefettete Form geben. Salzen, pfeffern, mit den geriebenen Zitronenschalen bestreuen, den Fisch darauf legen. Die Form mit einem Deckel verschließen und für 25 bis 30 Minuten in den vorgeheizten Backofen stellen. In die Pfanne, in der die Zwiebel und Äpfel angebraten wurden, den Wein gießen und etwas ziehen lassen. Den fertigen Fisch auf einen Servierteller legen, mit der Weinmischung angießen und mit Petersilienblättern verzieren.

Im Altertum wurde Sibirien unter dem Namen Tartarija oder Tatarija in die Karten eingezeichnet. Daher der Name einer Sauce, die die ganze Welt als Sauce tartare kennt. Egal ob gebacken oder gegrillt, mit der Sibirischen Sauce Tartar wird Ihr Fisch noch feiner. Weil diese Sauce nach Überzeugung von Kennern „nach Meer schmeckt".

Sibirische Sauce Tartar

Zutaten:

2 hart gekochte Eier • 30 Gramm Kapern • 6 Gewürzgurken
2 Frühlingszwiebeln • 1 kleines Bund Kerbel • 250 Gramm Mayonnaise
Salz • Pfeffer

Zubereitung:

Alle Zutaten fein hacken und in einer Schüssel mischen, Mayonnaise unterrühren und die Sauce mit Salz und Pfeffer abschmecken. Die Sauce passt perfekt zu gegrilltem Fisch.

Halte Freundschaft mit dem Bären, aber halte immer auch die Axt bereit.

Wo Liebe und Eintracht, da ist kein Leid.

Nicht Geld macht reich, sondern Sparsamkeit und Vernunft.

Sprichworte der Sibirjaken

Gefüllter Muksun mit Beilage

Zutaten:

1 Kilogramm Muksun • 100 Gramm Weißbrot • ½ Glas Milch
45 Gramm Butter • 50 Gramm Petersilien- und Selleriewurzel • Wasser
500 Gramm Kartoffeln • 15 Gramm Dill oder 30 Gramm Petersiliengrün
100 Gramm Zwiebeln • 100 Gramm Möhren • Salz
gemahlener Schwarzer Pfeffer
Für die Sauce:
2 bis 2,5 Glas Bouillon • 25 Gramm Weizenmehl • 30 Gramm Butter • Salz

Zubereitung:

Den Fisch schuppen, die Flossen und den Schwanz abschneiden, die Kiemen entfernen. Vom Rücken aus beide Filets an der Hauptgräte entlang anschneiden (dabei nicht den Bauchraum durchtrennen), die Hauptgräte am Schwanz und am Kopf einschneiden, durchbrechen und anschließend herausnehmen, die Innereien entfernen. Durch das auf der Rückenseite entstandene Loch die Rippengräten zerschneiden. Den Fisch waschen, das Fleisch herausschneiden, dabei eine 5 Millimeter dicke Schicht an der Haut belassen. Das Fischfleisch durch den Fleischwolf drehen, das in Milch eingeweichte Weißbrot hinzugeben und die Masse ein zweites Mal durch den Fleischwolf drehen. Die Masse mit den gehackten und leicht angebratenen Zwiebeln würzen, Salz und gemahlenen Schwarzen Pfeffer hinzugeben, mit Dill oder Petersilie bestreuen und gut vermengen. Den Fisch mit der Masse füllen. Die oberen Enden des Filets miteinander verbinden und, damit die Form erhalten bleibt, den Fisch in Mull wickeln und an Kopf und Schwanz mit einer Klammer verschließen. Den Fisch in einen großen Topf oder Kessel legen, die fein geschnittene leicht angebratenen Zwiebeln, Möhren, Petersilie und Sellerie hinzufügen, mit einer kleinen Menge gekochtem Salzwasser angießen und bei geschlossenem Deckel aufkochen lassen, dann für 25 bis 35 Minuten in die Backröhre schieben.

Kartoffeln schälen, waschen, vierteln, kochen. Den fertigen Fisch aus dem Kochtopf holen. In die Bouillon in Butter angeröstetes Mehl geben, gut rühren, aufkochen lassen und nach Geschmack Salz und gemahlenen Pfeffer hinzugeben. Vor dem Servieren den Fisch in gleichmäßige Stücke zerteilen (quer), auf einen Teller legen und mit der Sauce angießen, die Kartoffeln daneben legen und alles mit Kräutern bestreuen.

Frittierte Karauschen in Smetana

Zutaten:
1 Kilogramm frische Karauschen • 100 Gramm Öl • 2 Zwiebeln • 3 Eier
500 Gramm Smetana (Schmand) • Zwiebackbrösel zum Panieren
gemahlener Schwarzer Pfeffer • Petersiliengrün oder Dill • Salz
Zubereitung:
Karauschen putzen, ausnehmen, waschen, mit einem Küchentuch trocken tupfen und salzen. Die Zwiebeln schälen, fein hacken und in heißem Öl glasig anbraten. Eier schaumig schlagen und mit den abgekühlten Zwiebeln mischen. Den Fisch in der Eier-Zwiebel-Masse wenden mit Zwiebackbröseln bestreuen und dann von beiden Seiten in Öl braten. Den gesamten angebratenen Fisch in eine tiefe Pfanne legen, optimal ist eine gusseiserne Pfanne, dann Smetana zugießen, pfeffern, kurz überbacken, mit Petersilie oder Dill garnieren und gleich servieren.

Gebratener Fisch mit Moosbeeren

Zutaten:
1 Kilogramm Kleinfisch (Gründlinge, Karauschen) • Butter zum Braten
600 Gramm Moosbeeren • 300 Gramm Honig • 160 Gramm Weizenmehl
gemahlener Schwarzer Pfeffer • Salz nach Belieben

Zubereitung:

Den Fisch waschen und trocken tupfen. Anschließend salzen, pfeffern, in Mehl wälzen und von beiden Seiten in einer heißen Pfanne in Butter anbraten. Die Moosbeeren zerdrücken, den Saft in einem kleinen Topf auffangen, Honig hinzugeben und durch Erhitzen etwas eindämpfen lassen. Den gebratenen Fisch auf eine Platte legen und mit dem Moosbeerensirup servieren.

Fisch in Smetana, mit Käse überbacken

Zutaten:
750 Gramm Fisch oder 500 Gramm Fischfilet • Öl zum Braten
800 Gramm Kartoffeln • 2 Eier • 200 Gramm frische Steinpilze
2 bis 3 Esslöffel geriebener Käse • 50 Gramm Weizenmehl
160 Gramm Butter • gemahlener Schwarzer Pfeffer • Salz • frische Kräuter
Für die Sauce:
500 Gramm Smetana (Schmand) • 10 Gramm Weizenmehl
15 Gramm Butter

Zubereitung:
Den Fisch putzen, ausnehmen, sorgfältig waschen und in Portionsstücke schneiden. Pfeffern nach Geschmack. In Mehl wenden und in einer heißen Pfanne in etwas Öl anbraten. Kartoffeln und Zwiebeln schälen, waschen, trocknen, in Scheiben beziehungsweise Ringe schneiden und anbraten. Pilze putzen, waschen, klein schneiden und in Öl anbraten. Die Fischstücke in eine gefettete Pfanne geben. Auf jedes Stück eine Scheibe hart gekochtes Ei und

Mäßigung beim Essen ist besser als hundert Ärzte.

Sprichwort der Sibirjaken

59

eine Portion Pilze legen. Rings um den Fisch die Bratkartoffeln anrichten und dann alles mit der Smetanasauce begießen, die wie folgt zubereitet wird: In die erhitzte Smetana etwas Mehl und Butter einrühren, 1 bis 2 Minuten köcheln, salzen. Die Fischstücke mit geriebenem Käse bestreuen, mit geschmolzener Butter beträufeln und für 5 Minuten in die vorgeheizte Backröhre stellen, bis sie goldbraun sind. Mit fein gehackten Kräutern bestreuen und servieren.

Schleie auf Bojarenart

Zutaten:
1 Schleie (1 bis 1,2 Kilogramm) • 80 Gramm Butter oder 70 Gramm Pflanzenöl • ½ Glas Smetana (Schmand) oder trockener Weißwein ½ Glas Fischfond • 5 bis 6 gekochte Champignons oder Steinpilze 4 Zitronenscheiben • gemahlener Schwarzer Pfeffer • Salz nach Belieben

Zubereitung:
Die Schleie für 2 Minuten in kochendes Wasser tauchen, dann schuppen, dabei die Haut nicht verletzen. Ausnehmen. Gründlich waschen und die Flossen abschneiden. Dann entlang der Rückenlinie einen tiefen Schnitt ausführen, vorsichtig die Mittelgräte und alle anderen Gräten entfernen, salzen und 20 Minuten ruhen lassen. Butter oder Pflanzenöl in der Pfanne erhitzen und die Schleie hineinlegen. Von beiden Seiten anbraten, bis die Oberfläche goldbraun ist. Dann in einen Topf legen, die Flüssigkeit vom Anbraten hinzugeben. Fischfond, Smetana oder trockenen Weißwein, Pfeffer, die gekochten, in Scheiben geschnittenen Pilze und die Zitronenscheiben ohne Kerne hinzufügen und alles zum Kochen bringen. Den Fisch auf einen Servierteller legen, gekochte oder gebratene Kartoffeln ringsherum anrichten.

Fisch, gefüllt mit Buchweizenkascha

Zutaten:

750 Gramm Fisch • 100 Gramm Buchweizen • Wasser • 2 Eier
250 Gramm Smetana (Schmand) • 1 Zwiebel • 25 Gramm Weizenmehl
100 Gramm Pflanzenöl • gemahlener Schwarzer Pfeffer • Salz nach Belieben

Zubereitung:

Den Fisch putzen, den Kopf hinter den Kiemen abschneiden, die Innereien herausnehmen, ohne den Bauch aufzuschneiden, sorgfältig innen und außen waschen. Dann mit einem Küchentuch trocken tupfen, salzen. Nun die Füllung zubereiten. Buchweizenkörner waschen, mit kaltem Wasser begießen, salzen, pfeffern und zu einer körnigen Kascha kochen. Die Zwiebel schälen,

Rote Sauce

Zutaten:

600 Milliliter kräftige Bouillon • 1 Esslöffel Mehl • ½ Esslöffel
Butter
eventuell: ¾ Glas Rotwein • Kräuter

Zubereitung:

Das Mehl bei geringer Hitze in der Butter anschwitzen, bis es mittelbraun ist. Die Brühe nach und nach unter kräftigem Rühren zugießen und 30 Minuten kochen lassen. Eventuell ¾ Glas Rotwein hinzugeben, dazu frische Kräuter wie Thymian, Majoran, Rosmarin, Salbei und Senf.

fein hacken und in heißem Pflanzenöl glasig auslassen. Eier hart kochen, fein hacken. Buchweizenkascha, Zwiebeln und Eier gut vermischen, diese Mischung in den vorbereiteten Fisch füllen. Dann pfeffern und in Mehl wenden. In einer heißen Pfanne in Pflanzenöl von beiden Seiten anbraten und dann in den vorgeheizten Backofen stellen. Nach 5 bis 7 Minuten herausnehmen, mit Smetana begießen und im Backofen weitere 10 bis 15 Minuten dünsten, dabei von Zeit zu Zeit mit der austretenden Sauce beträufeln.

Gefüllter Hecht

Zutaten:
1 mittelgroßer Hecht • 2 Zwiebeln • 100 bis 125 Gramm Weißbrot
250 Milliliter Milch • 50 Gramm Butter • 2 Eier • 5 bis 6 Knoblauchzehen
Essig • gemahlener Schwarzer Pfeffer • Salz nach Geschmack
Zubereitung:
Den Hecht vorsichtig säubern, dabei möglichst die Haut nicht verletzen. Die Haut um den Kopf herum einschneiden, vom Fleisch trennen und dann wie einen Strumpf „abziehen", dabei nach Bedarf das Fleisch auch mit dem Messer abschneiden, die Gräten so abtrennen, dass die Flossengräten in der Haut stecken bleiben. Dann die Innereien entfernen, den Fisch waschen und das Fleisch von den Gräten trennen. Aus dem Hechtkopf einen Fischfond zubereiten, in dem auch die Zwiebelschalen und eine grob geschnittene Zwiebel mit

Am Tisch sitzen und sich im Paradies fühlen.

Richtig kuriert sich der, der sich richtig ernährt.

Sprichworte der Sibirjaken

gekocht werden, mit Salz und Pfeffer würzen. Das Fischfleisch zusammen mit einer Zwiebel durch den Fleischwolf drehen, 2 bis 3 Knoblauchzehen und das in Milch eingeweichte Weißbrot hinzugeben, salzen und erneut durch den Fleischwolf drehen. Zu der Masse die Eier und die zerlassene Butter geben und alles gut untermengen. Mit der Masse vorsichtig die Haut des Hechts füllen, dann in einen großen Topf legen, mit Fischfond aufgießen und auf kleiner Flamme köcheln. Den fertigen Hecht im Fond abkühlen lassen, dann vorsichtig herausheben und auf einen Servierteller legen. Mit einem scharfen Messer in Stücke schneiden, beim Anrichten die Form des Hechts nachbilden. Den Kopf ebenfalls dazu legen, und den Fisch mit einer dicken Sauce oder Mayonnaise begießen. Separat in einem Schüsselchen fein gehackten Knoblauch mit Essig reichen.

Überbackener Buckellachs

Zutaten:
500 Gramm Buckellachs (frisch, gesalzen oder geräuchert) • 8 Kartoffeln
2 Esslöffel Butter • 1 Glas Sahne • 2 Eier • 2 Zwiebeln
2 Teelöffel gehackte Petersilie und Dill • Salz nach Geschmack
Zubereitung:
Kartoffeln und Zwiebeln schälen. Kartoffeln in dünne Scheiben, die Zwiebeln in Ringe schneiden. Den Fisch putzen, in dünne Streifen schneiden. Die Eier mit Sahne aufschlagen. In einen gusseisernen Topf oder eine emaillierte Auflaufform die Kartoffeln, Zwiebeln, den Buckellachs in Schichten legen, den Fisch salzen, dann wieder je eine Schicht Kartoffeln, Zwiebeln, Fisch, Salz, mit Kartoffeln abschließen. Die oberen Kartoffelscheiben gut mit Butter bestreichen, mit der Ei-Sahne-Mischung übergießen. Im vorgeheizten Backofen bei 180° Celsius 20 bis 30 Minuten backen und in der Auflaufform servieren. Mit gehackter Petersilie und Dill garnieren.

Sibirische Fischknödel aus Nalim

Zutaten:

700 bis 800 Gramm Filet vom Nalim • 3 Esslöffel Zwiebackbrösel • Salz
gemahlener Schwarzer Pfeffer nach Geschmack
Für die Füllung:
200 bis 250 Gramm Champignons • 6 Teelöffel Butter
2 Esslöffel fein gehackte Zwiebel • 1 hart gekochtes Ei • Salz

Zubereitung:

Fischfilet im Fleischwolf zerkleinern, mit Salz und Pfeffer würzen, vermengen
und in kleine Fladen teilen. Die Champignons in Scheiben schneiden, in Butter anbraten, mit Salz, gehackten Zwiebeln und gehacktem Ei verrühren. Die
Masse auf die Fladen geben, zu länglichen Knödeln ausformen, in Zwiebackbröseln wenden und braten. Am besten mit gedünstetem Weißkraut servieren
und mit Pflanzenöl beträufeln.

Karpfen in Bier

Zutaten:

1 Karpfen (etwa 1 Kilogramm) • 50 Gramm Butter • 2 Zwiebeln
1 bis 2 Petersilienwurzeln • 2 Möhren • 1 Teelöffel Honig • Wasser
½ Glas helles Bier • Salz • Gewürze nach Belieben • frische Kräuter

Zubereitung:

Den vorbereiteten Karpfen in mittelgroße Stücke schneiden, dabei so viele Gräten wie möglich entfernen. Die Fischstücke in einen flachen gefetteten Topf legen, das Gemüse, die Gewürze und den in Wasser aufgelösten Honig dazugeben, mit Bier auffüllen. Zum Kochen bringen und so lange kochen lassen, bis der Fisch gar ist. Den Fisch auf einen Servierteller legen und mit Kräutern bestreuen. Den Sud, der nach dem Kochen zurückgeblieben ist, abseihen und als Sauce reichen.

Nelma mit Gurken in Gurkensud

Zutaten:

600 Gramm Nelma • 1 Möhre • 1 Petersilienwurzel • 1 Zwiebel
1 bis 2 Lorbeerblätter • 3 Körner Schwarzer Pfeffer • 2 Salzgurken
1 Glas Gurkensud
Für die Sauce
½ Stück Butter • ½ Esslöffel Mehl • 1,5 Glas Fischfond • Salz

Zubereitung:

Den Fisch vorbereiten, in Portionsstücke zerteilen. Einen Sud aus klein geschnittener Möhre, Petersilienwurzel, Zwiebel, Lorbeerblättern, zerstoßenem Pfeffer, klein geschnittenen Salzgurkenstücken und Salzgurkensud zubereiten. So lange kochen, bis die Gurkenstücke weich sind. Den Sud abseihen, aufkochen lassen und den Fisch hineingeben. Etwa 15 Minuten köcheln lassen, bis der Fisch gar ist. Nun die Sauce zubereiten. Die Butter mit dem Mehl verrühren, mit dem Sud ablöschen, 30 Minuten kochen, dann salzen. Den fertigen Fisch auf einen Servierteller legen und mit der Sauce begießen. Mit dünnen Salzgurkenscheiben dekorieren. Das Gericht kann auch aus Maräne oder Felche zubereitet werden.

Muksun mit Pilzen und Weizengrieß

Zutaten:
1 Kilogramm Muksun • 6 bis 8 Steinpilze • 2 Zwiebeln
¼ Glas Weizengrieß • Wasser • 2 hart gekochte Eier • 2,5 Esslöffel Butter
2 Esslöffel Smetana (Schmand) • gehackte Petersilie • Zwiebackbrösel • Salz

Zubereitung:
Die Fischfilets vorbereiten, dabei die Gräten, nicht jedoch die Haut entfernen. Salzen. Steinpilze putzen, sorgfältig waschen und in Scheiben schneiden. In einer Pfanne in Butter andünsten, keine Flüssigkeit hinzugeben. Die Zwiebeln schälen und fein hacken. Die Zwiebeln leicht mit Butter in der Pfanne glasig andünsten. Einen Grießbrei auf Wasserbasis kochen. Die Pilze mit den Zwiebeln und dem Grieß vermischen, die gehackten Eier hinzufügen, alles mit der gehackten Petersilie und Salz würzen, umrühren. Eine Filethälfte auf ein gefettetes Backblech legen, dann die Füllung darauf schichten und die zweite Filethälfte von oben darauf legen. Alles mit Smetana bestreichen, mit Zwiebackbröseln bestreuen. Den Fisch in der Backröhre bei 180° Celsius 20 Minuten backen. Wenn er gar ist, aus der Backröhre holen, auf dem Blech in Stücke teilen und vorsichtig auf einen Servierteller legen.

Ein guter Koch ersetzt den Doktor.

Sprichwort der Sibirjaken

Marinierte gebratene Maräne

Zutaten:

800 Gramm Maräne • 1 Zwiebel • 2 Esslöffel Mehl • 2 Esslöffel geschmolzene Butter • 2 Esslöffel fein gehackte Kräuter • Essig

Salz nach Geschmack

Zubereitung:

Zwiebel schälen, fein hacken. Die vorbereiteten Portionsstücke Fisch mit Haut, ohne Gräten, salzen, mit Zwiebeln bestreuen, mit Essig beträufeln und an einem kühlen Ort etwa 2 Stunden ziehen lassen. Den Fisch in Mehl wenden und in einer Pfanne in geschmolzener Butter braten, bis sich eine gleichmäßige goldbraune Kruste gebildet hat. Den Fisch auf einen Servierteller legen, mit geschmolzener Butter aus der Pfanne begießen und mit gehackten Kräutern bestreuen. Als Beilage Bratkartoffeln reichen.

Gedünsteter Fisch mit Senf

Zutaten:

600 Gramm Fisch • 1 Esslöffel Senf • 2 Zwiebeln • 3 Esslöffel Öl
1 Esslöffel Mehl • ½ Liter Wasser • Zitronensaft • Salz • eventuell Essig

Zubereitung:

Fischstücke salzen und mit Senf bestreichen. In einer flachen Pfanne Öl erhitzen und den Fisch bis kurz vor dem Garpunkt anbraten. Fisch auf einen Teller legen. In der Pfanne nun Zwiebeln anbraten, mit Mehl bestäuben und braun werden lassen. Heißes Wasser zugießen, zum Kochen bringen, Zitronensaft und Salz hinzufügen, die Fischstückchen hineinlegen und zugedeckt auf sehr kleiner Flamme dünsten. Den Fisch auf Tellern verteilen und mit der Sauce servieren, die beim Dünsten entstanden ist. Die Sauce kann mit etwas Essig oder Zitronensaft abgeschmeckt werden.

Fisch in Möhren-Tomatensauce

Zutaten:

700 Gramm Fischfilet • 50 Gramm Mehl • 60 Gramm Öl • Salz
Zwiebelringe • Petersilie
Für die Sauce:
3 Möhren • 2 Zwiebeln • ¾ Glas Tomatenmark mit Essig (oder Ketchup)
½ Glas Öl • 1 Teelöffel Kartoffelstärke • Salz

Zubereitung:

Das Fischfilet anbraten, in Stücke schneiden, auf einen Servierteller legen.
Die Sauce zubereiten. Geriebene Möhre und gehackte Zwiebeln in Öl anbra-
ten, bis sie goldbraun sind, Tomatenmark, Salz, Kartoffelstärke hinzufügen.
Wenn die Sauce zu dick wird, mit etwas kochendem Wasser verdünnen und
bei schwacher Hitze höchstens 2 Minuten kochen lassen. Heiße Sauce an die
Filets gießen, mit Zwiebelringen und grüner Petersilie verzieren.

Karpfen in Rote-Bete-Gelee

Zutaten:

1 Kilogramm Karpfen • Wasser • 2 Rote Bete • 2 Möhren • 2 Zwiebeln
5 Körner Schwarzer Pfeffer • 2 Lorbeerblätter • 2 Teelöffel Gelatine
Salz nach Geschmack

Zubereitung:

Den Karpfen schuppen und ausnehmen. Die Kiemen entfernen. Mit Gräten
und Haut in Portionsstücke schneiden. Den Fisch sorgfältig waschen. Rote
Bete und Möhren schälen, in dünne Scheiben schneiden. Die geschälten
Zwiebeln vierteln. Das Gemüse in einen Topf legen, mit Wasser bedecken.
Salz, Gewürze und Kopf und Schwanz des Fisches hinzufügen, bei schwacher
Hitze 45 Minuten köcheln lassen, dabei den Schaum von Zeit zu Zeit ab-

schöpfen. Den Fisch in den Topf mit dem kochenden Sud geben und bei kleiner Flamme 20 bis 30 Minuten köcheln lassen. Den Fisch vorsichtig aus dem Topf heben und in eine Aspikform legen. Mit fein geschnittenen Scheiben aus Möhren und Roter Bete belegen. Den Sud abseihen, die eingeweichte Gelatine hinzufügen und unter Rühren erwärmen, bis sich die Gelatine vollständig aufgelöst hat, jedoch nicht kochen lassen. Den Sud auf Zimmertemperatur abkühlen lassen. Den Fisch in zwei Etappen mit dem abgekühlten Gelatinesud begießen und bis zum völligen Auskühlen in den Kühlschrank stellen.

Weiße Sauce

Zutaten:
2 Esslöffel Butter • 2 Esslöffel Mehl • 500 Gramm Kalbsfond oder Geflügelfond • Weißer Pfeffer • Salz

Zubereitung:
Die Butter schmelzen lassen, das Mehl zugeben und glatt rühren, ohne, dass das Mehl Farbe annimmt. Nun unter ständigem Rühren den Fond dazugießen und bei kleiner Flamme 30 Minuten köcheln lassen. Die Flüssigkeit solange reduzieren, bis die gewünschte Konsistenz erreicht ist. Mit Pfeffer und Salz abschmecken.

Stroganina auf sibirische Art

Stroganina ist frisch gefrorener roher Fisch und eines der grundlegenden Gerichte der sibirischen Küche. Verwendet werden dafür häufig Renkenartige, Nelma, Muksun, Tschir und der nördliche Omul.

Stroganina ist aber auch das Lieblingsgericht sibirischer Jäger. Wer bei Jägern zu Gast ist, wird gern und oft mit Stroganina aus Fleisch bewirtet. Besonders geschätzt wird die frisch gefrorene Leber des Rehs, auch sie wird zu „Spänen" gehobelt serviert.

Für die Fisch-Stroganina wird traditionell Fisch aus den Flüssen verwendet, die in das Nördliche Eismeer münden. Die Fische von dort gelten als ökologisch unbedenklich und enthalten im Unterschied zu vielen Fischarten, die in den mittelrussischen Gewässern leben, kaum Bakterien; das ist wichtig, denn Stroganina wird grundsätzlich ohne thermische Bearbeitung zubereitet. Wichtig ist auch, dass das Fischfleisch für die Stroganina auf dem gesamten Transportweg niemals an- oder auftaut und erneut eingefroren wird.

Die Sibirier können sich lange und mit Begeisterung über Stroganina unterhalten. Die russischen Bewohner des Arktisgebiets haben ein eigenartiges Ritual der Zubereitung. Sie packen den Fisch mit einem Lappen am Schwanz (damit er nicht in der Hand antaut) und entfernen, den Fischkopf auf ein großes Leintuch stützend, zunächst die Flossen. Danach wird behutsam mit einem scharfen Messer die Haut abgezogen, ohne die Fettschicht direkt unter der Haut zu verletzen. Dafür braucht es Können und Training. Ist der Fisch von der Haut befreit, werden Späne vom Rücken und vom Bauch abgehobelt. Gehobelt wird in Querrichtung. Bei einer anderen Variante werden 1,5 bis 2 Zentimeter dicke Kerben in den Bauch und den Rücken geschlagen und dann in einer einzigen Bewegung ein Schnitt vom Schwanz bis zum Kopf ausgeführt. Der Teller wird mit einem Blatt Küchenpapier ausgelegt, möglichst in zwei Schichten. Wofür das gut ist? Küchenpapier ist ein schlechter Wärmeleiter, so bleiben die Fischstücke auf dem Teller länger gefroren. Vom Rücken her werden zuerst akkurat ein paar lange Späne vom Schwanz zum Kopf abgezogen, dann dünne Fleischstreifen von beiden Seiten, abwechselnd rechts und links von der Mittelgräte, und zwar so, dass an den Rändern der Späne jeweils eine kleine Schicht rötlichen Fetts sichtbar bleibt. Die Späne werden sorgfältig auf Tellern angehäuft.

Stroganina wird mit den Händen gegessen.

Sehr schmackhaft und gut für die Gesundheit sind die gefrorene Leber der Fische des Nordens, das Fischfett und der Kaviar.

Der Geschmack der Stroganina leidet, wenn sie im Voraus zubereitet wird oder man sie vor Ankunft der Gäste hinaus in den Frost stellt.

Zur Stroganina wird Salz und Pfeffer gereicht, oder eine speziell zubereitete „Tunke" aus Tomatenmark, Essig und zerdrücktem Knoblauch. Auch wenn sie recht fetthaltig ist, bedarf Stroganina, wenn sie richtig zubereitet ist, eigentlich keiner weiteren Gewürze. Etwas Salz ist ausreichend. In alten Zeiten aß man Stroganina gern mit Senf. Bei den Sibiriern wird Stroganina entweder als erste Vorspeise oder als Hauptgericht gereicht.

Wenn es in Sibirien langsam Frühling wird, wird die Stroganina nicht in feine Späne gehobelt, sondern in Scheiben geschnitten. Nach dem Entfernen der Haut wird der Fisch in zwei Hälften zerteilt, entlang der Hauptgräte vom Schwanz bis zum Kopf. Dann schneidet man akkurate Halbkreise aus dem Fleisch, wobei man versucht, mit dem Messer zwischen die Wirbel der Hauptgräte zu gelangen. Mit ausreichender Übung werden die Scheiben gleichmäßig und glatt. Beim Essen werden sie einfach mit den Fingern zerbrochen, die Gräten und die Wirbel werden weggeworfen. Das frische Aroma des gefrorenen Fischs bleibt unverändert großartig.

Und wenn von Stroganina die Rede ist, fügen die Sibirjaken noch hinzu: Und das Beste daran ist, dass sie mit sibirischem Wodka herunter gespült wird.

An dieser Stelle eine verfeinerte Stroganina aus Rehfleisch.

Stroganina aus Rehfleisch

Zutaten:

200 bis 300 Gramm Rehfilet • ½ Bund Minze
½ Bund Basilikum • 2 Esslöffel Olivenöl • Salz • Majoran
„Apfelsinenpfeffer" (besteht aus Schwarzem Pfeffer,
Salz, Apfelsinenschale) • Alufolie

Für die Beilage:

100 Gramm Preiselbeeren • 1 Teelöffel Gelatine
1 Bund Ruccola • 100 Gramm marinierte Pilze • ½ Zitrone
3 Esslöffel Olivenöl

Zubereitung:

Das Fleisch längs durchschneiden, Sehnen abschneiden, Fleisch leicht klopfen, damit sich die Oberfläche vergrößert. Minze- und Basilikumblätter in einen Mixer geben, Olivenöl dazu gießen, Salz, Majoran und „Apfelsinenpfeffer" hinzufügen. Alle Zutaten zerkleinern, bis eine glatte Paste entsteht. Das Fleisch salzen, die Paste darauf streichen und jedes Fleischstück zu einer kleinen Roulade zusammendrehen, dann in einige Schichten Alufolie wickeln. Die Enden der Folie an beiden Seiten der Roulade fest verdrehen. Die entstandenen Rouladen für 2 Stunden ins Tiefkühlfach stellen.

Die Preiselbeeren im Mixer zerkleinern, mit Zitronensaft und etwas Zucker einen Sirup zubereiten. Die Gelatine in kaltes, abgekochtes (!!!) Wasser einrühren, bei schwacher Wärmezufuhr auflösen und in einem feinen Strahl in den Preiselbeersirup rinnen lassen. Dabei kräftig rühren. Die Preiselbeermischung in Portionsförmchen gießen und in den Kühlschrank stellen, bis sich der Sirup in Gelee verwandelt hat. Nachdem die Rehrouladen im Kühlfach gefroren sind, herausholen, auswickeln und in ganz feine Scheiben schneiden. Das Fleisch mit Ruccola und marinierten Pilzen dekorieren und mit den gelierten Preiselbeeren servieren.

Gefüllter Schweinekamm

Zutaten:

1 Kilogramm Schweinekamm • 125 Gramm Mayonnaise • Salz
gemahlener Schwarzer Pfeffer • Knoblauch nach Geschmack
Für die Füllung:
1 Glas entsteinte Trockenpflaumen oder Trockenaprikosen
½ Glas Zedernkerne • 1 Bund glatte Petersilie • Käse (am besten Hartkäse)

Zubereitung:

Den Schweinekamm in kaltem Wasser waschen, mit einem Küchentuch trocken tupfen, mit Salz und Pfeffer einreiben, mit Knoblauch spicken, in Pergamentpapier hüllen und für 3 bis 6 Stunden im Kühlschrank ruhen lassen. In der Zwischenzeit die Füllung zubereiten. Dunkle Trockenpflaumen oder Trockenaprikosen waschen, klein schneiden, mit gemahlenen Zedernkernen und der fein gehackten Petersilie vermischen. Wenn das Fleisch durchgezogen ist, mit einem scharfen Messer tiefe Querschnitte im Abstand von 1,5 bis 2 Zentimetern anbringen (allerdings nicht durchschneiden). In die entstandenen Zwischenräume die Füllung geben. Auf Wunsch ein wenig Käse hinzugeben. Die Oberfläche des Schweinekamms mit Mayonnaise einstreichen, etwas Mayonnaise auch in jeden Einschnitt streichen. Das Fleisch in Alufolie wickeln, man kann auch einen so genannten Bratenbeutel aus Folie verwenden, auf ein Backblech legen und im auf 200 bis 220° Celsius vorgeheizten Backofen etwa 1 Stunde schmoren lassen.

Kalbsrouladen mit Mayonnaise

Zutaten:

1 Kilogramm Kalbfleisch (vom Hinterbein) • 250 Milliliter Wasser
500 Gramm Mayonnaise • ½ Liter Wasser • 4 bis 5 Knoblauchzehen

1 Zwiebel • 1 Möhre • 1 Petersilienwurzel • 1 Sellerie • Grün von Petersilie und Sellerie • gemahlener Schwarzer Pfeffer • Salz nach Geschmack

Zubereitung:

Das gewaschene Fleisch sehr dünn klopfen, mit in Salz zerdrücktem Knoblauch einreiben, pfeffern, zu einer Roulade rollen, straff in eine Serviette wickeln, alle 3 bis 4 Zentimeter mit Klemmen fixieren, in einen Topf legen, mit einem Sud aus Salzwasser und Wurzelgemüse bedecken, so dass die gesamte Roulade von Flüssigkeit bedeckt ist. Auf starker Flamme kochen lassen, die Hitze reduzieren und dann auf schwacher Flamme noch 1,5 bis 2 Stunden köcheln. Das Fleisch in der Bouillon abkühlen lassen, herausnehmen, trocken tupfen, in dicke Scheiben schneiden, auf einen Servierteller legen und mit Mayonnaise angießen. Rund um das Fleisch Gemüsewürfel legen, mit ein wenig Grün von Petersilie und Sellerie dekorieren.

Schweinefilet mit Zedernkernen

Zutaten:

500 Gramm Schweinefilet • Mehl • 2 Esslöffel Olivenöl • 1 Bund Petersilie
25 Gramm Zedernkerne • abgeriebene Schale einer ½ Zitrone
1 Zitrone (Saft) • 1 Esslöffel Honig

Zubereitung:

Das Schweinefilet in dünne, etwa 2 Zentimeter breite Scheiben schneiden. In Mehl wenden, überschüssiges Mehl abschütteln. Petersilie grob hacken. Einen

So süß, dass du mein Schauen die Zunge verschluckst.

Mit Nachtigallen werden keine Fabeln gefüttert.

Sprichworte der Sibirjaken

Löffel Olivenöl in einer Pfanne erhitzen, das Fleisch von allen Seiten anbraten, bis es braun ist, herausnehmen und warm halten. Einen weiteren Löffel Öl in die Pfanne geben und darin die Zedernkerne anrösten, bis sie goldbraun sind. Dann die Zitronenschale, den Saft der Zitrone und Honig hinzugeben. Auf kleiner Flamme etwas ziehen lassen, dabei umrühren, so dass eine Sauce entsteht. Das Schweinefilet in eine Pfanne legen und mit Petersilie bestreuen. 3 Minuten anbraten, dabei die Stücke in der Pfanne wenden, bis sie von allen Seiten heiß sind. Mit der Sauce servieren. Sehr gut passen zu diesem Fleischgericht Röhrennudeln.

Gekochtes Rindfleisch mit Meerrettichsauce

Zutaten:

500 bis 600 Gramm Rindfleisch (Schulter oder hohe Rippe) • 1 kleine Möhre
1 Petersilienwurzel • 1 kleine Zwiebel • gemahlener Schwarzer Pfeffer • Salz
Für die Sauce:
½ Liter Fleischbouillon • 1 Teelöffel Butter • 1 Esslöffel Weizenmehl
2 bis 3 Esslöffel Smetana (Schmand) • Zucker nach Belieben
1 bis 2 Esslöffel geriebener Meerrettich • Salz

Zubereitung:

Das Rindfleischstück in heißes Wasser legen, schnell zum Kochen bringen und auf kleiner Flamme köcheln lassen, dabei immer wieder den Schaum abschöpfen. Dann Salz, Wurzelgemüse und Zwiebel hinzufügen. Nach Ende der Garzeit das Fleisch aus der Bouillon nehmen und quer zu den Fasern in Scheiben schneiden. Auf Basis der Bouillon eine Sauce zubereiten. Dafür Butter erhitzen und Mehl darin anrösten, bis es goldgelb ist, dann langsam die nötige Menge Bouillon hinzugießen und 5 bis 8 Minuten kochen lassen. Smetana hinzufügen, die Sauce aufkochen lassen und mit geriebenem Meerrettich, Salz und ein wenig Zucker abschmecken.

Mariniertes Kalbfleisch

Zutaten:

1 Kilogramm Kalbfleisch • 1 Esslöffel zerlassene Butter • 60 Gramm Speck
Für die Marinade:
½ Liter Wasser • 0,2 Liter Essig • 1 Möhre • 1 Zwiebel
2 Petersilienwurzeln • 1 Sellerieknolle • 1 Lorbeerblatt • Nelkenpfeffer
Salz nach Geschmack

Zubereitung:

Wasser mit den Gewürzen ansetzen, kochen und abkühlen lassen, Essig hinzufügen. Das geschnittene Gemüse um das Kalbfleisch legen und so mit der Marinade begießen, dass das Fleisch zur Hälfte bedeckt ist. Von oben mit einem Gewicht beschweren und in den Kühlschrank stellen, das Fleisch in regelmäßigen Abständen wenden. Das Fleisch nach 2 Tagen herausnehmen, mit einem Küchentuch trocken tupfen, mit Speck spicken, salzen und in Butter anbraten. Etwas von der Marinade und die gehackte Zwiebel dazugeben, mit einem Deckel schließen und garen, bis es weich ist. Das Fleisch abkühlen lassen. In feine Scheiben schneiden und auf einem Teller angerichtet servieren.

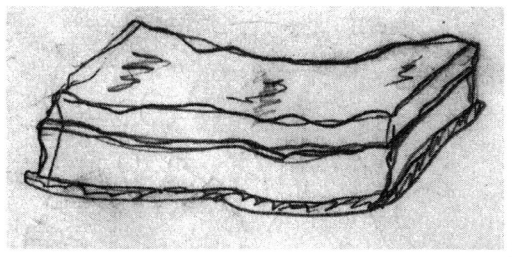

Gefüllte Rinderzunge

Zutaten:

1 Rinderzunge • 3 Zwiebeln • 1 Petersilienwurzel • Wasser
2 Esslöffel Butter • 2 Esslöffel in Milch eingeweichtes Weißbrot
250 Gramm Smetana (Schmand) • 10 Pimentkörner • 1 Lorbeerblatt
Salz nach Belieben

Zubereitung:

Die Zunge mit Zwiebeln und Petersilienwurzel kochen, säubern, längs aufschneiden, dabei kurz vor dem Ende aufhören, ein wenig Zungenfleisch herausschneiden. Das Zungenfleisch zusammen mit einem Teil der Butter und
dem in Milch eingeweichten Weißbrot durch den Fleischwolf drehen, das Ei,
zerstoßene Pimentkörner und gehacktes Lorbeerblatt hinzugeben und untermengen, salzen. Die Zunge mit dieser Mischung füllen, beide Hälften mit Küchengarn zusammenbinden, dann auf ein eingefettetes Backblech legen,
Butterflöckchen darauf setzen. Das Blech in die Backröhre schieben. Von Zeit
zu Zeit mit der Brühe beträufeln, die beim Kochen der Zunge entstanden ist.
30 Minuten dünsten. Ein Glas der Zungenbouillon gut mit Smetana verrühren, aufkochen lassen. Die Sauce abseihen. Die fertige Zunge abkühlen lassen,
das Küchengarn entfernen. Die Zunge in Scheiben schneiden, in Form einer
ganzen Zunge auf einem Servierteller anrichten. Die Sauce separat servieren.

„Chrenowina" ist eine traditionelle sibirische Sauce auf der Basis von Meerrettich. Sie ist scharf und mit würzigem Aroma und wird häufig zur zweiten warmen Vorspeise gereicht. Für die Zubereitung der Grundsauce werden neben Tomaten Meerrettich, Knoblauch und Salz benötigt. Nach Geschmack kommen Roter und Schwarzer Pfeffer, Paprikapulver, Zucker und Essig hinzu. Die Sauce ist in Sibirien sehr populär. Es heißt, dass sämtlichen Erkältungskrankheiten und Magen-Darm-Infektionen durch die häufige Verwendung dieser Sauce vorgebeugt wird. Sie wird sowohl zu kalten wie auch zu heißen Speisen serviert. Sie hebt den Eigengeschmack von gekochtem wie gebratenem Fleisch, von Pelmeni und Manty hervor und passt natürlich hervorragend zu Schaschlik.

Sibirische Meerrettichsauce „Chrenowina"

Zutaten für die Grundsauce:
3 Kilogramm Tomaten • 250 Gramm Meerrettich • 250 Gramm Knoblauch
12 Teelöffel Salz • 4 Teelöffel Zucker

Zubereitung:
Frische Tomaten mit Meerrettich und Knoblauch von Hand durch den Fleischwolf drehen. Die entstandene Masse salzen, Zucker hinzufügen, umrühren, in ein Glasgefäß füllen. Fest verschlossen in den Kühlschrank stellen. Sie können die reifen roten Tomaten teilweise durch grüne Tomaten ersetzen. Sie können auch ausschließlich grüne Tomaten verwenden, das beste Resultat erzielt man jedoch, wenn mindestens zwei Fünftel der Gesamtmenge reife

Tomaten sind. Die Meerrettichsauce kann sofort nach der Zubereitung verwendet werden. Doch je länger sie zieht, desto besser und intensiver wird sie. Sie kann lange im Kühlschrank aufbewahrt werden. Je mehr Meerrettich und Knoblauch dabei hinzugefügt wurden, umso länger lässt sie sich aufbewahren. Vor der Verwendung kann diese Grundsauce ein wenig mit Mayonnaise oder mit dicker Smetana abgemildert werden. Manche mischen geriebene Äpfel unter, dann am besten Antonow-Äpfel nehmen.

Fleisch auf sibirische Art

Zutaten:
500 Gramm Schweinefilet • 200 Gramm geräucherte Hähnchenbrust
20 Gramm getrocknete Pilze • 150 Gramm geriebener Käse
30 Gramm Petersilie • 50 Gramm Butter • 3 bis 4 Knoblauchzehen
½ Teelöffel Honig Salz • gemahlener Schwarzer Pfeffer nach Geschmack

Zubereitung:
Das Filet der Länge nach aufschneiden, aufklappen, leicht klopfen, salzen und pfeffern. Dann die Füllung zubereiten. Die Pilze leicht kochen und klein schneiden, den Käse grob reiben, fein gehackten Knoblauch und Petersiliengrün hinzufügen, salzen, pfeffern und verrühren. Die geräucherte Hähnchenbrust in dünne Scheiben schneiden und auf das geklopfte Filet legen. Die Füllung darauf geben und das Filet zu einer Roulade zusammendrehen. Mit einer festen Schnur zusammenbinden, in eine gefettete Pfanne legen. Mit Honig bestreichen und von allen Seiten rotgolden braten. Das Fleisch dann in der Backröhre gar werden lassen und nach dem Abkühlen in Portionsscheiben schneiden. Vor dem Servieren die Fäden entfernen.

Das wertvollste Stück für die Zubereitung echter Delikatessen aus Rentierfleisch ist das Filet. Die nördlichen Kochkünstler legen Rentierfleisch vor der Zubereitung in eine Marinade aus Wein, Kräutern und Gewürzen. So bleibt das Fleisch sowohl beim Dünsten als auch beim Kurzbraten saftig. Rentierfleisch enthält wenig Fett, deshalb muss es vor dem Grillen zuvor gut mariniert werden und während des Grillens von Zeit zu Zeit mit Öl beträufelt werden. In Wein und Kräutern mariniertes Rentierfleisch wird durch Grillen außergewöhnlich schmackhaft und aromatisch.

Geschmortes Rentierfleisch

Zutaten:

1 Kilogramm Rentierfleisch ohne Knochen, in Würfel geschnitten
2 Esslöffel Öl • 3 fein gehackte Zwiebeln • 2 zerdrückte Knoblauchzehen
1 Esslöffel Tomatensauce • 1 Lorbeerblatt • 750 Milliliter Wasser
1 Esslöffel frische Thymianblättchen • 1 Esslöffel Salz • 7 kleine Kartoffeln,
geschält und geviertelt • 500 Gramm Möhren, in große Stücke geschnitten
3 Esslöffel Mehl • 4 Esslöffel Wasser

Zubereitung:

Die Stücke vom Rentierfleisch in Öl anbraten, bis sich eine braune Kruste bildet. Zwiebeln, Knoblauch, Tomatensauce, Lorbeerblatt, Thymian, Salz und 750 Milliliter Wasser hinzufügen. Bei schwacher Hitze mit einem Deckel bedeckt 1 bis 2 Stunden dünsten. Kartoffeln und Möhren hinzufügen und weiter dünsten, bis das Gemüse gar ist. Mehl mit 4 Esslöffeln Wasser vermischen und damit die Flüssigkeit etwas andicken. Vor dem Servieren das Lorbeerblatt entfernen.

In Wein mariniertes Rentierfleisch vom Grill mit Beilage

Zutaten:

12 Portionsstücke Rentierfleisch am Knochen • 1 Glas Öl
½ Glas trockener Weißwein • 4 Teelöffel Senf • 2 Teelöffel fein gehackter
Knoblauch • ½ Teelöffel Balsamicoessig • Gewürze nach Geschmack
Für die Gemüsebeilage:
6 süße Paprikaschoten unterschiedlicher Farbe • 1 Aubergine • 1 Zucchini
1 Zwiebel • Salz • Gewürze
Für die Kartoffelbeilage:
2 Kartoffeln • 300 Gramm Sellerieknollen • 100 Milliliter Sahne
Für die Sauce:
100 Milliliter trockener Rotwein • 100 Milliliter Portwein
200 Gramm Brombeeren • einige Zweige Thymian und Rosmarin

Zubereitung:

Die Fleischstücke mit einer Gewürzmischung einreiben. Einige Zeit ziehen
lassen. Inzwischen in einer tiefen Schüssel Öl, Wein, Senf, Knoblauch und Essig verrühren. Das Fleisch hinzufügen und gut mischen. Das Gefäß mit Folie
abdecken und für 1 Stunde in den Kühlschrank stellen. Den Grill anheizen.
Das Fleisch auf ein Gitter legen und einige Minuten von jeder Seite nach
Gutdünken grillen.

Zubereitung der Gemüsebeilage: Die Paprikaschoten in Streifen, die Zucchini
und Auberginen leicht diagonal in Scheiben schneiden. In eine tiefe Schüssel
legen, darauf grob gehackte Zwiebel geben, alles salzen, würzen und umrühren. Das Gemüse sollte einige Minuten ruhen, damit es gut durchzieht.
Gleichzeitig mit dem Fleisch auf dem Grill drei bis vier Minuten braten.

Zubereitung der Kartoffelbeilage: Kartoffeln und Sellerieknollen schälen, in
Streifen schneiden und in eine kleine Menge Wasser geben, kochen, bis alles

weich ist. In den Topf die Sahne geben, aufkochen lassen und vom Herd nehmen. Alles in einen Standmixer füllen und glatt pürieren.

Zubereitung der Sauce: In einen gut erhitzten kleinen Topf den Wein geben und etwas köcheln lassen. Dann Portwein und Brombeeren hinzugeben. Die Beeren sollen nicht länger als 2 bis 3 Minuten im Wein köcheln. Die Sauce in einen Mixer füllen, Thymian und Rosmarin zugeben und sorgfältig zerkleinern. Anschließend durch ein Sieb passieren und die überschüssige Flüssigkeit verdampfen lassen, damit die Sauce etwas eindickt. Das marinierte Rentierfleisch mit beiden Beilagen und der Brombeersauce servieren.

Rentierfleischragout mit Süßkartoffelpüree

Zutaten:

500 Gramm Rentierfleisch (Schulterstück) • 200 Gramm Zwiebeln
200 Gramm kleine Champignons • 3 Selleriestangen • 2 Esslöffel Olivenöl
1 Esslöffel frischer Thymian (oder 1 Teelöffel getrockneter)
300 Milliliter süßer Rotwein • 150 Milliliter kräftige Fleischbouillon
1 Esslöffel Kartoffelstärke • 1 Kilogramm Süßkartoffeln (Batata)
1 Apfelsine • 1 Esslöffel körniger Senf • Salz • Schwarzer Pfeffer, gemahlen

Zubereitung:

Das Rentierfleisch waschen, trocken tupfen und in Würfel schneiden. Die Zwiebeln schälen. Die Champignons klein schneiden. Den Sellerie waschen, schälen und in Stücke schneiden. Olivenöl in einer Pfanne erhitzen. Die Zwiebeln 10 Minuten glasig anbraten, aus der Pfanne nehmen. Das Fleisch im Zwiebelöl 5 Minuten anbraten. Zum Fleisch Zwiebeln, Champignons, Sellerie und Thymian geben, salzen und pfeffern. Den Wein und die Bouillon zugießen. Zum Kochen bringen und dann zugedeckt etwa 45 Minuten köcheln lassen, bis das Fleisch weich ist. Die Kartoffelstärke in 2 Esslöffeln kaltem Wasser auflösen und damit das Ragout andicken. Mit Salz und Pfeffer abschmecken. Inzwischen Süßkartoffeln schälen, in Würfel schneiden und 15 Minuten kochen, bis sie weich sind. Das Wasser abgießen, die Kartoffeln leicht trocknen lassen und in eine Schüssel geben. Zu Püree zerstoßen, Senf, Apfelsinenzesten und Apfelsinensaft hinzufügen, salzen und pfeffern. Den Herd auf 190° Celsius (Umluft 170° Celsius) vorheizen. Das Ragout in eine Form füllen, das Süßkartoffelpüree oben darauf geben, so dass das Ragout vollständig bedeckt ist. 20 Minuten im Backofen backen, bis die Oberfläche eine goldbraune Farbe angenommen hat.

Bœuf Stroganoff aus Rentierfleisch und Pilzen

Zutaten:

350 Gramm Tagliatelle (zum Beispiel weiße und grüne Pasta) • Wasser
350 Gramm mageres Rentierfilet, in feine Streifen geschnitten
2 Esslöffel Öl • 1 fein geschnittene Zwiebel • 1 Knoblauchzehe, in Scheiben
geschnitten • 300 Gramm Pilze, in Scheiben geschnitten
2 Esslöffel trockener Sherry oder einen anderen Starkwein
75 Milliliter Rinder- oder Gemüsebouillon • 1 Teelöffel Kartoffelstärke
Wasser • 150 Milliliter Smetana (Schmand) • 2 Teelöffel frischer Thymian

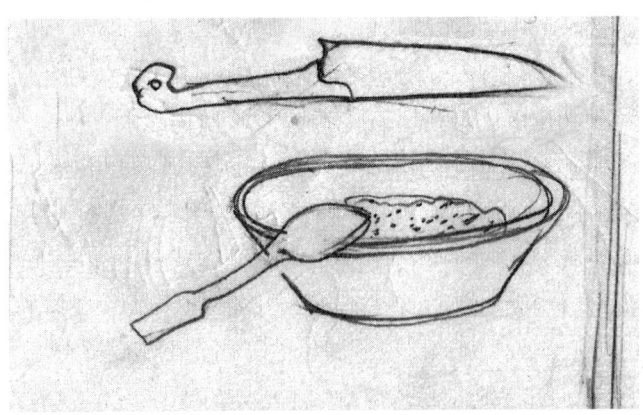

1 Prise geriebene Muskatnuss • 1 Teelöffel gemahlene Paprika
1 Prise Cayennepfeffer • Salz nach Geschmack

Zubereitung:

Die Tagliatelle in kochendem Salzwasser in einem großen Topf 10 bis 12 Minuten „al dente" kochen. Inzwischen 1 Esslöffel Öl in einer großen Pfanne auf starker Flamme erhitzen. Das Rentierfleisch hineinlegen und von allen Seiten scharf anbraten. Aus der Pfanne nehmen und für einige Zeit ruhen lassen. 1 Esslöffel Öl in die Pfanne geben und die Hitze reduzieren. Die Zwiebel etwa 4 Minuten glasig dünsten, dabei häufig umrühren. Den Knoblauch und die Pilze hinzufügen und 3 bis 4 Minuten braten, bis alles weich ist. Den Sherry hinzugießen, einige Sekunden rühren, dann die Bouillon hinzufügen. Kartoffelstärke mit 2 Esslöffeln kaltem Wasser in einem Becher auflösen, Smetana, Thymian, Muskatnuss, Paprika und Cayennepfeffer hineingeben und unterrühren. Diese Mischung in die Pfanne geben und so lange erhitzen, bis sich Blasen bilden. Das Rentierfleisch hinzufügen und einige Sekunden erhitzen, bis das Fleisch warm ist. Nach Geschmack würzen. Die Tagliatelle abgießen, abschrecken und in die Pfanne zum Bœuf Stroganoff geben, vorsichtig unterheben und gleich servieren.

Rentierfleisch mit Rotkohl und Heidelbeeren

Zutaten:

4 dicke Rentiersteaks (je 125 Gramm) • 1 Esslöffel Öl
500 Gramm fein geschnittene Rotkohlblätter • 1 rote Zwiebel
175 Gramm Heidelbeeren • 2,5 Zentimeter frische Ingwerwurzel, gerieben
25 Gramm Butter • 2 Esslöffel Rotes Johannisbeergelee • 2 Esslöffel brauner
Zucker • 150 Milliliter Rinderbouillon • 4 Esslöffel Portwein
abgeriebene Schale und Saft von 1 kleinen Apfelsine • Petersilienzweige
nach Wunsch eine Handvoll Zedernkerne

Zubereitung:

Den Backofen auf 170° Celsius vorheizen. Das Öl in einer großen hitzebeständigen Pfanne mit dickem Boden erhitzen. Die Steaks hineingeben und schnell anbraten, bis eine braune Kruste entsteht. Die Pfanne vom Herd nehmen. Auf das Rentierfleisch Rotkraut, Zwiebel und Heidelbeeren schichten, jede Schicht mit frisch gemahlenem Schwarzem Pfeffer würzen. Einige Zeit durchziehen lassen. In einem kleinen Topf Butter zerlassen, geriebene Ingwerwurzel hinzufügen und 2 bis 3 Minuten anrösten. Das Johannisbeergelee hinzugeben und gut umrühren, bis es aufgelöst ist. Den Topf vom Herd nehmen und unter Rühren den braunen Zucker, die Bouillon, den Portwein sowie die abgeriebene Schale und den Saft einer Apfelsine hinzufügen. Diese Sauce in die Pfanne mit dem Rentierfleisch gießen und im Backofen 2 bis 2,5 Stunden schmoren lassen. Beim Servieren das Fleisch mit Zedernkernen bestreuen und mit Petersilienzweigen dekorieren.

Hunger ist der beste Koch.

**Von langen Reden wirst du nicht satt,
sie stören ein gutes Essen.**

Appetit kommt beim Essen.

Am Knochen ist das Fleisch zarter.

Ein kurzes Abendessen verlängert das Leben.

Sprichworte der Sibirjaken

Schaschlik aus Rentierfleisch mit Bauchspeck

Zutaten:

500 Gramm Rentierfleisch, in Würfel geschnitten • ½ Teelöffel Kräuter der Provence • ½ Teelöffel Fleischgewürz • 450 Milliliter Salatsauce (zum Beispiel auf Joghurtbasis) • ½ Esslöffel grob zerkleinerte scharfe Peperoni 10 Paprikaringe • 10 Scheiben Speck, in der Mitte durchgeschnitten Schaschlikspieße aus Metall oder Holz

Zubereitung:

Das gewaschene und gewürfelte Fleisch mit den Gewürzen bestreuen. In eine Schüssel legen und mit Salatsauce begießen, so dass das Fleisch vollständig von der Flüssigkeit bedeckt ist. Für mindestens 2 Stunden, besser jedoch über Nacht zum Marinieren in den Kühlschrank stellen. Den Grill anheizen. Die Marinade vom Fleisch abgießen, sie wird nicht mehr benötigt. Die Paprikastücke auf das Fleisch legen und alles mit einer Bauchspeckscheibe umhüllen. Auf Metallspieße respektive Holzspieße stecken. Holzspieße müssen 30 Minuten vor Verwendung eingeweicht werden. Das Rentierfleisch 15 bis 20 Minuten grillen, dabei selten wenden, der Bauchspeck sollte am Ende schön knusprig sein.

Wildschweinfilet nach Jägerart

Zutaten:

1 Kilogramm Wildschweinfleisch • 70 bis 100 Gramm Speck • ½ Glas Wein Marinade • Salz • Pfeffer nach Geschmack

Zubereitung:

Vom Fleischstück eines jungen Wildschweins Sehnen und Häute abschneiden, das Fleisch waschen und 3 bis 4 Tage marinieren. Speck klein schneiden und in einer Pfanne anbraten. Das marinierte Fleisch in große Stücke schneiden, in die Pfanne geben und anbraten, bis es überall eine goldbraune Kruste hat. In den austretenden Fleischsaft ½ Glas Wein und ½ Glas Marinade gießen, mit Salz und Pfeffer abschmecken und mit einem Deckel bedeckt etwa 1 Stunde dünsten. Wenn das Fleisch gar ist, die Sauce abseihen und separat servieren.

Nudelauflauf mit Hühnerleber

Zutaten:
400 Gramm Hühnerleber • 100 Milliliter Wasser • 2 Esslöffel Butter
300 Gramm Nudeln • 2 Zwiebeln • 200 Gramm Smetana (Schmand)
gemahlener Schwarzer Pfeffer • Salz nach Geschmack
Zubereitung:
In der Hälfte der Butter die fein geschnittenen Zwiebeln glasig anbraten, die gehackte Hühnerleber dazugeben, außerdem Salz, gemahlenen Schwarzen Pfeffer, alles schnell und gut verrühren und ein wenig Wasser hinzugeben. Zugedeckt 10 Minuten köcheln lassen. Die Nudeln in leicht gesalzenem Wasser kochen, abgießen, abschrecken und den Rest der erwärmten Butter unterrühren. Die Leber-Zwiebel-Masse hinzufügen, alles in eine Auflaufform geben, mit Smetana begießen, mit Schwarzem Pfeffer bestreuen und bei gemäßigter Hitze im Ofen überbacken.

Leberwurst

Zutaten:
500 Gramm Geflügelleber • Naturdärme • 100 Gramm Weizenmehl
120 Gramm Kartoffelstärke • 200 Gramm Speck • Gewürze und Salz nach
Geschmack

Zubereitung:

Geflügelleber durch den Fleischwolf drehen. Den Speck in kleine Würfel schneiden. Die Lebermasse mit dem Speck, dem Mehl und der Kartoffelstärke sowie den Gewürzen vermengen. Die Masse in die zuvor vorbereiteten und bearbeiteten Därme füllen, an beiden Seiten abbinden, in Salzwasser auf schwacher Flamme kurz brühen.

Hähnchenflügel und Hähnchenhälse in Weißer Sauce

Zutaten:

600 Gramm Hähnchenflügel und Hähnchenhälse • Wasser • 2 Zwiebeln
1 Petersilienwurzel • 1 Möhre • 350 Gramm Weiße Sauce • Salz nach Geschmack

Zubereitung:

Hähnchenflügel und Hälse in Stücke hacken, mit heißem Wasser bedecken und zum Sieden bringen. Den Schaum abschöpfen, die in Scheiben geschnittenen Petersiliewurzel, Zwiebeln und Möhren hinzufügen, salzen, zugedeckt auf kleiner Flamme köcheln lassen. Die Hähnchenflügel und Hälse zum Warmhalten in ein Gefäß geben und mit der heißen, abgeseihten Bouillon übergießen. Mit dem Rest der Bouillon eine Weiße Sauce (Rezept: siehe Seite 69) zubereiten. Die Hähnchenflügel und -hälse mit körnigem Reis servieren, dazu die Weiße Sauce reichen.

Panierte Gänseleber

Zutaten:

400 Gramm Gänseleber • 100 Gramm Zwiebackbrösel zum Panieren • 2 Eier
150 Gramm Mehl • 4 Esslöffel Butter • Salz nach Geschmack

Zubereitung:

Die Leber in 5 Zentimeter dicke Scheiben schneiden, leicht klopfen, salzen, dann zuerst in Mehl, darauf in den verquirlten Eiern und zum Schluss in den Zwiebackbröseln wenden. Bei mittlerer Hitze in einer großen Menge geschmolzener Butter von beiden Seiten braten. Mit Kartoffelbrei und frischem Gemüse reichen.

Hähncheninnereien mit Gemüse und Käse

Zutaten:

750 Gramm Hähncheninnereien • 500 Gramm Gemüse (Möhren, Sellerie, Zwiebeln, Kartoffeln) • 300 Milliliter Bouillon • 2 Esslöffel Tomatenmark 1 Esslöffel Butter • 50 Gramm geriebener Käse • Petersilienblätter gemahlener Schwarzer Pfeffer • Salz nach Geschmack

Zubereitung:

Die Innereien sorgfältig putzen, waschen und so lange in leicht gesalzenem Wasser kochen, bis sie weich sind. In einen Durchschlag schütten, das Wasser abfließen lassen. Die Innereien in dünne Streifen schneiden. Das Gemüse in feine Stifte schneiden und in der Bouillon kochen, bis es weich ist. Dann Innereien und Gemüse vermengen, Tomatenmark, Salz, Pfeffer und Öl hinzufügen. Alles mit Petersiliengrün und geriebenem Käse bestreuen.

Gefüllter Gänsehals

Zutaten:

1 Gänsehals • 100 Gramm Kalbfleisch • 50 Gramm Gänseleber 50 Gramm hartes Brot • ¼ Liter Milch • Käse • 2 Eier gemahlener Schwarzer Pfeffer • Salz nach Geschmack

Zubereitung:

Von einem vorbereiteten, abgesengten und gut gewaschenen Gänsehals vorsichtig die Haut wie einen Strumpf abziehen. Das Fett vorsichtig vom Knochen lösen. Kalbfleisch, Gänseleber und das Fett zusammen mit dem in Milch eingeweichten Brot durch den Fleischwolf drehen, salzen, pfeffern und sorgfältig mit einem Holzlöffel zerdrücken, dabei geriebenen Käse und Eigelb hinzugeben. Anschließend das schaumig geschlagene Eiweiß hinzufügen, vorsichtig unterheben und mit dieser Mischung die Haut des Gänsehalses füllen (nicht zu fest), anschließend von beiden Seiten vernähen. Die Haut an einigen Stellen mit einer Nadel durchstechen, in kochendes Salzwasser legen und eine Stunde kochen lassen.

Innereien vom Truthahn mit Speck und Grünen Erbsen

Zutaten:

500 Gramm Innereien vom Truthahn • 8 Kartoffeln • 150 Gramm Speck
100 Gramm Grüne Erbsen • 1 Möhre • 1 Petersilienwurzel • 1 Zwiebel
Petersiliengrün • Salz • Schwarze Pfefferkörner nach Geschmack
Öl zum Braten

Zubereitung:

Fein geschnittene Innereien des Truthahns in kaltem Wasser zusammen mit der grob geschnittenen Möhre und der Petersilienwurzel zum Kochen aufsetzen. Pfefferkörner hinzufügen. Wenn die Innereien weich sind, aus der Bouillon nehmen und an einen warmen Ort stellen. Den grob geschnittenen Speck auslassen, mit der grob gehackten Zwiebel dünsten, mit Salz und Pfeffer sowie der fein gehackten Petersilie bestreuen. Dann die Grünen Erbsen hinzugeben. Die in Streifen geschnittenen Kartoffeln in einer großen Menge Öl kräftig anbraten, Zwiebel, Speck und Grüne Erbsen hinzugeben, erhitzen. Alles vorsichtig unter die Innereien heben, sofort servieren.

Mors. In Sibirien werden viele Getränke auf der Grundlage von Beeren zubereitet. Sie werden Mors genannt. Mors ist ein Getränk aus Beeren- oder Fruchtsaft und Wasser unter Zusatz von Zucker (in alten Zeiten Honig). Auch wenn man heute viele andere Früchte und Kräuter zur Morszubereitung verwendet, besteht der klassische Mors aus Beeren der sibirischen Wälder: Moosbeeren, Preiselbeeren, Schwarze und Rote Johannisbeeren, Wildkirsche, Brombeeren. Sie werden mit Wasser angesetzt und einige Minuten gekocht. Das entstandene Getränk wird abgeseiht und nach Geschmack mit Honig oder Zucker gesüßt. Gern kann man eine Zitronen- oder Orangenscheibe oder etwas abgeriebene Zitronenschale hinzufügen. Mors kann sowohl als kaltes Erfrischungsgetränk wie auch heiß genossen werden.

Preiselbeeren sind in den nördlichen Wäldern zu Hause, sie sind etwas süßer als Moosbeeren. Preiselbeeren sind nicht nur schmackhaft, sondern auch sehr gesund. In Sibirien werden aus Preiselbeeren und Moosbeeren auch Wodka, Kompott und Kissel sowie Saucen für Fisch- und Fleischgerichte zubereitet. Kissel (auch Kisl) ist eine Speise aus Beeren- oder Fruchtsaft mit Maisstärke oder Mehl, sie kann dick und geleeartig sein, dann ähnelt sie entfernt Roter Grütze, oder auch dünn und flüssig.

Preiselbeerenmors

Zutaten:
1 Liter Wasser • 2 Glas Preiselbeeren • ½ Glas Zucker

Zubereitung:
Die Preiselbeeren auslesen, waschen, zerdrücken und den Saft herauspressen. Den Saft in ein Einweckglas füllen, mit einem Deckel verschließen und an einen dunklen, kühlen Ort stellen. Die ausgepressten Beeren mit heißem Wasser aufgießen und auf dem Herd zum Kochen bringen. Von der Herdplatte nehmen und abseihen. Den Sud etwas abkühlen lassen, mit dem zuvor ausgepressten Saft vermischen, den Zucker hinzufügen und umrühren.

Man kann Preiselbeermors auch wie folgt zubereiten: Die mit einem hölzernen Stößel zerdrückten Preiselbeeren mit Zucker bestreuen und 2 bis 3 Stunden ziehen lassen. Den Sirup abgießen und an einen kalten Ort stellen. Den Trester mit kaltem Wasser bedecken und 5 bis 7 Minuten kochen lassen, dann vom Feuer nehmen, abseihen, etwas Zitronensäure und den zuvor gekochten Sirup in den Sud hinzufügen. Umrühren, kühl servieren.

Apfel-Moosbeerenmors

Zutaten:
500 Gramm Äpfel • 200 Gramm Moosbeeren • 4 Esslöffel Zucker
200 Milliliter Wasser • Messerspitze Vanillin

Zubereitung:
Gewaschene und geschälte Äpfel reiben, entsaften, Zucker (2 Esslöffel) in den Saft geben, aufkochen, durch ein feines Sieb oder ein Mulltuch abseihen, ziehen lassen, dann vorsichtig, ohne den Bodensatz aufzuwirbeln, in ein anderes Gefäß gießen. Ebenso den Moosbeerensaft zubereiten. Beide Säfte mischen,

mit gekochtem Wasser auffüllen, Vanillin und nach Geschmack Zucker hinzufügen. Kühl stellen. In einem Krug mit Eiswürfeln servieren.

Hagebutten-Apfel-Mors

Zutaten:
80 Gramm Hagebutten • 500 Gramm saure Äpfel • 1 Liter Wasser
100 Gramm Zucker oder 80 Gramm Honig • Zitronen- oder Apfelsinenzesten
Zitronensaft nach Belieben

Zubereitung:
Die Hagebutten putzen, das heißt, Stiel und Blüte abschneiden. Die Äpfel in kleine Stücke schneiden, alles mit kaltem Wasser bedecken, einige Minuten kochen lassen, abseihen. In den Sud Zucker oder Honig, etwas Zitronen- oder Apfelsinenzesten und Zitronensaft hineinrühren, abkühlen lassen.

Moosbeeren-Preiselbeerenmors

Zutaten:
1,5 Glas gemischte Moos- und Preiselbeeren • 1 bis 2 Esslöffel Zucker
300 bis 400 Milliliter Wasser

Zubereitung:
Die Beeren zerdrücken, den Saft auspressen und in den Kühlschrank stellen. Zum Beerentrester Wasser und Zucker hinzugeben, auf kleiner Flamme 30 Minuten köcheln, abkühlen lassen. Mit dem Saft mischen.

Wer satt ist, vergisst den Herrn nicht.

Sprichwort der Sibirjaken

Mors aus verschiedenen Beeren

Für diesen Mors nehmen Sie Rote Johannisbeeren, Himbeeren, Erdbeeren, Brombeeren und Schlehen, eigentlich können alle Beerenarten nach Angebot und Geschmack verwendet werden. Die ausgelesenen und gewaschenen Beeren werden in einen Topf gelegt und mit Wasser bedeckt. Den Topf auf starker Flamme zum Kochen bringen und so lange kochen lassen, bis die Beeren aufplatzen. Dann alles durch ein dichtes Tuch in ein anderes Gefäß abseihen. Den entstandenen Saft kann man nach Belieben mit kochendem Wasser verdünnen und mit Zucker süßen, dann in einen Krug gießen und abkühlen lassen.

Mors aus Wassermelone

Die Wassermelone aufschneiden, das Fruchtfleisch herausholen, die Kerne entfernen, das Fruchtfleisch ausdrücken. Den Saft aufsetzen und unter häufigem Umrühren 1,5 Stunden köcheln, dann abseihen. Das entsaftete Fruchtfleisch im Verhältnis von 1:3 zum Saft hinzugeben und noch einmal 2 Stunden kochen, ständig umrühren. Wenn die Flüssigkeit dickflüssig wird, abkühlen lassen und in eine Flasche füllen.

> Hast du Gäste gebeten, sieh zu, dass du sie bewirtest.
>
> Für den Gast lass das Tor weit offen stehen.
>
> Für den Gast – Respekt, für den Gastgeber – Ehrbezeugung.
>
> Sprichworte der Sibirjaken

Mors aus Preiselbeeren und Roter Bete

Zutaten:

3 Liter Wasser • 1 Kilogramm Preiselbeeren • 1 Kilogramm Rote Bete
1 Glas Zucker oder Honig

Zubereitung:

Gewaschene und ausgelesene Preiselbeeren ausdrücken und den Saft an einen kühlen und dunklen Ort stellen. Den Preiselbeerentrester mit 1 Liter Wasser aufkochen, den Sud abseihen, die Preiselbeerenreste erneut ausdrücken. Die Rote Bete schälen, reiben, in 2 Liter Wasser kochen, dann den Saft ausdrücken. Den Rote Betesaft mit dem Preiselbeersaft mischen, Zucker hinzugeben, aufkochen und abkühlen lassen. Das Getränk kalt servieren.

Mors aus Roten Johannisbeeren

Zutaten:

1 Liter Wasser • 250 Gramm Rote Johannisbeeren • 125 Gramm Zucker

Zubereitung:

Die Beeren auslesen, waschen, in einen Durchschlag geben, mit einem Löffel zerdrücken und den Saft auspressen. Den Beerentrester mit Wasser aufkochen, abseihen. In den Sud Zucker hineingeben, abkühlen lassen, den Saft hinzufügen und umrühren.

Apfel-Möhrenmors

Zutaten:
4 Glas Wasser • 4 bis 5 säuerliche Äpfel
500 Gramm Möhren • Zucker nach Geschmack
Zubereitung:
Äpfel reiben, den Saft ausdrücken und durch ein feines Sieb abseihen. Die geriebenen Äpfel mit Wasser bedecken, aufkochen lassen, abseihen. Möhren reiben, durch ein feines Sieb pressen, den Saft auffangen. Den Apfelsaft, den Apfelsud und den Möhrensaft mischen und mit Zucker abschmecken.

Himbeerenmors

Zutaten:
1 Liter Wasser • 400 Gramm Himbeeren • 3 bis 4 Esslöffel Zucker
Zubereitung:
Die Beeren putzen, mit kaltem abgekochtem Wasser spülen, die Beeren mit einem hölzernen Löffel zerdrücken, den Saft auspressen. Aus dem Beeren-trester einen Sud zubereiten, abseihen, Zucker hinzufügen. In den abgekühl-ten Sud den Saft geben.

Mors aus Moosbeeren und Möhren

Zutaten:
4 Glas Wasser • 1 Glas Moosbeeren • 500 Gramm Möhren
Zucker nach Geschmack

Zubereitung
Den Saft der Moosbeeren ausdrücken und durch ein feines Sieb abseihen. Die ausgedrückten Moosbeeren mit Wasser bedecken, aufkochen lassen, abseihen. Möhren reiben, durch ein feines Sieb pressen, den Saft auffangen. Die Flüssigkeiten mischen und mit Zucker abschmecken.

Rhabarbermors

Zutaten:
1 Liter Wasser • 200 Gramm Rhabarber • 2 bis 3 Esslöffel Zucker (oder Honig) • Gewürznelke • Zitronen- oder Apfelsinenzesten nach Geschmack

Zubereitung:
Den in Stücke geschnittenen Rhabarber mit der Gewürznelke und den Zesten kochen, bis er weich ist, die Flüssigkeit abseihen, abkühlen lassen, Honig oder Zucker hinzufügen.

An der Straße schöne Häuser, auf dem Tisch Piroggen.

Rauscht das Wasser in der Mühle, hat der Mensch Nahrung.

Auf nüchternen Magen singt man kein Lied.

Sprichworte der Sibirjaken

Honig-Brot-Kwas

Zutaten:

1,2 Kilogramm Roggenzwieback • 12 Liter Wasser • 600 Gramm Honig
30 Gramm Zitronensäure • 20 Gramm aufgelöste Hefe • Rosinen
nach Geschmack

Zubereitung:

Roggenzwieback mit heißem Wasser (80° Celsius) begießen, umrühren und 6 bis 8 Stunden stehen lassen. Den heller werdenden Sud vorsichtig abgießen, Honig und Zitronensäure hinzufügen, auf 25° Celsius abkühlen lassen und die aufgelöste Hefe hineinrühren. Gut verrühren, dann 20 Stunden gären lassen. Den jungen Kwas mit Hilfe eines Trichters, in den ein Wattepfropfen zum Filtern gesteckt wird, in Flaschen abfüllen. In jede Flasche mindestens 2 Rosinen geben. Die Flaschen bei Zimmertemperatur so lange stehen lassen, bis sich Bläschen bilden. Dann die Flaschen mit Korken verschließen und an einem kühlen Ort lagern.

Preiselbeerenkwas

Zutaten:

5 Glas Preiselbeeren • 4 Liter kaltes abgekochtes Wasser • 2 Glas Zucker
1 Esslöffel Hefe • Rosinen

Zubereitung:

Die ausgelesenen und gewaschenen Preiselbeeren mit einem hölzernen Stößel oder einem Löffel zerdrücken, mit kaltem abgekochtem Wasser übergießen, zum Kochen bringen und auf kleiner Flamme 10 Minuten kochen lassen. Abseihen, Zucker hinzugeben, auf 25 bis 30° Celsius abkühlen lassen, die mit Zucker verrührte und in Preiselbeersirup aufgelöste Hefe hinzufügen. Sorgfältig umrühren, in einem offenen Gefäß 3 bis 4 Stunden ziehen lassen, dann in fest verschließbare Flaschen abfüllen, in jede Flasche 4 bis 5 Rosinen geben und an einem kalten Ort lagern. Der Kwas ist nach 2 Tagen trinkfertig. Er sollte kühl serviert werden.

Moosbeerenkwas mit Wacholderbeeren

Zutaten:
1 Kilogramm Moosbeeren • 5 Liter Wasser • 500 Gramm Honig
10 Gramm Hefe • 4 Beeren (Zapfen) Wacholder
Zubereitung:
Moosbeeren auslesen, waschen, zerdrücken, den Saft durch ein feines Sieb gießen. Die entstandene Beerenmasse mit Wasser begießen und 15 Minuten kochen lassen. Den Sud abseihen, auf 35° Celsius abkühlen lassen, den Honig darin auflösen, Hefe und den zuvor ausgepressten Saft der Moosbeeren und die getrockneten Wacholderbeeren hinzufügen. Den Kwas etwa 12 bis 18 Stunden an einem warmen Ort gären lassen, die Lufttemperatur darf dabei 30° Celsius nicht übersteigen. Dann im Kühlschrank abkühlen lassen.

Fruchtsalat mit Zedernkernen

Zutaten:
100 Gramm Pfirsiche • 200 Gramm zerkleinerte Zedernkerne
100 Gramm Birnen • 100 Gramm Äpfel • 100 Gramm Apfelsinen
70 Gramm Zucker • 1 Zitrone
Zubereitung:
Die Äpfel und Birnen waschen, schälen, die Kerngehäuse entfernen und in Würfel schneiden. Die Pfirsiche schälen, entsteinen und 1 Minute blanchieren, dann sofort in eiskaltes Wasser tauchen, würfeln. Die Apfelsinen schälen, filetieren und die Apfelsinenfilets halbieren. Alle Früchte auf Portionsteller

legen. Mit Zucker bestreuen und mit Zitronensaft beträufeln. Nun die Zedernkerne über dem Fruchtsalat verteilen und kühl servieren.

Zedernkernplätzchen

Zutaten für 20 Stück:
100 Gramm Butter • 150 Gramm feiner Zucker • 1 Ei
250 Gramm Weizenmehl • 100 Gramm Zedernkerne
Zubereitung:
Den Backofen auf 180° Celsius vorheizen. Zwei Backbleche mit Backpapier auslegen. Butter und Zucker schaumig schlagen. Ein Ei hinzugeben und schaumig schlagen. Dann das Mehl und die Zedernkerne in die Masse geben. Den Teig mit den Händen kneten, dabei die Zedernkerne gleichmäßig verteilen. 20 Kugeln in der Größe von Walnüssen formen. Auf die Backbleche setzen, dabei auf ausreichend Abstand achten, und 12 Minuten backen. 5 Minuten auf dem Backblech abkühlen lassen und auf ein Gitter heben. Servieren, sobald das Gebäck vollständig ausgekühlt ist.

Zedernkernkuchen

Zutaten:
100 Gramm Mehl • 100 Gramm geschälte Zedernkerne
120 Gramm geriebene Mandeln • 200 Gramm Butter
150 Gramm Puderzucker • 5 Eier • Saft und Zesten einer Zitrone
Zubereitung:
Puderzucker im Mixer mit der Butter schaumig schlagen. Einzeln die Eier hineinschlagen, dann die Mandeln, Zitronenzesten und 5 Esslöffel der Zedernkerne hinzugeben, dabei immer weiter rühren. Zu den restlichen Zedernkerne 1 Prise Salz geben. Eine Kuchenform mit Butter einfetten und den Teig hin-

eingeben, glatt streichen. Oben die leicht gesalzenen Zedernkerne aufstreuen. Den Kuchen 50 bis 55 Minuten im vorgeheizten Backofen bei 150° Celsius backen.

Apfelsinentorte mit Zedernkernen

Zutaten:
Für den Teig:
85 Gramm Butter • 75 Gramm Puderzucker • 1 Ei • 175 Gramm Mehl
Erbsen
Für die Füllung:
85 Gramm geröstete Zedernkerne • 100 Gramm Butter • 100 Gramm Puderzucker • 1 Esslöffel Vanillinextrakt • 85 Gramm gemahlene Mandeln
1 Ei • 25 Gramm fein geschnittene kandierte Apfelsinenzesten

Zubereitung:
Butter und Puderzucker schaumig schlagen. Ein Ei hinzufügen, dabei nicht aufhören zu schlagen, anschließend Mehl hinzufügen und einen weichen Teig rühren. Abdecken und für 1 Stunde in den Kühlschrank stellen. Den Teig in Pergament einschlagen und in eine Backform mit einem Durchmesser von 20 Zentimeter legen. Noch einmal 30 Minuten kühl stellen. Die Backröhre auf 180° Celsius vorheizen. Für die Füllung Butter, Zucker und Vanillin mit dem Mixer schaumig schlagen, nach und nach die Mandeln und ein Ei sowie das Mehl und die kandierten Apfelsinenschalen hinzufügen. Die Form mit dem Teig mit einem Backpapier bedecken, gelbe Erbsen auf die Oberfläche schütten und 5 Minuten lang backen. Aus der Backröhre holen, leicht abkühlen lassen und die Erbsen entfernen. Die Füllung aufstreichen, mit den restlichen Zedernkernen bestreuen und noch einmal bei einer Temperatur von 200° Celsius 15 bis 20 Minuten im Backofen backen.

Kirschkuchen mit Zedernkernen

Zutaten:

Hefeteig • 150 Gramm Zedernkerne • 1 Glas Kirschkonfitüre
frische oder konservierte Sauerkirschen • Zucker • 1 Eigelb
Puderzucker

Zubereitung:

Den Teig passend für ein Backblech ausrollen, wobei ein ausreichend hoher
Rand eingeplant werden muss. Den Teig an einigen Stellen mit einer Gabel
einstechen. Den Teig mit Kirschkonfitüre bestreichen, darauf akkurat die Kirschen platzieren, mit Zucker bestreuen. Den nach oben hinausragenden Rand
mit Eigelb bestreichen. Aus Teig nun eine Schnur formen und diese rauten-
förmig auf die Kirschen legen. Die Teigschnüre ebenfalls mit Eigelb bestreichen. Nun die gesamte Oberfläche mit Kirschkonfitüre bestreichen und mit
gehackten Zedernkerne bestreuen. Backen. Nach dem Abkühlen mit Puderzucker bestreuen.

Kleine Zedernkernkuchen mit Schlagsahne

Zutaten:

6 Eier • 1 Glas Zucker • ½ Glas Kartoffelstärke
300 Gramm geschälte Zedernkerne • Schlagsahne

Zubereitung:

Die Eigelb mit Zucker und Kartoffelstärke verquirlen, die geschälten Zedernkerne hinzufügen, das geschlagene Eiweiß unterheben. Die entstandene Masse in kleine gefettete Formen geben, diese auf ein Backblech stellen und im
Ofen braun werden lassen. Wenn sie abgekühlt sind, mit Schlagsahne servieren.

Tscherjomucha. Der Faulbeerbaum (Tscherjomucha) ist dank seiner weißen Blüte im Frühjahr ein Star unter den Bäumen des Nordens und ein Lieblingsbaum der Sibirjaken. Die Früchte reifen im August und werden sorgfältig gesammelt, wobei man darauf achten muss, die Zweige des zarten Gewächses nicht abzubrechen. Die Beeren sind schwarz, glänzend und sehr klein. Die sibirischen Hausfrauen kochen daraus eine schmackhafte Warenje, die zum Tee gereicht wird. Außerdem werden Kompott oder Kissel daraus gekocht, auch gelierte Konfitüren sind beliebt. Die Beeren des Faulbeerbaums werden für Kuchenfüllungen verwendet und in den Schwarzen Tee gegeben, was ihm ein interessantes Aroma verleiht. Auch in vielen alkoholischen Getränken finden die Beeren Verwendung, aber eher als natürlicher Farbstoff, der zum Beispiel den langweiligen Wodka etwas verschönert.

In Sibirien werden die Beeren auch frisch gegessen. Bleiben im Sommer noch Beeren übrig, werden sie getrocknet und dann zu einem fruchtigen Mehl gemahlen. Aus diesem Mehl werden Pfannkuchen gebacken, oder es wird dem üblichen Kuchenmehl zugesetzt, auch für Hefeteig wird es verwendet.

Sibirische Pirogge mit Faulbeerbaumfrüchten

Zutaten:
Für den Teig:
1,2 Kilogramm Mehl • 50 Gramm Hefe • 240 Gramm Butter • ½ Liter Milch
200 Gramm Zucker • 6 Eier • 1 Teelöffel Salz

Für die Füllung:
3 Glas trockene gemahlene Faulbeeren • 300 Gramm Zucker
250 Milliliter Wasser • Sahne

Zubereitung:

Einen traditionellen Hefeteig herstellen. Die trockenen Früchte des Faulbeerbaums in ein verschließbares Gefäß geben, mit 1 Glas heißem Wasser begießen, das Gefäß verschließen und 40 bis 60 Minuten quellen lassen. Wenn die
Beeren sehr fest und trocken sind, muss mehr Wasser hinzugegeben werden.
Nach dem Quellen Zucker einstreuen, sorgfältig umrühren. Den Hefeteig in
einer Dicke von 1,5 Zentimetern ausrollen. Auf ein gefettetes Backblech legen. Die Ränder ein wenig hochziehen. 10 bis 15 Minuten an einem warmen
Ort gehen lassen. Die Beerenmasse 1 bis 2 Zentimeter dick auftragen. Den
Kuchen 30 bis 50 Minuten bei einer Temperatur von 200 bis 210° Celsius backen. Den fertigen Kuchen auf mehreren Lagen Küchentuch abkühlen lassen,
damit der Boden nicht durchfeuchtet. Kurz vor dem Servieren Schlagsahne
mit Zucker aufschlagen und zum Kuchen reichen.

Ohne Salz und Brot bleibt das Gespräch flach.

Das Fleisch nicht weich gekocht. Der Fisch verkocht.

Was du auch denkst, Besseres als Salz und Brot wirst du nicht erfinden.

Wo Kalja ist, bin ich.

Sprichworte der Sibirjaken

Warenje aus Faulbeerbaumfrüchten

Zutaten:

1 Kilogramm Faulbeerbaumfrüchte • 1,2 Kilogramm Zucker
1 Esslöffel Zitronensaft • 1,5 bis 2 Liter Wasser

Zubereitung:

Die reifen Früchte auslesen, in kaltem Wasser waschen und zum Trocknen auf ein sauberes Handtuch legen. Dann die Faulbeerbaumfrüchte in einen tiefen Topf geben, mit ausreichend Zucker bestreuen. Über Nacht stehen lassen, damit die Früchte Saft geben können. Den Saft dann durch ein Sieb in ein Gefäß abtropfen lassen. Die Früchte mit 1 Esslöffel Zitronensaft beträufeln, umrühren und in 1,5 bis 2 Liter Wasser bei schwacher Hitze 15 Minuten kochen. Gelegentlich umrühren. Nun den aufgefangenen Saft hinzugießen, weitere 15 Minuten kochen. Die Warenje in sterilisierte Einweckgläser geben, pro Glas 1 Esslöffel Zucker hinzugeben. Gläser verschließen und bei Zimmertemperatur abkühlen lassen, dann an einem dunklen Ort lagern.

Die Küche des Altai

Das Altaigebiet ist der sibirische Süden. Die Ureinwohner des Altai nannten sich früher Oiroten. Heute leben die rund 60 000 Angehörigen im Autonomen Gebiet Bergaltai. Der Altai gilt als geheimnisvoll, er ist berühmt für seine Flora und Fauna. Hier trifft man auf die seltenen Altai-Marale, eine Hirschart, und gefleckte Rentiere. In den Bergen gibt es Wälder und malerische Seen, darunter der berühmte Telezki-See. Und dort, etwa hundert Kilometer von der Altai-Hauptstadt Barnaul entfernt, befindet sich das Dorf Jasowo, das kulinarische Mekka des Altai.

Nach Jasowo gelangte ich dank eines Zufalls. Gemeinsam mit einer Reisegruppe hatte ich eine Kameltour von Barnaul durch die Tschuja-Steppe unternommen. Auf dem Weg besuchten wir eine Kumysfarm, wo das Nationalgetränk der Steppenvölker, vergorene Stutenmilch, zubereitet wird. Bezaubernd war die Aussicht auf den magischen Berg liktu. Doch am meisten faszinierten uns die Erzählungen der Bewohner über das archaische Kosmodrom, von dem die Granitplatten beim Dorf Tschibit zeugen, über seltsame optische Erscheinungen in den Bergen und über gigantische Ungeheuer in den tiefen Seen des Altai. Wir besuchten eine Schlucht, auf deren Grund in milchigem Nebel nachts der Tanz leuchtender Gestalten zu beobachten sein sollte. Ein Mitreisender, ein professioneller Bergsteiger, entschloss sich, in die Schlucht hinabzusteigen, um dem Gehörten auf den Grund zu gehen. Doch nachdem er einige Meter überwunden hatte, konnte er die Hand vor Augen nicht mehr sehen und kehrte um.

Geschichten wie die, über die im Nebel leuchtenden tanzenden Gestalten, sind natürlich unglaubhaft. Doch Mythen sind immer stärker als nüchterne Tatsachen. Und so blicken Touristen seit Jahrzehnten mit Schaudern und Spannung in die Schluchten und Seen des Altai: Vielleicht tauchen doch plötzlich Außerirdische auf oder zeigt sich wenigstens ein Seeungeheuer.

Der Altai wird auch „russische Schweiz" genannt. Die landschaftliche Schönheit ist überwältigend, aber die meisten Besucher kommen, um Wunder und Geheimnisse zu entdecken und Nervenkitzel zu spüren. Mit welch masochistischer Freude sucht der Mensch das Ungeheuerliche im Alltäglichen, mit welcher Spannung und Sehnsucht erwartet er den Schrecken, wie nah sind Lust und Angst beieinander, und wie wenig angebracht ist das gerade im Altai, der als eine der ruhigsten und ungefährlichsten Gegenden Russlands gilt. Nun zum kulinarischen Mekka des Altai, zu Jasowo. Dort lebt die „Königin der Köche" des Altai, Valentina Jakolewna. Sie kann einfach alles! Sie bäckt Brot, kocht Konfitüre, bereitet den sibirischen Beerensaft Mors zu. Und natürlich beherrscht sie sämtliche Geheimnisse der Fisch- und Wildzubereitung, der Gaben der Altai-Region. Sie leitet die Küche im ökologischen Touristenzentrum „Russki Dom", dessen Restaurant „Ljubow" in Form eines riesigen Holzschiffs schon von weitem zu sehen ist. Der Besitzer, ein ehemaliger Seefahrer, stammt aus dem Altai. Sergej Tschekulajew kam vor 30 Jahren in seine Heimat zurück, dabei nicht allein, sondern mit seiner Frau Lilija. In Jasowo bauten sie ein Touristenzentrum auf, zunächst klein, dann mit Hotel, Restaurant, Gästehäusern, einer Viehwirtschaft. Sie stellten die besten Köche der Gegend ein und erwarteten ihre Gäste.

Und die Besucher kamen. Seit der Perestroika strömen die Ausländer nach Jasowo. Ich kenne einen Deutschen, der schon 220 Mal in Jasowo war. In den 1990-er Jahren kamen gerade nach Jasowo häufig die Crews der Lufthansa-Langstreckenflüge aus Nowosibirsk, wenn sie einige Tage Zeit während eines Zwischenstopps hatten. Die Deutschen waren begeistert von der Küche des Altai. Sie notierten sich die Rezepte und sagten manchmal: „Sich zu erinnern ist leicht, zu vergessen unmöglich." Valentina Jakolewna kocht für echte Feinschmecker.

Im Altai wird viel, oft und mit großer Begeisterung gegessen. Das fiel mir schon auf der Tschuijsker Trasse auf, wo es einfache Raststätten für die Fernfahrer gibt. Dort wird einwandfrei und auf den Punkt genau gekocht. Und es wird in diesen Raststätten noch laut geschlürft, wenn es schmeckt: Man hört förmlich den Klang von Ucha und Borschtsch, von Soljanka und von Pelmeni mit Bouillon. Da ist so ein Lärmen und Rauschen, als stünde man auf der Staumauer eines Wasserkraftwerks. Die sibirischen Benimmregeln verbieten das Schmatzen nicht, im Gegenteil, es gilt sogar als chic. Wer beim Essen schmatzt und schnauft, dem schmeckt es. Von dieser Tradition kann man sich leicht überzeugen, und man sollte sie im Kopf haben, wenn man in Sibirien essen geht. Sibirien lehrte mich, fremde Traditionen zu achten.

Und noch eine Beobachtung. In den Altai verirrt sich selten das dürre Gespenst der Diät. Und das ist richtig, denn der kulinarische Stil Sibiriens ist eine mächtige epische Erzählung. Man muss annehmen, dass die Freunde von Diäten zusammen mit ihrem Körpergewicht auch im Geist abnehmen und dass die Anhänger von gekochtem Spinat ohne Salz eher für geistige Produkte zugänglich sind und ausschließlich Sonette goutieren. Aber Rabelais war ein Vielfraß, Rossini ein großartiger Gourmet, Mandelstam ein feinsinniger Weinkenner und Gogol und Bulgakow überhaupt große Freunde des Essens. Und auch Tschechow, immerhin Arzt, schrieb nie über Diäten, sondern immer über Essen. Und zwar so gut, dass man nach seiner Erzählung „Sirene" so schnell wie möglich in die Küche laufen will, um etwas Leckeres zu kochen.

Rezepte der Köchin Valentina Jakolewna

Der russische Schriftsteller Michail Saltykow-Schtschedrin stellte einst fest, dass man Soljanka in Russland schnell und ohne hinzuschauen essen müsse. Er meinte damit, dass in einer Fleischsoljanka alles verwertet wurde, was in der Küche übrig geblieben war, Braten- und Wurstreste, Kohl- und andere Gemüsereste. Im Altai jedoch wird Soljanka traditionell zubereitet, und sie ist in ihrer Konsistenz eher dick. Diese Konsistenz erhält sie durch die üppige

Verwendung von Zwiebeln, Tomaten und gerösteter Gemüsepaprika. Soljanka hat im Altai eine eher süßliche Note. Wenn die Süße der Gemüsezwiebel dafür nicht ausreicht, wird einfach ein wenig Zucker hinzugefügt.

Soljanka nach Art des Altai

Zutaten:
100 Gramm Rinderbraten • 100 Gramm Würstchen
200 Gramm Gewürzgurken • 2 rote Paprikaschoten
3 Esslöffel Tomatenmark • 40 Gramm Butter • 3 Zwiebeln
800 Milliliter Rinder- oder Geflügelbouillon
je 12 grüne und schwarze Oliven • 2 Esslöffel Kapern

Zubereitung:
Gurken schälen und in Würfel, die Zwiebeln in Ringe schneiden. Die Zwiebelringe auf kleiner Flamme in etwas Butter glasig anbraten, die Gurken und das Tomatenmark sowie ein wenig Bouillon hinzufügen und so lange dünsten, bis die Gurken weich sind. Dabei immer wieder etwas Bouillon zugießen. Im Backofen die ganzen Paprikaschoten so lange backen, bis die Haut Blasen wirft, dann herausholen, leicht abkühlen lassen und die Haut abziehen. Die restliche Bouillon erhitzen, gedünstete Gurken und Zwiebelringe sowie die in Streifen geschnittene Paprika, das in Stücke geschnittene Bratenfleisch und die gewürfelten Würstchen, schwarze und grüne Oliven sowie Kapern hinzugeben. Auf kleiner Flamme noch einige Minuten weiterkochen lassen.

Das Lamm wird blökend groß, das Kind weinend

Anstelle von Schlechtem viel, besser von Gutem wenig.

Sprichworte aus dem Altai

Rote Bete ist ein überaus beliebtes Gemüse im Altai. Wenn Rote Bete für einen Salat gebraucht wird, ist es besser, sie nicht zu kochen, sondern in Alufolie gehüllt mit etwas Olivenöl im Ofen zu backen. Dabei verliert die Rote Bete Feuchtigkeit und ihr Aroma wird reicher. Es gibt einige Lebensmittel, die hervorragend mit Roter Bete harmonieren. Und dazu zählt vor allem Käse, am besten passt der Ziegenkäse aus dem Altai. Er hat einen säuerlichen Milchgeschmack und ist ein wenig scharf, was der Roten Bete Feinheit und Raffinesse gibt. Dann wird Knoblauch hinzugefügt, der aus der Bete die Süße herauskitzelt und ihr eine würzige Bitternis verleiht. Zedernkerne geben ihr einen leichten Hauch von Frische.

Rote-Bete-Suppe mit Ziegenkäse

Zutaten:

400 Gramm Rote Bete • 100 Gramm Möhren • 2 Esslöffel pürierte Tomaten
1 Zwiebel • 100 Gramm Ziegenkäse • 2 Esslöffel gehackte Petersilie
2 Knoblauchzehen • 200 Milliliter fette Sahne • 1 Liter Hühnerbouillon
3 Esslöffel Sonnenblumenöl • 1 Esslöffel Zedernkerne

Zubereitung:

Ausgedrückten Knoblauch und gehackte Petersilie in einer Schüssel mischen den Ziegenkäse hinzugeben und vermischen. Kühl stellen. Rote Bete, Möhren und Zwiebeln klein würfeln und in einem Topf mit etwas Sonnenblumenöl anbraten, bis das Gemüse weich ist. Anschließend die pürierten Tomaten hinzugeben und noch einige Minuten dünsten. Die Hühnerbouillon in den Topf geben, 5 Minuten kochen lassen und dabei immer wieder umrühren. Die fertige Suppe in den Mixer geben und mit der fetten Sahne pürieren. Die Suppe soll eine rubinrote Farbe haben. Zurück in den Topf geben, noch einmal erhitzen. In die Teller füllen, dabei in jeden Teller eine Portion Ziegenkäse geben. Zum Schluss alles mit gehackten Zedernkernen bestreuen.

In den Familien im Altai liebt man es, gebratene Kartoffel- und Zwiebelstücke mit einer kräftigen Hammelfleischbouillon zu essen. Das Gericht wird in irdenen Portionstöpfchen zubereitet. In die Töpfchen gibt man Hammelfleischstücke zu den Zwiebeln und Kartoffeln. Dann kommen die Töpfchen in den Backofen. Das Essen wird direkt in den Töpfchen auf den Tisch gestellt oder vor dem Servieren in tiefe Teller umgefüllt. Es ist eines der traditionellen Gerichte aus dem Altai. Valentina Jakolewna bereitet es auf ihre Art zu.

Hammelfleisch nach Art des Altai

Zutaten:
600 Gramm Hammelfleisch (Bruststück) • 300 Gramm Auberginen,
4 Kartoffeln • 1 Zwiebel • 2 Paprikaschoten • 6 Knoblauchzehen
3 Tomaten • 300 Milliliter Tomatensaft oder pürierte Tomaten
1 Bund Koriander • 1 Bund Basilikum • Chili • frische Kräuter
Zubereitung:
Das Hammelfleisch sorgfältig waschen und in mittelgroße Stücke schneiden. In einen großen Topf legen. Darauf die geschälten und in Spalten geschnitte-

nen Kartoffeln legen. Mit dem Deckel verschließen. In den vorgeheizten Backofen stellen und bei 180° Celsius 30 Minuten garen. Dann den Topf aus dem Backofen holen, auf die Kartoffeln die Zwiebelringe, die grob geschnittenen Auberginen und Paprika, den Knoblauch und die Tomatenscheiben schichten. Jede Schicht mit einer Mischung aus fein gehacktem Koriander, Basilikum und Chili bedecken. Zum Schluss Tomatensaft hinzugießen und mit einem Deckel abgedeckt für 1,5 Stunden bei 160° Celsius im Backofen dünsten. Vor dem Servieren mit frisch gehackten Kräutern bestreuen.

Valentina Jakowlewna bereitet ihren Salat „Vogelnest", und er sieht wirklich wie ein Vogelnest aus, mit den kleinen Eiern, die auf den grünen Salatblättern liegen. Es werden Wachteleier dafür verwendet, die ohne Schale gekocht, also pochiert werden. Es gibt natürlich ein Geheimnis, wie man die Eier ohne Schale kocht, so dass das Eigelb vom Eiweiß gleichmäßig umhüllt ist. So viel vorab: Die Eier müssen bis zum letzten Moment im Kühlschrank bleiben.

Salat „Vogelnest"

Zutaten:
4 Kartoffeln • 1/8 Sellerieknolle • 2 Möhren • 150 Gramm Mayonnaise
12 Wachteleier • Salz • Salatblätter zum Anrichten • 8 Cherrytomaten
Pflanzenöl zum Braten und Frittieren
Zubereitung:
Kartoffeln schälen, in feine Stifte schneiden, sorgfältig in kaltem Wasser waschen und frittieren, so dass sie schön knusprig sind. Auf Küchenpapier legen, damit das überschüssige Fett abtropfen kann. Sellerie und Möhren schälen, in Stifte schneiden, in einer Pfanne in Öl anbraten, dann in einen Durchschlag geben. Den größten Teil Kartoffeln, Sellerie und Möhren miteinander mischen und mit Mayonnaise würzen.

Die Wachteleier werden folgendermaßen zubereitet: Zuerst das Ei vorsichtig auf einem flachen Teller aufschlagen, so dass das Eigelb ganz bleibt. Im kochenden Salzwasser durch kräftiges Rühren einen Wirbel erzeugen und das Ei schnell hineinschütten. Das Ergebnis ist nach wenigen Minuten im schwach kochenden Wasser ein akkurat pochiertes Ei „im Säckchen".

Jetzt die Kartoffel-Gemüse-Mischung in Form eines Nests auf den Salatblätter anrichten. In die Mitte die pochierten Eier legen. Den restlichen Teil der frittierten Kartoffeln auf das Gemüse geben. Den Tellerrand mit Cherrytomaten dekorieren.

Anmerkung: Anstelle der Mayonnaise kann auch ein Salatdressing verwendet werden, das im Altai sehr beliebt ist. Es wird aus einer Sonnenblumen- und Olivenölmischung mit Zedernkernen zubereitet. Die Zedernkerne und die Ölmischung werden im Mixer zu einer glatten Paste verarbeitet.

Hering in Senfsauce

Zutaten:
2 Salzheringe • 2 Zwiebeln • 250 Milliliter Apfelessig
250 Milliliter Pflanzenöl • 2 Esslöffel Senf • 2 Esslöffel Zucker
frisch gemahlener Schwarzer Pfeffer

Zubereitung:
Hering ausnehmen, Kopf und Schwanz entfernen, mit einem scharfen Messer einen Schnitt längs des Rückens bis an die Gräte ausführen und den Fisch sorgfältig in zwei Teile teilen. Die Gräten entfernen. Dann das Filet von der Haut lösen. Senf und Zucker in ein hohes Gefäß geben und mit dem Mixer verrühren. Nach und nach das Öl hinzugeben. Stetig rühren. Dann nach und nach den Apfelessig hinzufügen. Immer gut rühren, die Sauce wird heller und dünnflüssiger. Die fertige Sauce pfeffern. Die Zwiebeln schälen und in Ringe schneiden. Den Hering und die Zwiebelringe in Schichten in ein Gefäß legen,

mit der Senfsauce begießen. Mindestens 24 Stunden im Kühlschrank ziehen lassen.

Marinierte Tomaten nach Hausfrauenart

Zutaten:

3 Kilogramm Tomaten • 6 Lorbeerblätter • 3 Zwiebeln • 10 Teelöffel Salz
1 Chilischote • Knoblauch • 3,5 Liter Wasser • 1 Glas Essig
3 Petersilienzweige • 1 Gemüsepaprika • 30 Teelöffel Zucker
je 3 Wein-, Kirsch- und Schwarze Johannisbeerblätter • Weiße Pfefferkörner

Zubereitung:

Auf den Boden der 3 Einweckgläser je 2 Lorbeerblätter und je ein Blatt Schwarze Johannisbeere, Kirsche und Wein legen. Weiße Pfefferkörner und einen Petersilienzweig hinzugeben. 3,5 Liter Wasser kochen und die Tomaten, den Knoblauch, die Zwiebelringe, die Paprika und die Chilischote damit überbrühen. 15 Minuten ziehen lassen. Das Wasser abgießen, aber auffangen und zu diesem Wasser Salz, Zucker und Essig geben. Den Sud wieder zum Kochen bringen. Tomaten, die in Streifen geschnittene Gemüsepaprika, die Zwiebelringe, den Knoblauch und die Chilischote in die Einweckgläser geben. Mit der Marinade aufgießen. Luftdicht verschließen.

Marinierte Pflaumen mit Knoblauch

Zutaten:

3 Knoblauchknollen • 3 Gewürznelken • 200 Gramm brauner Zucker
je 6 Körner Weißer und Rosa Pfeffer • 100 Milliliter roter Weinessig
2 bis 2,5 Kilogramm feste, dunkle Pflaumen • 1 Esslöffel Meersalz
800 Milliliter Wasser

Zubereitung:

Die Pflaumen seitlich einschneiden und den Kern herauslösen. Die Knoblauchknollen in Zehen teilen, schälen. In jede Pflaume eine Knoblauchzehe geben. Dann die Pflaumen in sterile Einweckgläser legen. 800 Milliliter Wasser mit Zucker, Salz, Essig, Gewürznelken und Pfefferkörnern aufkochen. Die Pflaumen mit der heißen Marinade übergießen und für 8 Stunden ziehen lassen. Dann die Einweckgläser verschließen. Nach 7 Tagen kann man die Pflaumen genießen.

Gefüllte Kalbsbrust

Zutaten:

1 Kilogramm Kalbsbrust • 3 bis 4 Esslöffel Butter • Kartoffeln als Beilage
frische Petersilie • Salz nach Belieben

Für die Füllung:

300 Gramm Leber • Öl zum Anbraten • 200 Gramm Buchweizenkascha,
körnig gekocht • 1 Zwiebel • 50 bis 100 Gramm Speck • 1 hart gekochtes Ei
Salz • frische Petersilie

Zubereitung:

Das Bruststück mit Salz einreiben, einen seitlichen Schnitt in Form einer großen Tasche anbringen. Die Füllung bereiten Sie wie folgt: Den fein gehackten Speck mit etwas Öl in eine heiße Pfanne geben, auslassen, die fein geschnittenen Zwiebeln und die Leber hinzugeben, alles salzen und anbraten. Die Masse durch den Fleischwolf drehen, die Buchweizenkascha und das gehackte Ei untermischen. Die Füllung vorsichtig in die „Tasche" des Bruststücks geben, das Fleisch auf ein Backblech setzen, im Backofen garen und dabei von Zeit zu Zeit mit dem austretenden Fleischsaft beträufeln. Den Braten in Scheiben schneiden, auf einem Servierteller anrichten. Mit einer Beilage aus in Butter gebratenen Kartoffeln servieren. Mit frischer Petersilie bestreuen.

Gedünstetes Rindfleisch mit Gemüse und Roggenbrot

Zutaten:
600 bis 800 Gramm Rindfleisch • ½ Liter Bouillon • 3 Zwiebeln • 1 Möhre
1 Sellerieknolle • 2 Scheiben Roggenbrot • 150 Gramm Speck
4 Esslöffel Mehl • 2 Esslöffel geschmolzene Butter • Smetana (Schmand)
4 bis 6 Kartoffeln • Salz • Schwarze Pfefferkörner • Lorbeerblatt
frische Kräuter nach Belieben

Zubereitung:
Das Fleisch in dicke Scheiben schneiden, salzen, in Mehl wenden und in Butter von beiden Seiten anbraten, bis sich eine goldbraune Kruste bildet. Zwiebeln, Möhren und Sellerie in feine Würfel beziehungsweise Stifte schneiden, vermischen, Roggenbrot würfeln, zum Gemüse geben, dazu das Lorbeerblatt, einige Schwarze Pfefferkörner und Salz. Den Boden eines Topfes oder einer Auflaufform mit dünnen Speckscheiben auslegen. Darauf eine Schicht der angebratenen Fleischscheiben legen, die Gemüsemischung auf das Fleisch geben. Dann wieder eine Schicht Fleisch und eine Schicht Gemüsemischung. Alles mit Bouillon übergießen, und zwar so, dass sie nur bis an die zweite Fleischlage heranreicht. Auf dem Herd zum Kochen bringen, dann in die vorgeheizte Backröhre schieben. Wenn das Fleisch in kleinen Portionstöpfchen zubereitet wird, nicht vorher auf den Herd, sondern gleich in die Backröhre

stellen. Das Fleisch etwa 2 bis 2,5 Stunden zugedeckt dünsten lassen. Etwa 20 bis 25 Minuten vor Ende der Garzeit Smetana hinzufügen. Als Beilage kann man beispielsweise gekochte Kartoffeln reichen. Wenn das Fleisch in den Portionstöpfchen zubereitet wird, sollte es auch in diesen serviert werden. Auf jeden Fall das Gericht mit frischen Kräutern bestreuen.

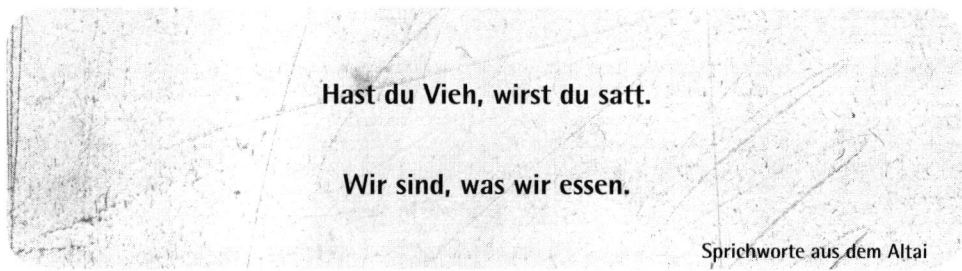

Hast du Vieh, wirst du satt.

Wir sind, was wir essen.

Sprichworte aus dem Altai

Gulasch mit Grünen Bohnen

Zutaten:
200 Gramm Rindfleisch • 200 Gramm Hammelfleisch • 200 Gramm Schweinefleisch • 200 Milliliter Wasser • 4 große Zwiebeln • 2 Esslöffel Öl 500 Gramm Grüne Bohnen • 1 Esslöffel Mehl • Salz • gemahlener Schwarzer Pfeffer • Kartoffeln • frische Kräuter

Zubereitung:
Das Fleisch würfeln und in Öl anbraten, gehackte Zwiebeln hinzufügen. Wenn die Zwiebeln leicht angebraten sind, Wasser zugießen und das Fleisch so lange dünsten, bis es fast gar ist. Die Grünen Bohnen waschen, Spitzen und Enden abschneiden, harte Fäden an den Seiten entfernen. Zum Fleisch hinzugeben, salzen und pfeffern und alles auf kleiner Flamme weiter garen. Am Ende der Garzeit die Sauce mit etwas Mehl andicken. Zum Gulasch mit frischen Kräutern bestreute gekochte Kartoffeln servieren.

Leber mit Pilzen, gedünstet in Smetana

Zutaten:

800 Gramm Rinderleber • 200 Gramm Smetana (Schmand) • 2 Zwiebeln
200 Gramm Pilze • 2 Teelöffel Zucker • 1 bis 2 Esslöffel Tomatenpüree
2 Esslöffel Butter • 4 Esslöffel Mehl • Salz • gemahlener Schwarzer Pfeffer

Zubereitung:

Die Leber in nicht zu dicke Scheiben schneiden (etwa fingerdick). Mit Salz
bestreuen, pfeffern, in Mehl wenden und in heißer Butter anbraten. Die Leber sollte innen noch roh sein, beim Einstechen mit einer Gabel sollte roter
Saft austreten. Die Pilze einweichen, kochen, klein schneiden und zusammen
mit den in feine Ringe geschnittenen Zwiebeln anbraten. Die Leber mit den
Pilzen und den Zwiebelringen in kleine Tontöpfchen schichten. In jedes Töpfchen einen Sud aus Smetana, Pilzwasser, Zucker und pürierten Tomaten gießen und etwa 15 bis 20 Minuten im Backofen dünsten, bis die Leber gar ist.
Wer mag, kann auch gebratene Kartoffelscheiben in die Töpfchen legen. Natürlich können Sie dieses Gericht auch in einem großen Tontopf zubereiten. Zu
diesem Gericht reicht man gerne Sauerkraut, Salzgurken und frischen Salat.

Leberroulade

Zutaten:

600 Gramm Rinds- oder Kalbsleber • 1 große Zwiebel • 1 Möhre
200 bis 250 Gramm Butter • Salz • Olivenöl • Schwarzer Pfeffer
1 Messerspitze geriebene Muskatnuss

Zubereitung:

Die Butter aus dem Kühlschrank nehmen und auf Zimmertemperatur anwärmen. Bei der Leber Haut und Sehnen entfernen, in kleine Stücke schneiden.
Die Zwiebel schälen und in kleine Würfel schneiden. Die Möhre putzen und

reiben. Eine Pfanne mit Olivenöl ausfetten, Zwiebeln und Möhrenraspel darin etwa 10 Minuten lang anbraten, bis sie weich sind. Dann das Gemüse in ein hohes Gefäß geben. Etwas Olivenöl in die Pfanne nachgießen, die Hälfte der Leber hineingeben und 7 bis 10 Minuten gut anbraten. Die Leber zum Gemüse geben. Nun die übrige Leber anbraten, ebenfalls zum Gemüse geben. Die Gemüse-Leber-Mischung mit dem Stabmixer in eine glatte Masse verwandeln. Salzen, pfeffern, mit Muskatnuss abschmecken. Es soll eine relativ geschmeidige Masse entstehen. Sollte sie zu fest sein, rühren Sie 2 bis 3 Esslöffel geschmolzene Butter hinein. Lebensmittelfolie von 40 x 50 Zentimetern zurechtschneiden. Die Lebermasse in einem Rechteck von 7 Millimeter Dicke auf die Folie legen und glatt streichen. Darauf eine 3 Millimeter dicke Schicht Butter auftragen. Nun die Folienränder anheben und die Masse zu einer Roulade zusammenrollen, die Folienenden zusammendrehen und die Roulade für 4 Stunden in den Kühlschrank legen. Die Roulade in Scheiben aufschneiden.

Rinderzunge mit Pilzen und Zedernkernen

Zutaten:

1 Rinderzunge • 2 Esslöffel Butter • 2 Zwiebeln • 300 Gramm Pilze
½ Glas Zedernkerne • 2 bis 3 Knoblauchzehen • 250 Gramm Smetana
(Schmand) • Salz • gemahlener Schwarzer Pfeffer nach Geschmack

Zubereitung:

Die Zunge in Salzwasser gar kochen, dann in Stücke schneiden, in einen Topf legen, in Butter glasig gebratene Zwiebeln sowie die geputzten und in Butter gebratenen Pilze hinzugeben. Die Zedernkerne und den Knoblauch in einem Mörser zu einer glatten Masse zerstoßen, dabei sollte aus den Kernen Öl heraustreten. Mit der Smetana mischen, pfeffern und die Zunge mit dieser Sauce begießen. Den Topf mit einem Deckel verschließen und bei schwacher Hitze im Backofen garen, darauf achten, dass die Sauce nicht kocht.

Zunge in Preiselbeerensauce

Zutaten:

1 Kilogramm Zunge • 1 Petersilienwurzel • 1 Möhre • Dill • Zwiebel
Für die Sauce:
200 Gramm Preiselbeeren • 1 Esslöffel Butter • 1 Esslöffel Mehl • Bouillon
Salz • Zucker nach Geschmack

Zubereitung:

Die gewaschene Zunge mit heißem Wasser ansetzen und kochen, das Wurzelgemüse und das Salz hinzugeben. Von der gekochten Zunge die weiße Haut
entfernen. Mit kaltem Wasser abspülen. In ein Gefäß legen, Dill und nach Geschmack Zwiebelringe hinzugeben, mit der Sauce begießen. Die Sauce wird
wie folgt zubereitet: In einem Topf die Butter schmelzen lassen, Mehl langsam einsieben, dabei beständig rühren, etwas Bouillon hinzugeben. Die Preiselbeeren im Mixer zerkleinern, hinzugeben, aufkochen lassen, Zucker und
Salz nach Geschmack hinzufügen. Die Zunge mit gekochtem Reis oder Kartoffeln als Beilage servieren.

Hähnchenfrikadellen mit Zucchini

Zutaten:

300 Gramm Hähnchenbrust • 2 Esslöffel Smetana (Schmand)
1,5 Esslöffel Kartoffelstärke • ½ kleine Zucchini • 1 Ei • Speisesoda
1 Zitrone (Saft) • Salz • Pflanzenöl

Zubereitung:

Das Hähnchenfleisch in kleine Würfel schneiden, mit Soda und Salz bestreu-
en, mit dem Zitronensaft beträufeln, verrühren und 15 Minuten ruhen lassen.
Die Zucchini schälen, grob reiben, etwas salzen und für 5 bis 7 Minuten stehen lassen, damit der Saft austritt. Das Ei, die Smetana, den Zucchinisaft und

die Kartoffelstärke zu den Hähnchenfleischwürfeln und den geriebenen Zucchini hinzugeben. Alles mischen und 10 Minuten ziehen lassen. Frikadellen formen, diese mit einem Löffel in die mit Öl erhitzte Pfanne geben und von beiden Seiten anbraten, mit einem Deckel bedeckt so lange weiterbraten, bis die Frikadellen gar sind. Überschüssiges Öl von den Frikadellen auf einem Küchentuch abtropfen lassen. Mit Gemüsesauce servieren.

Gemüsesauce

Zutaten:
¼ Liter Brühe (Gemüsebrühe oder Spargelbrühe) • 3 Esslöffel Butter
4 Esslöffel Mehl • ¼ Liter Milch oder Sahne • ¼ Teelöffel Salz
1 Prise Cayennepfeffer • 1 Prise Muskatnuss • 1 Teelöffel Zitronensaft
2 rohe Eigelb
Zubereitung:
Das Mehl in der zerlassenen Butter anrösten, die heiße Brühe allmählich hinzugeben, vom Herd nehmen. Die beiden Eigelb mit den Gewürzen in der Milch verrühren und unter Rühren in die Brühe geben. Nach Belieben mit Zitronensaft abschmecken.

Sammelst du mit dem Löffel, füllst du doch die Tasche.

Sammle Korn für Korn, und du hast Proviant.

An einen leeren Tisch bittet man keine Gäste.

Sprichworte aus dem Altai

Fleischfrikadellen nach Art des Altai

Zutaten:

350 Gramm mageres Schweinefleisch • 150 Gramm Kalb- oder Rindfleisch
100 Gramm geräucherter Speck • 1 Kopf frisches Weißkraut • 1 Zwiebel
50 Gramm in Milch eingeweichtes Weißbrot • Kräuter • Schwarzer Pfeffer
Salz • 2 Eier • 2 Esslöffel Schweineschmalz • 1 Glas Weißwein
1 Glas kräftige Bouillon • 1 Esslöffel Tomatenmark • 4 bis 5 Tomaten

Zubereitung:

Das Fleisch abspülen, trocken tupfen und zweimal durch den Fleischwolf drehen. Zwiebel fein hacken, anbraten und dann zusammen mit dem Fleisch durch den Fleischwolf drehen. Salzen, pfeffern, die frischen Kräuter, die Eier und das eingeweichte Brot hinzugeben und alles so lange kneten, bis eine geschmeidige Masse entstanden ist. Daraus kleine Kugeln in der Größe von Walnüssen formen. Den Weißkohlkopf in einzelne Blätter zerteilen, dabei den harten Strunk entfernen. Dann alle Blätter einzeln für einige Sekunden in kochendes Wasser legen. In jedes Krautblatt ein wenig Schweineschmalz geben. Am nächsten Tag die Fleischbällchen in Fett anbraten. Dann mit Bouillon begießen und dünsten, vorzugsweise in einem Tontopf. Anstelle eines Deckels kann der Tontopf mit einem Fladen aus Teig verschlossen werden. Die Frikadellen dünsten, bis die Hälfte des Wassers verdunstet ist. Anschließend abkühlen lassen und über Nacht an einen kühlen Ort stellen. Nun den Wein und das Tomatenmark zu den Frikadellen in den Topf geben und wieder so lange dünsten, bis die Hälfte der Flüssigkeit verdunstet ist. Wieder über Nacht an einen kühlen Ort stellen. Am dritten Tag die Fleischbällchen in einen weiten Topf legen, nicht zu dicht aneinander, mit den zerkleinerten marinierten Weißkrautblättern und Tomatenspalten bedecken. Mit geräuchertem Speck bestreuen und in den Backofen schieben. Im Verlauf des gesamten Garprozesses den Topf einige Male hin und her rütteln. Sobald die Frikadellen braun werden, sind sie fertig.

Mit Seehecht und Garnelen gefüllte Paprika

Zutaten:
6 bis 8 gelbe oder rote Paprikaschoten • 500 Gramm Seehechtfilet
100 Gramm geschälte Garnelen • 1 mittelgroße Zwiebel
500 Milliliter Milch • 3 Esslöffel Mehl • Meersalz • Olivenöl
60 Gramm Butter • 1 Prise gemahlener Weißer Pfeffer
Für die Sauce:
1 große rote Paprikaschote • 200 Milliliter Sahne • 25 Gramm Butter • Salz

Zubereitung:
Das Seehechtfilet in einer kleinen Menge Wasser kochen oder dämpfen, bis es vollständig gar ist. Leicht abkühlen lassen und mit der Gabel in kleine Fasern zerteilen. Die Garnelen längs des Rückens aufschneiden und den dunklen Darmfaden herausziehen. Dann in kleine Stücke schneiden. Die Zwiebel schälen und sehr fein schneiden. In einem kleinen Topf eine Mischung aus Olivenöl und geschmolzener Butter erhitzen und die Zwiebelwürfel darin 5 bis 7 Minuten weich werden lassen, ohne dass sich ihre Farbe verändert. Das Mehl unter die Zwiebel mischen und unter Rühren 1 Minuten mitrösten. Dann allmählich die Milch unter stetigem Rühren hinzugeben, zum Kochen bringen und 1 bis 2 Minuten kochen lassen. Die Sauce salzen und mit gemahlenem Weißen Pfeffer würzen. Den Fisch und die Garnelen hineingeben, umrühren und 5 Minuten mit erhitzen. Die Mischung auf einen Servierteller geben, mit Folie bedeckt abkühlen lassen. Sie wird dabei etwas dicker. Von den Paprikaschoten die Stiele und Samen entfernen, in der Mitte durchschneiden. Die Paprikahälften mit der Fischmasse füllen und auf ein Backblech setzen. Für die Sauce die Paprikaschote in feine Stücke schneiden. Butter heiß werden lassen und die Paprika darin 3 Minuten anbraten. Die Sahne hinzugießen und auf mittlerer Flamme 10 Minuten köcheln lassen. Salzen. Im Mixer glatt pürieren. Die Paprikaschoten mit der Sauce begießen, mit Alufolie

bedecken und in die auf 180° Celsius vorgeheizte Backröhre schieben. Nach etwa 15 Minuten prüfen, ob die Schoten weich sind. Sofort servieren.

Lachsauflauf mit Gemüse

Zutaten:
2 Lachssteaks • 1 Stange Porree (nur den weißen Teil) • 1 Zucchini
4 Esslöffel Olivenöl • etwas Öl zum Einfetten der Form • 2 Eier • Meersalz
150 Milliliter Sahne • getrockneter Thymian • gemahlener Schwarzer Pfeffer

Zubereitung:
Den Porree und die Zucchini schneiden und in 2 Esslöffel heißem Öl anbraten. Den Fisch abspülen und trocken tupfen. Nach Wunsch die Haut entfernen. In der Mitte durchschneiden. Leicht von beiden Seiten in einer heißen Pfanne im restlichen Öl anbraten. Die Auflaufform einfetten. Die Zwiebeln und Zucchini hineingeben. Die Lachssteaks auf das Gemüse legen. Die Eier mit der Sahne, Salz, Pfeffer und Thymian verrühren. Die Sauce über den Fisch und das Gemüse gießen. Bei einer Temperatur von 180° Celsius etwa 30 Minuten im Backofen überbacken.

Überbackene Scholle in Smetana

Zutaten:
1 Kilogramm Scholle • 1 Esslöffel Zitronensaft • 200 Gramm Smetana
(Schmand) • 3 Esslöffel Butter • 1 Esslöffel Mehl • Schwarzer Pfeffer
Meersalz

Zubereitung:
Die Scholle mit kochendem Wasser übergießen. Dann zuerst von der weißen Seite putzen, aufschneiden und die Innereien entfernen. Auf der dunklen Seite einige rautenförmige Einschnitte vornehmen. Den Fisch in Stücke

schneiden und mit der weißen Seite nach oben auf ein Backblech legen. Salzen, mit Zitronensaft und 2 Esslöffel geschmolzener Butter beträufeln. Mit Backpapier oder Alufolie bedecken und für 40 Minuten im auf 180° Celsius vorgeheizten Backofen überbacken. Dabei von Zeit zu Zeit den Fisch mit der Flüssigkeit beträufeln, die sich am Boden des Backblechs bildet. Den fertigen Fisch aus der Backröhre herausnehmen und sorgfältig die gesamte Haut entfernen. Nun für die Sauce das Mehl in der restlichen Butter anrösten, dabei ständig rühren, die Smetana nach und nach hinzugeben. Wenn die Sauce zu kochen beginnt, vom Herd nehmen. Die Fischstücke in Form einer Scholle anrichten, mit der Sauce übergießen und weitere 10 Minuten überbacken. Heiß mit einer Gemüsebeilage oder Salat servieren.

Tilapia in Frittierteig

Zutaten:
700 Gramm Tilapiafilet • 4 Esslöffel Mehl • 2 Eier • Pflanzenöl
200 Gramm Smetana (Schmand) oder Mayonnaise • Salz
Gewürze nach Belieben
Zubereitung:
Das Tilapiafilet in große Stücke schneiden. Salzen, pfeffern, mit Zitronensaft beträufeln. Einen Frittierteig zubereiten. Dafür die Eier aufschlagen, Smetana

Aus einem Wolfsjungen wird ein Wolf.

Aus einem Wolf wird keine Ziege.

Sprichworte aus dem Altai

oder Mayonnaise, Mehl und Salz hinzugeben und gut verquirlen. Die Filetstücke mit einer Gabel anstechen, in den Teig tauchen und in die Pfanne mit heißem Öl legen. Den Fisch von beiden Seiten je 3 bis 4 Minuten anbraten. Die fertigen Filetstücke auf Küchenpapier legen, damit das überschüssige Fett abtropfen kann. Dazu passt ein frischer Grüner Salat mit Zedernkernen.

Roter Fisch in Sahnesauce

Zutaten:
4 Steaks eines beliebigen rotfleischigen Fischs • 1 Möhre • 1 Zwiebel
400 Milliliter Sahne (10 Prozent Fettgehalt) • Salz • Pfeffer • Pflanzenöl
Zubereitung:
Zwiebel und Möhre schälen und fein schneiden. In Pflanzenöl anbraten, bis sie weich sind. Die Fischsteaks in die Pfanne legen und auf starker Flamme 2 bis 3 Minuten von jeder Seite anbraten. Den Fisch und das Gemüse in eine hitzebeständige Auflaufform legen, salzen und pfeffern. Mit der Sahne übergießen und bei 200° Celsius im Backofen überbacken.

Aprikosenkuchen mit Zedernkernen

Zutaten:
½ Teelöffel Vanillezucker • Butter zum Fetten der Form
100 Gramm Aprikosenkonfitüre • 80 Gramm Butter
50 Gramm Zedernkerne • 1 Messerspitze geriebene Muskatnuss
110 Gramm Mehl • 75 Gramm Zucker • ¼ Teelöffel Zimt
Für die Füllung:
2 Eier • 500 Gramm Rahmfrischkäse (Mascarpone) • 2 Esslöffel Zitronensaft
250 Gramm weicher Quark • 1 Vanilleschote • 150 Gramm Zucker

Zubereitung:

Mehl mit Zimt, Muskatnuss und Vanillezucker in eine große Schüssel sieben. Zucker, die auf Zimmertemperatur angewärmte Butter und die Zedernkerne hinzugeben. Sorgfältig verrühren. Eine Backform von 24 Zentimetern Durchmesser mit Butter fetten. Den Teig auf den Boden der Form legen, mit den Händen andrücken und für 30 Minuten in den Kühlschrank stellen. Dann in den auf 180° Celsius vorgeheizten Backofen schieben und 20 Minuten lang backen. Den noch heißen Boden mit der Aprikosenkonfitüre bestreichen, die Temperatur im Backofen auf 150° Celsius absenken. Die Vanilleschote der Länge nach halbieren, die Vanille herauskratzen. In einen Mixer die Vanille, den Quark, den Rahmfrischkäse, Zitronensaft und die Hälfte des Zuckers geben. Sorgfältig mixen, bis eine glatte Masse entstanden ist. Den restlichen Zucker mit den Eiern etwa 5 Minuten aufschlagen. Unter die Frischkäse-Quark-Füllung heben. Die Füllung in die Form geben und für 35 Minuten backen. Dann im Backofen bei offener Tür auskühlen lassen. Anschließend für 3 Stunden in den Kühlschrank stellen.

Die Süßspeise **Tschak-Tschak** bereiten die sibirischen Hausfrauen zeitgleich mit Pelmeni zu. (Das Pelmeni-Rezept ist im Kapitel „Die Küche der Sibirjaken" Seite 48 angeführt). Oft bleibt nach der Zubereitung der Pelmeni Teig übrig. Aus diesem wird dann mit einer Honig-Zucker-Sauce das köstliche Tschak-Tschak.

Tschak-Tschak nach Art des Altai

Zutaten:

3 Glas Mehl • 2 Eier • 100 Milliliter Wasser • 100 Gramm Zucker
200 Gramm Honig • 1 Messerspitze Soda • Öl zum Frittieren

Zubereitung:

Einen festen Teig aus Mehl, Eiern und Wasser gut kneten. Etwas Soda hinzufügen. Den Teig zu einer Kugel formen, mit einem Handtuch bedecken und
30 Minuten gehen lassen. Dann den Teig in kleinen Portionen durch einen
Fleischwolf drehen, jedoch so, dass die einzelnen Teigwülste nicht aneinander
kleben bleiben. Diese dann in heißem Frittierfett knusprig ausbacken. Eine
Karamelmasse zubereiten, dafür in einer schweren, dickwandigen Pfanne Honig und Zucker unter Rühren auf kleiner Flamme so lange kochen, bis der
„Test der weichen Kugel" gelingt. Dieser Test geht so: Eine kleine Menge des
entstandenen Sirups in kaltes Wasser geben und daraus mit den Fingern eine
kleine Kugel formen. Den frittierten Teig mit den Händen in kleinere Stücke
zerbrechen. Die Honig-Zuckermasse hinzu geben, umrühren, dem Ganzen die
Form eines Quaders verleihen, und auskühlen lassen. Vor dem Servieren in
Portionen schneiden.

Die Küche der Jakuten

In Jakutien lebte ich mehrere Jahre am Ufer der Lena. Im Sommer zogen wir aus der Stadt in ein kleines Forsthaus am Rande der Wildnis. In der Nacht kamen Wölfe bis an den Zaun heran. Die Wäsche wusch ich im Fluss, und das Fleisch, das mein Mann von der Jagd nach Hause brachte, bereitete ich im russischen Ofen zu. Strom hatten wir nicht.

Jakutien nimmt in meiner persönlichen Liste der Reiseziele zweifellos den ersten Platz ein, wenn es um die Schönheit der Natur geht. Wunder der Natur, so weit das Auge reicht! Berge, die Tundra, die Taiga, Vogelrastplätze, Wale im Meer und natürlich die Schamanen. Begeistert hat mich auch die jakutische Literatur. Es ist eine sehr alte Literatur, deren Sagen und Überlieferungen ausdrucksstark und eigenständig von der Welt der Jakuten erzählen.

Ich bin kreuz und quer durch Sibirien gereist und kam mehrmals in die gleichen Orte. Straßen im europäischen Sinn kennt man in Sibirien kaum. In die entlegenen jakutischen Dörfer wurden im Sommer die Löhne und Renten, die Post, Lebensmittel und Medikamente mit dem Traktor gebracht. Der Traktor war in Jakutien Lastwagen, Taxi und Krankenwagen zugleich. Auf der anderen Seite konnten die jakutischen Dörfer und Siedlungen gerade aufgrund der fehlenden Straßenverbindungen ihre Ursprünglichkeit, ihre traditionelle Kultur und ihre traditionelle Küche bewahren.

Einmal reiste ich entlang des Kolyma-Trakts in entlegene Dörfer. Zuerst fuhren wir mit einem UAS, dem bekannten sowjetischen Geländewagen aus der Uljanowsker Automobilfabrik, dann ging es viele Stunden lang weiter auf der Schaufel eines Raupenfahrzeugs durch einen Sumpf, wo mich die Mücken beinahe auffraßen. Gemeinsam mit mir reiste ein junger Jakute. So lernte ich einen echten Gourmet kennen! „Stell dir vor, wir wären jetzt zu Gast bei meiner Mutter", sagte er, „was für hervorragenden Fisch sie kocht! Wir im Norden bevorzugen Fisch. Sein Geruch ist edler und leichter als der von Fleisch.

Wenn sich ein Mensch von Fisch ernährt, wird er anmutig, elegant, Fleisch macht ihn schwer und kraftvoll. Was, glaubst du, ist besser? Beides ist gut! Die Natur schenkte uns die Möglichkeit, mit unterschiedlichem ‚Kraftstoff' zu fahren. Wir, die Menschen im Norden, erinnern uns stets daran, woher wir kommen. Aus dem Meer. Alles Leben entstand aus dem Meer." Dann erzählte der junge Mann mir von den Speisen, die seine Mutter zubereitet. Ich verstand, dass ich einen jungen Philosophen und Feinschmecker getroffen hatte, zückte mein Notizheft und schrieb mir die Namen der Speisen auf jakutisch auf.

Er selbst stellte mir nur eine Frage, und das war die, die mir in Sibirien schon oft gestellt worden war. Warum ich aus der warmen, gesegneten Ukraine ins kalte Jakutien gekommen war? „In der Jugend sind wir doch alle Romantiker", antwortete ich. „Sibirien hat nun einmal unsere romantische Sicht von der Weite und der Unerschöpflichkeit des Daseins begründet. Reichtum der Natur, unendliche Kraft, Hindernisse, Mut, Abenteuer, davon träumt man in der Jugend." Ich erinnerte ihn an die Frage, die Mark Twain einen seiner Helden stellen lässt. Der Kamerad solle ihm einen Ort nennen, an dem auf jede tausend gewöhnliche Einwohner 25-mal mehr Menschen mit besonderem Heldenmut und hohen Idealen kommen. Und der Kamerad wusste sofort, dass es um Sibirien geht.

Es ist einfacher, einen Ort zu beschreiben, an dem man nur einen Tag verbracht hat, als einen, an dem man viele Jahre lebt. In Jakutien sagt der Volksmund, es sei einfacher, eine zufällige Reisebegleiterin zu verstehen als die eigene Ehefrau. Die jakutische Küche zu beschreiben ist insofern ein wenig schwierig, als dass sie sehr vielfältig und multinational ist. Wenn man durch Europa reist, kann man in vier Stunden drei Länder durchqueren, in den USA kommt man in dieser Zeit an hundert Tanksäulen vorbei. In Jakutien aber stößt man in dieser Zeit vielleicht nur auf einen einzigen Tschum, die traditionelle Wohnbehausung vieler indigener Völker. Wie leben die Menschen dort? Die Jakuten sagen über sich selbst: „Wir sind nicht besonders emotional. Wir sind ausgeglichene und anständige Einzelgänger. Stolze Sonderlinge mit enormer Individualität und unbändiger Freiheitsliebe. Wir richten unsere Liebe und Aufmerksamkeit mehr auf die Natur als auf die Menschen. Denn in der Natur sehen wir unser Ebenbild. Alle sind einzigartig und doch gleich. Wie die Bäume in der Taiga. Und unabhängig."

Eine meiner jakutischen Bekannten war die Stoffdesignerin Praskowja Matannakowa, die Motive aus der jakutischen Mythologie für Bordüren und Teppiche entwarf. Sie stammte aus dem jakutischen Dorf Taat. Mit ihr sprach ich oft und lange über die Mentalität der Jakuten. Über die jakutischen Essgewohnheiten sagte sie: „Die Jakuten essen langsam, schön und würdevoll. Sie können das Essen genießen, ohne daraus einen Kult zu machen."

Sie bewirtete mich mit einer schmackhaften Erbsensuppe mit Nudeln. Diese Suppe bereitet sie nicht so häufig zu, weil man dafür ein besonderes Hammelfett benötigt: Kurdjuk. Das ist eine Fettablagerung am Schwanz einiger Schafrassen, die auch als Fettschwanzschafe bezeichnet werden. Die Fetteinlagerungen können bei einigen Rassen bis zu 25 Kilogramm schwer werden. Ich habe diese Suppe nicht nur einmal gekocht, und sie sogar modernisiert. Anstelle von Taigabeeren und Kräutern schlage ich Berberitzen, Safran und Koriander vor. Bei dieser Suppe kommt es auf die klare, aber zugleich vollmundige Bouillon an.

**Hättest du ein Pferd, hättest du einen Sattel,
hättest du ein Messer, hättest du eine Scheide.**

Ein Tee stärkt mehr, wenn er mit einem lieben Menschen geteilt wird.

Sprichworte der Jakuten

Erbsensuppe mit Nudeln

Zutaten:

1 Kilogramm Hammelknochen • 3 Liter Wasser • 500 Gramm Hammelfleisch
200 Gramm Hammelfett • 1 Zwiebel • 1 Möhre • Öl zum Braten
¾ Glas Erbsen, am besten Kichererbsen • Salz
150 Gramm Nudeln (italienische Tagliatelle) • 1 Messerspitze Safran
2 Teelöffel getrocknete Berberitzen • ½ Bund Koriander

Zubereitung:

Die Kichererbsen waschen und für 8 Stunden einweichen, dann kochen, bis sie gar sind. Die Hammelknochen ohne Fett im Backofen anbraten, dann mit 3 Litern kaltem Wasser begießen, zum Kochen bringen und die Zwiebelringe und die grob geschnittene Möhre hinzufügen. Auf kleiner Flamme 1,5 Stunden kochen. 10 Minuten vor Ende der Garzeit Safran und Berberitzen hinzufügen. Dann die Bouillon abseihen. Die Fleischstücke im Hammelfett anbraten, überschüssiges Fett auf einem Küchentuch abtropfen lassen. Dann das Hammelfleisch mit der Bouillon begießen und kochen, bis es weich ist. Die Kichererbsen in ein wenig Bouillon heiß werden lassen, gleichzeitig die Nudeln in Salzwasser kochen. Die Bouillon mit dem Hammelfleisch, den Erbsen und den Nudeln servieren, zuvor mit gehackten Korianderblättern bestreuen.

Die jakutische Küche hat mich von Anfang an begeistert. Ich versuchte immer, auf den Märkten mit den Händlern ins Gespräch zu kommen. Sie hatten auch immer einige Ratschläge für die Zubereitung der regionalen Lebensmittel parat. Auf den Märkten kann man die Menschen Sibiriens in all ihrer Vielfalt bewundern, man beobachtet ihre Mimik, ihre Gesten, die Art zu kommunizieren, und gleichzeitig sieht man, welchen Fisch, welches Fleisch, welches Gemüse sie kaufen. Der Markt ist Schauplatz für die Vorlieben und Bräuche eines Volkes, es ist für mich immer die erste Anlaufstelle in einer mir unbekannten Stadt.

Der Sterbende klammert sich auch an Gras.

Für den Hungrigen ist jede Speise schmackhaft.

Weniger Worte sind süß, mehr Worte sind bitter

Sprichworte der Jakuten

Restaurants besuche ich in Sibirien nicht gerne. Dort versammeln sich die Zugereisten. Die Einheimischen essen selten auswärts. Die Restaurants in Krasnojarsk, Irkutsk oder Jakutsk, die nach russischen Maßstäben ganz annehmbar sind, entsprechen nicht dem sibirischen Gefühl. Wenn sich der Innenarchitekt Mühe gegeben hat, fällt der Koch durch, oder das „Publikum" stimmt nicht ganz, oder die Musik ist zu laut, oder der Kellner schläft beim Gehen ein. Dafür blüht in Jakutien die individuelle Gastronomie, wobei der Gastgeber oder die Gastgeberin unbedingt am Tisch den Satz formuliert: „So bekommt man das aber nicht im Restaurant!" In den kleinen Stolowajas (Kantinen) und Cafés kann man für unglaublich wenig Geld hervorragend essen. Das betonen die Bewohner Sibiriens wieder und wieder und mit einer Siegesgewissheit, als ginge es darum, einen unsichtbaren Feind zu schlagen. Dieser Feind versucht die ganze Zeit, die Menschen zu unnötigen Ausgaben zu verlocken, die Jakuten aber widerstehen dem.

Es gibt unter den Restaurants jedoch eine Ausnahme. Das ist das Restaurant „Tygyn Darchan" in der Uliza Ammossowa 9 in der jakutischen Hauptstadt Jakutsk. Es wird von Innokenti Tarbachow geführt und ist im ganzen Land berühmt. Die Biografie Tarbachows kennt in Jakutien jedes Kind, er ist ein Star. Aufgewachsen ist er in einem Kinderheim in der jakutischen Provinz, dann wurde er in der Rayonkantine in der Siedlung Nanzy zum Koch ausgebildet. Heute leitet er die erste Schule der Kochkunst Jakutiens und verfasst Bücher über die Küche des Nordens. Er kreierte den in Jakutien beliebtesten Salat. Er heißt „Indigirka", benannt nach dem Lieblingsfluss Tarbachows.

Salat „Indigirka"

Zutaten:
1 Fisch (Renkenartiger) • 1 Zwiebel • 1 Zitrone • Salz • Pfeffer • Pflanzenöl
Zubereitung:
Dafür wird ein beliebiger gefrorener Fisch aus der Familie der Renkenartigen verwendet, er kann bereits leicht angetaut gewesen sein. Der Fisch wird so weit aufgetaut, dass sich die Haut leicht entfernen lässt und das Messer leicht hindurch gleitet, wenn der Fisch in Filets geteilt wird. Die Filets in Würfel schneiden und in eine Schüssel geben. Die Zwiebel in kleine Würfel schneiden und auf die Fischwürfel geben, dann kräftig salzen und pfeffern. Die Zitrone mit den Händen ausdrücken, damit sie Saft gibt, nun noch ein wenig Pflanzenöl hinzugeben. In den Kühlschrank stellen, bis alles gut durchgezogen ist. Wirklich köstlich!

Innokenti Tarbachow versucht, in seinen Kreationen der modernen jakutischen Küche Zurückhaltung mit Exotik zu vereinen. Traditionelle Gerichte wie Pelmeni werden überraschend mit Spezialitäten der Region gefüllt und kunstfertig geformt, denn nicht nur der Geschmack, auch das Aussehen der Speisen soll die Sinne ansprechen. So besteht die Füllung der „Sibirischen Pelmeni", die im „Tygyn Darchan" serviert werden, zu 50 Prozent aus dem Fleisch von Muksun oder Nelma, zu 25 Prozent aus Fohlenfleisch und zu 25 Prozent aus Rentierfleisch. Für „Taiga-Pelmeni" werden in gleichen Teilen Rentierfleisch, Pferdefohlenfleisch und Pilze verwendet. Bei Fleischgerichten spielt Tarbachow mit regionalen Erzeugnissen und Zutaten der französischen gehobenen Küche. Der Salat „Lenski" besteht aus Muksunfleisch, Kräutern,

Zwiebeln und Olivenöl. „Betrunkenes Rentier" wird in 50 Gramm Kognak pro Portion getränkt.

Im Restaurant „Tygyn Darchan" wird der Schwarze Pfeffer für das jakutische Pfeffersteak auf besondere Weise gemahlen. Pfefferkörner werden in einer Pfanne ohne Fett angewärmt, dann auf ein Geschirrtuch gelegt, von oben mit einem Geschirrtuch zugedeckt und mit dem Nudelholz zerstoßen. Das Pfeffersteak hat sein Geheimnis. Wenn das Fleisch auf der gesamten Oberfläche mit Pfeffer bestreut wird, so verbrennt der Pfeffer in der Pfanne. Das verdirbt den Geschmack des Fleisches. Wenn nur die Seitenränder des Steaks gepfeffert werden, kann der Pfeffer sein ganzes Aroma entfalten und an das Fleisch abgeben.

Pfeffersteak auf jakutische Art

Zutaten:
800 Gramm Rinderfilet • zerstoßener Schwarzer Pfeffer
3 Esslöffel Öl zum Braten
Für die Marinade:
200 Milliliter Tomatensaft • 1 Esslöffel Worcestersauce
1 Teelöffel Knoblauchpulver • Tabasco nach Geschmack
2 Teelöffel Zitronensaft • 1 Teelöffel Olivenöl
Zubereitung:
Haut und Sehnen vom Filet abschneiden, quer zu den Muskelfasern Scheiben von mindestens 2 Zentimetern Dicke schneiden. Für die Marinade alle Zutaten miteinander verrühren. Das Filet einige Stunden in der Marinade ziehen lassen. Dann die Seitenflächen der Steaks trocken tupfen und großzügig mit zerstoßenem Pfeffer bestreuen. Auf dem Grill oder in 3 Esslöffel Öl in der Pfanne wunschgemäß halb oder ganz durchbraten.

Im europäischen Teil Russlands mögen die Menschen Graupen eher nicht, in Sibirien jedoch wird eine gute Graupenkascha, zubereitet mit Pilzsud und Pilzen, sehr geschätzt. Mit ein wenig Butter entsteht ein aromatisches risottoähnliches Gericht, das als Beilage oder als Hauptspeise gegessen wird.

Graupenkascha mit Champignons

Zutaten:

300 Gramm Graupen • 2 Zwiebeln • 2 Möhren • 4 Esslöffel Pflanzenöl
400 Gramm frische Champignons • 1 Teelöffel Kukurma • 50 Gramm Butter
1 kleines Bund Petersilie • ½ rote Zwiebel

Zubereitung:

Graupen waschen und in Wasser kochen, bis sie gar sind. Zwiebeln und Möhren in Würfel schneiden, in Pflanzenöl braten und das Kukurma hinzugeben. Die Champignons grob schneiden und separat anbraten. Graupen, Gemüse und Pilze miteinander mischen, Butter hinzufügen, alles erhitzen. Beim Servieren mit gehackter Petersilie bestreuen und mit dünn geschnittenen Zwiebelringen dekorieren.

Das Schöne an der Zubereitung des Schnitzels nach Lena-Art ist die Einfachheit der Füllung. Die Schweineschnitzel werden unter Küchenfolie sorgfältig geklopft. Dann werden Schinken und Käse auf eine Fleischhälfte gelegt und die andere Hälfte einfach darüber geklappt. Weil das Fleisch zuvor stark geklopft wurde, behält es beim Braten seine Form.

> **Dem Reichen tut es nicht um den Armen leid,**
> **dem Armen nicht um den Reichen.**
>
> Sprichwort der Jakuten

Schweineschnitzel nach Lena-Art

Zutaten:

600 Gramm Schweineschnitzel • 150 Gramm Schinken • 150 Gramm Käse
1 Teelöffel getrockneter Thymian • Öl zum Braten

Zubereitung:

Das 1 Zentimeter dicke Schnitzelfleisch gut klopfen, mit Thymian bestreuen. Käse und Schinken in Scheiben schneiden und auf eine Schnitzelhälfte legen, zuklappen, festdrücken. Auf dem Grill oder in der Pfanne braten. Dazu passt blanchiertes oder in Butter gesottenes Gemüse.

Getrocknete Wacholderbeeren werden in der Küche des Nordens häufig verwendet. Sollten sie einmal nicht vorrätig sein, empfiehlt der Chefkoch des Restaurants „Tygyn Darchan", ein wenig Gin (Wacholderschnaps) in die Essigmarinade zu geben. Die Verbindung der Aromen von Wacholder und Forelle ist typisch für den Norden.

Marinierte Forellen

Zutaten:

600 Gramm Filet der rosafarbenen Forelle • 2 Esslöffel Öl zum Braten
4 Zwiebeln • 2 Esslöffel Weißweinessig • 150 Milliliter Weißwein
1 Esslöffel Zucker • 2 Teelöffel getrocknete Wacholderbeeren

Zubereitung:

Die Zwiebel schälen und in dicke Ringe schneiden, in Öl glasig braten, Wein hinzugeben und auf die Hälfte reduzieren, dann Essig und Zucker sowie die teils zerdrückten Wacholderbeeren hinzufügen. Alles einige Minuten köcheln lassen. Nun, ohne die Haut zu entfernen, das Fischfilet in 1 Zentimeter dicke Stücke schneiden. Den Fisch leicht in Öl anbraten, er sollte innen möglichst noch roh sein. Den angebratenen Fisch in eine Schüssel legen und mit der heißen Wacholdermarinade begießen. Dann abkühlen lassen.

Sterletringe nach Art der Jakuten

Zutaten:
6 Sterlets je 250 Gramm • 50 Gramm Butter
Für die Weiße Sauce:
1 Glas Smetana • 1 Esslöffel Mehl • Bouillon oder Wasser • 1 Zitrone
Salz nach Geschmack
Zubereitung:
Den Fisch putzen, ausnehmen und die Knorpel entfernen. Unterhalb des Schwanzes einen Einschnitt machen und den Kopf des Fisches hineinstecken, so bildet sich ein Ring. Die Fischringe in einen Topf legen. Darauf Butterstückchen setzen und den Topf mit Pergamentpapier verschließen. 20 Minuten bei schwacher Hitze garen. Für die Weiße Sauce Smetana in einen Tiegel gießen, etwas Mehl, den Saft, der beim Garen des Sterlets entstanden ist, sowie ein wenig heiße Bouillon oder abgekochtes Wasser mit dem Saft einer Zitrone hinzufügen. Salzen, aufkochen und 2 bis 3 Minuten köcheln lassen. Den Fisch auf einen Teller legen und mit Weißer Sauce überziehen.

Manchmal feiern Mitarbeiter der großen Gas- und Ölunternehmen ihre Jubiläen oder andere Firmenfeiern in den Restaurants in Jakutsk, Anadyr, Surgut oder Salechard. Dabei spielt oft eine Speise mit dem etwas abschreckenden Namen „Erdöl" eine Rolle. „Erdöl" ist eine Art schwarze Pasta. Der Teig wird mit Tintenfischtinte gefärbt, einer Flüssigkeit, mit der dieser Kopffüßler versucht, sich für seine Feinde unsichtbar zu machen. Dieses Gericht hat seinen Ursprung in der venezianischen Küche, doch dank der Vorliebe der russischen Millionäre ist es bis nach Sibirien vorgedrungen. Die schwarze Pasta „Erdöl" wird vorzugsweise mit Meeresfrüchten gegessen. Was wird bei solchen Anlässen noch gerne verspeist? Langusten-Variationen und „für aristokratische Träume" Schweinebauch mit Perigord-Trüffeln. Auf der Speisekarte findet sich viel Exotisches: von Ingwersenf bis zum Steak vom Blauwal. Eine Bemerkung über „Blaue Wale" und „Tapir-Steak": Geschmacklich erinnert beides an Rindfleisch. Für kulinarische Höhenflüge werden diese exotischen Ausgangsstoffe mit Fois gras, Trüffeln oder einem teuren französischen Cognac veredelt. Und wer hat den Tapir je zu Gesicht bekommen? Einmal aß ich in einem sehr teuren Restaurant Salat aus exotischen Blüten. Alle Namen waren mit lateinischen Buchstaben in der Sprache eines mir unbekannten Indianerstammes vom Amazonas angegeben. Ich staunte: Die Blütenblätter sahen genau so aus, wie unsere heimischen Stiefmütterchen. Der Preis war jedoch erstaunlich hoch. So viel zu den mitunter exotisch scheinenden Gerichten in den teuren Restaurants!

Als ich in Jakutien lebte, gab ich der traditionellen jakutischen Küche den Vorzug: Stroganina, gebratenes Fohlenfleisch, mild gesalzener Taimen, gebratener Fisch. Ich lernte viel von den Verwandten meines Mannes, der in Jakutien geboren und aufgewachsen war, darunter auch, wie die jakutische Ucha auf der Basis von Milch zubereitet wird.

Auf meinen langen Reisen durch Sibirien hatte ich immer eine Schachtel aus Birkenspan mit echtem jakutischen Käse dabei, Suummech heißt der auf jakutisch. Dieser Käse ist praktisch unverderblich und lässt sich ganz einfach selbst zubereiten. Im jakutischen Alltag gehörte die Fähigkeit, Dinge selbst zu machen und zu improvisieren, zu den wichtigsten Voraussetzungen des Überlebens. Ein Beispiel: Ich hatte meine jakutischen Verwandten zum Tee eingeladen. Hatte einen einfachen, aber sehr schmackhaften gedeckten Kuchen mit Beerenfüllung gebacken. Während ich den Tisch deckte, kühlte der Kuchen in der Küche ab. Die ersten Gäste trafen ein. Alles war vorbereitet. Ich musste nur noch den Kuchen aufschneiden und auf die Kuchenplatte legen.

Ich ging in die Küche. Und ein Schreck fuhr mir in die Glieder, als ich sah, dass sich auf meinem wohlgeratenen, appetitlichen Beerenkuchen der Kater breitgemacht hatte. Die Gedanken jagten mir durch den Kopf. Was tun? Meinen Verwandten den Kuchen vorenthalten? Nun, ich fand einen Ausweg, ich schnitt die obere Schicht mit einem scharfen Messer ab. Die Spuren glättete ich mit Johannisbeerkonfitüre und streute Puderzucker darüber. Fertig! Den Gästen schmeckte es, und sie baten mich sogar um das Rezept.

Doch kehren wir zur Küche Jakutiens zurück. Der Nestor der russischen kulinarischen Geschichte, William Pochljobkin, schrieb darüber: „Unter den Völkern der Russischen Föderation zählen die Jakuten drei Millionen Angehörige, ein Turkvolk nach seiner Herkunft und Sprache, das jedoch seit dem 18. Jahrhundert in Ostsibirien und im äußersten Norden Sibiriens lebt und die russische Kultur angenommen hat. Alle Jakuten haben sowohl russische Vor- wie auch Familiennamen. Die Lebensbedingungen in der ostsibirischen Taiga, im Hohen Norden und entlang der Flüsse Anabar, Indigirka, Olenek und Kolyma sowie der Lena und ihrer Nebenflüsse prägten die jakutische Küche. Es werden sehr viele Wildvögel verwendet, zudem Rentierfleisch, Fisch aus den sibirischen Flüssen, das sind Stör, Maräne, Omul, Muksun, sibirische Renke, Quappe, Taimen und Äsche. Die Zubereitungsmethoden ähneln denen in den arktischen Gebieten, Fleisch und Fisch werden häufig roh verwendet. Als Gewürze werden oft Farne und Beeren aus der Tundra genutzt."

Zu den beliebtesten Nationalgerichten in Jakutien zählt Kertschech, eine Milchspeise, deren Konsistenz einer Mousse gleicht. Er wird anstelle von Butter zum Frühstück gereicht. Zubereitet wird diese Köstlichkeit aus fettreicher Smetana und Zucker, manchmal auch aus fettreicher Milch, Smetana und Zucker. Kumys, vergorene Stutenmilch, ist das Nationalgetränk der Jakuten, das ein wenig Alkohol enthält. Ojogos ist ein Gericht aus gekochten Pferderippchen, die manchmal in Teig gebacken werden. Beliebt ist Fisch-Stroganina, gefrorener Fisch, der dünn mit dem Messer aufgeschnitten und mit Salz und Pfeffer, neuerdings auch mit Senf und sogar mit Sauce gegessen wird. Suorat ist ein Sauermilchgericht, Tschochoon eine Milchspeise, für die die Sauermilch zusätzlich mit Butter angereichert wird. Eiweiß- und fettreiche Gerichte auf der Grundlage von tierischen Fetten sind in Jakutien, wo sich der Kältepol der Erde befindet, wichtige Kalorienlieferanten.

Gekochtes Pferdefohlenfleisch

Zutaten:
900 Gramm Fohlenfleisch • Zwiebel • Salz • Pfeffer
Lorbeerblatt nach Geschmack
Zubereitung:
Bruststück und Rippenfleisch des Fohlens in 200 Gramm schwere Stücke schneiden, in einen Topf legen, heißes Wasser zugießen, so dass das Fleisch gerade bedeckt ist, zum Kochen bringen, mit Salz, Pfeffer, gebratenen Zwiebelringen würzen, dann die Hitze reduzieren und ein wenig köcheln lassen. Nun das Lorbeerblatt hinzugeben, nach 5 Minuten mit einer Gabel in ein Stück Fleisch stechen, tritt klarer Saft aus, ist das Fleisch fertig. Das Fleisch in Scheiben schneiden, dazu gekochte Kartoffeln oder einen Gemüsesalat reichen.

Aus dem Rippenstück des Pferdes lassen sich verschiedene schmackhafte Gerichte zubereiten. Ojogos eignet sich gut als kalte Vorspeise. Dafür muss das rohe Fleisch in kleine Stücke geschnitten, gesalzen, gepfeffert und dann gefroren werden. Manchmal wird es als eigenständiges Gericht, manchmal als Beilage zum Mittagessen serviert. Eine kalte Vorspeise lässt sich außerdem sehr gut aus gebackenen Ojogos zubereiten. Und in Teig gebacken ist Ojogos eine besondere Köstlichkeit.

Ojogos (Pferderippe in Teig gebacken)

Zutaten:
1,2 Kilogramm Rippenstück vom Pferd • 10 Gramm Senf • Salz
Für den Teig:
70 Gramm Smetana (Schmand, 25 Prozent Fettgehalt) • 25 Gramm Mehl
1 bis 2 Eier • Schweinefett • Pfeffer nach Geschmack
Zubereitung:
Das Rippenstück in 10 Zentimeter lange Stücke hacken, darauf achten, dass
an jedem Stück Fleisch, Fett und Knochen sind. In kaltem Wasser waschen,
mit einem Küchentuch trocken tupfen und mit Salz und einer dünnen Senf-
schicht einreiben. Für den Teig Smetana mit 25 Prozent Fettgehalt verwenden. Salz und Pfeffer hinzufügen. Die Eier mit Mehl verquirlen und allmählich in die Smetana rühren. Der Teig soll dickflüssiger sein als für Blini, aber
nicht so fest wie für Oladi. Die Fleischstücke in den Teig tauchen und auf ein
heißes, mit Schweinefett bestrichenes Backblech legen. In den Backofen
schieben, je heißer er ist, umso besser. Sobald der Ojogos zu bräunen beginnt,
mit dem austretenden Saft beträufeln und die Hitze reduzieren. Durch Anstechen mit der Gabel prüfen, ob das Fleisch gar ist. Wenn durchsichtiger Saft
austritt, das Fleisch aus dem Backofen nehmen, mit Preiselbeeren oder Salzgurken garnieren und servieren. Dazu frischen Weißkrautsalat reichen.

Chaan (Blutwurst)

Chaan wird aus frischem Rinder- oder Pferdeblut zubereitet und in Naturdärme gefüllt. Traditionell gibt es zwei Arten von Blutwurst: eine Delikatessvari-
ante, die Subai genannt wird, und eine einfache Variante, die schwarze Blutwurst heißt. Die erste Variante ist schmackhafter, weicher, glatter in der Konsistenz, heller in der Farbe und mit feinem Glanz. Die andere ist dicker, dunk-

ler in der Farbe und weniger schmackhaft. Auch von der Qualität der Därme hängt der Geschmack der Wurst ab. Je dicker sie sind, desto besser ist das Aroma der Wurst. Gekocht wird Chaan in einem einfachen Topf. Wenn die Blutwurst gefroren ist, muss sie vor dem Kochen angetaut werden. Chaan wird in Salzwasser erhitzt und auf kleiner Flamme gekocht. Das Wasser darf nicht zu stark kochen, sonst platzen die Därme und das Blut rinnt heraus. Kocht die Wurst zu lang, kann sie ebenfalls aufplatzen. Wenn die Blutwurst durchgekocht ist, herausnehmen, auf einen großen Teller legen und das Garn mit einem scharfen Messer zerschneiden. Chaan am besten unmittelbar vor dem Servieren kochen.

**Auf Öl schwimmt kein Wasser,
über die Wahrheit erhebt sich nicht die Lüge**

Sprichwort der Jakuten

Suorat (Milchgetränk)

Zutaten:

1 Liter Vollmilch • 100 Gramm Smetana (Schmand)

Zubereitung:

Die Milch in einem Topf mit dickem Boden auf kleiner Flamme kochen. Vom Herd nehmen. Nach dem Abkühlen auf etwa 35° Celsius Smetana in die warme Milch geben und mit dem hölzernen Rührstab aufschlagen. Kräftig schlagen, bis sich ein üppiger Schaum bildet, dann fest mit einem Deckel verschließen, an einen dunklen Ort stellen oder gut in eine dicke Decke oder ein Handtuch einhüllen. Nach 2 bis 3 Stunden hat die Masse eine dickflüssige Konsistenz, dann an einen kühlen Ort stellen. Um den Geschmack zu verfeinern, kann man nun noch ein wenig frische Smetana oder geschmolzene

Butter hinzufügen. Suorat wird in Gläsern serviert. Man trinkt es zur Nacht oder als Dessert nach dem Mittagessen.

Kertschech (Sibirische „Butter" zum Fladen)

Zutaten:

900 Gramm Smetana (Schmand, 35 Prozent Fettanteil) • 100 Gramm Zucker oder: 250 Milliliter Milch • 700 Gramm Smetana • 100 Gramm Zucker

Zubereitung:

Bereits Richard Karlowitsch Maak (1825 bis 1886) hat in seinem Buch „Der Kreis Wiljujsk im Jakutischen Gebiet" davon berichtet, dass die jakutischen Frauen große Meisterinnen im Sahneschlagen sind. Kertschech ist eines der beliebtesten traditionellen Gerichte der Jakuten, es wird zum Frühstück zu Fladen oder Brot gegessen. Es wird aus gekühlter fetter Smetana oder aus frischer Milch unter Hinzugabe von Smetana mit hohem Fettgehalt zubereitet. Ein hohes Gefäß verwenden, denn beim Rühren wächst das Volumen auf das Doppelte. So lange energisch aufschlagen, bis sich alles in eine feste üppige Masse verwandelt hat, dafür wird ein spezieller flacher, runder Rührstab mit kleinen Löchern benutzt.

Kertschech kann angereichert werden, indem man während des Schlagens Zucker einrieseln lässt, oder man gibt Sorat, Konfitüre, Marmelade oder frische Beeren hinzu. Auf jeden Fall alles in geringer Menge zugeben. Denn die Konsistenz darf nicht darunter leiden. Kertschech hält sich nicht lange und muss schnell gegessen werden. Ein gelungener Kertschech ist dick, voluminös und trotzdem leicht. Sofort nach dem Aufschlagen in hölzerne Schüsseln, Kytyja genannt, oder Pialen füllen und mit hausgebackenen Fladen oder Brot servieren.

Kober (Milchbutterschaum)

Zutaten:

½ Kilogramm Butter • ½ Liter frische Milch (ergibt 1 Kilogramm Kober)

Zubereitung:

Für dieses Gericht ist ein spezieller Rührstab notwendig, der aus einem Horn gemacht wird. Dieser Rührstab hat vier Öffnungen, zwei auf jeder Seite. Man kann auch einen kreuzförmigen Holzquirl verwenden. Man braucht eine emaillierte Milchkanne, einen hohen Topf oder einen Eimer aus Birkenrinde, außerdem benötigt man kleine Gefäße für die kalte und die warme Milch. In die Kanne weiche Butter geben, dann etwas warme Milch hinzugeben und energisch aufschlagen. Nun abwechselnd ein wenig kalte und warme Milch hinzugeben. Von der warmen Milch wird die Butter weich, und damit sie nicht völlig schmilzt, wird kalte Milch hinzugegeben. So reguliert man die Temperatur. Mit etwas Übung hat man am Ende einen luftigen und leichten Schaum. Kober wird warm mit Fladen gegessen, manchmal bröckelt man kleine Fladenstücke aus Gersten- oder Roggenmehl in den Kober hinein. Doch auch kalt ist es eine sehr delikate und nahrhafte Speise.

Tschoochon (Butter mit Beeren)

Zutaten:

½ Kilogramm Butter • 1 Liter frische Milch (ergibt 1,5 Kilogramm Tschechon) • 1,5 Glas Preiselbeeren oder andere Beeren • 1,5 Glas Zucker (alternativ 1,5 Glas Konfitüre)

Zubereitung:

Zur frischen ungesalzenen Butter, die eine weiche Konsistenz haben muss, et-was warme Milch geben und energisch aufschlagen. Allmählich warme und kalte Milch abwechselnd hinzugeben. Vorsichtig die frischen Preiselbeeren,

Walderdbeeren, Blaubeeren oder andere Beeren und etwas Zucker unterheben. Wenn Konfitüre verwendet wird, kommt kein Zucker dazu. In kleine Dessertschüsselchen füllen, dann die Schüsseln zudecken und nach draußen in den Frost stellen. Vor dem Essen an einem warmen Ort auftauen lassen und anstelle von Butter zum Fladen reichen.

Iedegej (Jakutischer Quark)

Zutaten:
Milch • Smetana (Schmand) oder Suorat • Zucker
Zubereitung:
Entrahmte Milch in einem Topf mit dickem Boden auf den Herd stellen. In die Milch etwas säuerliche Smetana oder Suorat hinzugeben und auf kleiner Flamme kochen. Kocht es zu stark, wird der Quark zu fest. Damit Quark mit weicher Konsistenz entsteht, den Topf vom Herd nehmen, sobald die Milch zu gerinnen beginnt. Abkühlen lassen, dann durch zwei Gazeschichten abtropfen lassen, mit Zucker verrühren, in kleinen Ovalen auf ein gefettetes Blech legen und im Backofen trocknen lassen. Quark, der nicht vollständig durchgetrocknet war, wurde gerne zum Backen verwendet. Die Fladen, die mit Mehl und Quark angesetzt wurden, waren saftig und schön weich.

Ein fremdes Rentier ist nicht dein Rentier, eine fremde Frau nicht deine Frau.

Sprichwort der Jakuten

Suummech (Jakutischer Käse)

Zubereitung:

Dicken Suorat, der aus Vollmilch oder entrahmter Milch zubereitet und mit Smetana gesäuert wurde, in ein tütenförmiges Gefäß aus Birkenholz füllen. Das Gefäß wird bei Zimmertemperatur für einige Stunden oder sogar bis zum nächsten Tag aufgehängt. Die Flüssigkeit tropft gefiltert heraus, die dicke Masse bleibt zurück, sie wird ausgedrückt und getrocknet. In besondere Rindengefäße gefüllt, ist der Käse sehr lange haltbar und kann als Proviant auf lange Reisen mitgenommen werden.

Salamat (Smetana–Mehlbrei)

Zutaten:

600 Gramm Smetana (Schmand) • 200 Gramm Sahne • 50 Gramm Mehl
Butter • Salz

Zubereitung:

Salamat wird auf verschiedene Art zubereitet: mit Smetana und Sahne, mit Butter und Smetana, mit Sahne und Butter, mit Milch und Smetana, mit Dickmilch und Butter oder mit Butter und Wasser. In der Regel wird Gersten- oder grob gemahlenes Roggen- oder Weizenmehl verwendet. Früher wurde das Mehl zu Hause mit der Handmühle aus dem Getreide gemahlen, das im Garten unweit des Hauses wuchs. Zur Smetana Sahne geben, das Mehl mit Salz vermischen, alles mit dem Rührstab schaumig schlagen und in einen gusseisernen Topf umfüllen. Auf den Herd stellen. Nach dem Aufkochen die Flamme reduzieren, weiter kochen, dabei häufig umrühren. Nachdem die Butter an der Oberfläche aufgetaucht ist, noch ein wenig köcheln lassen. Das Salamat ist dickflüssig und hat eine gelbliche Farbe. In hölzerne Schüsseln füllen und mit Butter heiß servieren.

Echter jakutischer **Kumys**, so genannter Starker Kumys, zeichnet sich durch einen höheren Alkoholgehalt aus, wird aus reiner Stutenmilch zubereitet und durchläuft einen längeren Fermentierungsprozess. Dafür wird ein spezielles Gefäß, Simiir genannt, verwendet, das aus Pferdeleder gefertigt wird. Die Haare werden von der Haut entfernt, die Haut dann über dem offenen Feuer getrocknet und mit Öl getränkt. Es gab Simiirs, die ein Fassungsvermögen von 16 bis 48 Litern oder von 50 bis 150 Litern hatten. Kumys, der im Simiir zubereitet wurde, zeichnete sich durch seinen hervorragenden Geschmack aus, hatte eine perlende Konsistenz wie Champagner und enthielt eine Menge Kohlensäure.

Die Qualität des Kumys hängt von der Starterkultur ab. Bis zum Ende des 19. Jahrhunderts wurde Kumys mit einer Starterkultur hergestellt, die am Ende der Kumys-Saison vorbereitet wurde. Im Simiir sammelte sich im Laufe des Sommers ein quarkartiger Bodensatz, Chojuu, an, der getrocknet und bis zum Frühjahr aufbewahrt wurde. Diese Starterkultur wurde im Frühjahr in einer kleinen Menge noch warmer Stutenmilch angesetzt, dann kamen Labmagen sowie getrocknete Pferdesehnen hinzu.

Wenn keine Starterkultur aus dem Vorjahr mehr vorhanden war, musste eine neue zubereitet werden. Dafür wurde die Stutenmilch mit Tar, Suorat oder Pachta gesäuert, im Ergebnis entsteht jakutischer Quark Iedegej. Dieser wurde abgeseiht, ausgedrückt und in eine kleine Menge Stutenmilch gegeben, die nach der Gärung als Starterkultur für den Säuerungsprozess diente. Seit Beginn des 20. Jahrhunderts werden zur Fermentierung Gersten- und Weizenkulturen verwendet.

Jakutischer Kumys

Zubereitung:

In ein Gefäß mit einem Fassungsvermögen von 15 Litern 6 bis 7 Liter Wasser mit darin aufgelöster Backhefe füllen. Dann 2 Liter Stutenmilch, 200 Gramm Sahne, 500 Gramm Schwarzbrotrinde und 3 Kilogramm geschrotetes Weizenkorn hinzugeben. Die Mischung von Zeit zu Zeit mit einem speziellen Rührstab aufrühren. Gären lassen. Wenn der fertige Kumys abgegossen wird, bleibt am Boden des Gefäßes ein Satz zurück, der als Starterkultur für einen neuen Kumys-Ansatz verwendet werden kann.

Hochzeitssalamat

Zutaten:

5 Glas Smetana • 250 Gramm Pferdebauchfett • 100 Gramm Weizenmehl
Salz

Zubereitung:

In einen gusseisernen Topf das fein gehackte Bauchfett vom Pferd geben, zerlassen, mit Mehl vermischen und unter Rühren anschwitzen lassen, bis Bauchfett und Mehl eine goldbraune Farbe haben. Dann die dicke Smetana hineingießen und sofort mit dem Rührstab aufschlagen, dabei kochen lassen und immer wieder umrühren. Wenn Butter auf der Oberfläche austritt, salzen und nicht weiter erhitzen. Heiß servieren.

Fladen sind unter den indigenen Völkern Sibiriens und des Hohen Nordens weit verbreitet, aber überall werden sie auf verschiedene Art zubereitet. Statt wie früher am offenen Feuer werden sie heute im Backofen oder auf dem Herd gebacken.

Jakutische Fladen

Zutaten:

200 Milliliter frische oder saure Milch • 100 Milliliter abgekochtes Wasser
1 Gramm Soda • 260 Gramm Weizenmehl • 130 Gramm Roggenmehl • Salz
Smetana (Schmand) zum Bestreichen

Zubereitung:

In einen Topf Wasser und Milch geben, Salz und Soda hineinstreuen, dann unter kräftigem Rühren allmählich das Mehl hinzugeben, bis ein fester Teig entstanden ist. Sorgfältig zu einer Kugel rollen, in einen zugedeckten Topf legen und an einem warmen Ort 15 bis 20 Minuten ruhen lassen. Den Teig zu runden oder eckigen Fladen ausrollen, je nachdem, ob man ein Backblech oder eine Pfanne verwenden möchte. Oben mit Milch oder Smetana bestreichen, mit einer Gabel Löcher in den Teig stechen, damit überschüssige Luft entweichen kann. Den Fladen etwa 20 bis 25 Minuten backen. Abkühlen lassen. Der Fladen wird mit Smetana oder Butter, Kertschech, Kober oder Tschechon serviert.

Gericht aus Seehundfleisch

Seehundfleisch sehr gut waschen, in kleine Stücke schneiden. Das Fett des Seehundes ebenfalls in kleine Stücke schneiden. Alles mischen und in einen Topf geben, mit Wasser auffüllen und halbgar kochen, das dauert etwa 2 bis Stunden. Salz nach Geschmack hinzufügen. Zum Würzen verwendet man die arktische Würzpflanze Iwan-Tee, grüne Meeresalgen und Wildzwiebeln. Alternativ kann man auch mit Kräutern, Zwiebeln und Lorbeerblatt würzen.
Seehundfleisch wird auch an der Luft getrocknet. Getrocknetes Seehundfleisch wird vor dem Verzehr in zerlassenes Fett getunkt, das macht es weich und geschmeidig.

Robbenfleisch gekocht

Das Fleisch der Robbe muss sehr gut gewaschen werden, das Wasser muss ganz klar sein, bevor das Fleisch gekocht werden kann. Nach dem Waschen aufsetzen und 15 bis 20 Minuten kochen. Dann Iwan-Tee, Algensalat und Salz nach Geschmack hinzufügen. Mit Kräutern und Fischbouillon servieren.

Walderdbeeren für den Wintervorrat

In der Zeit, als es kaum Zucker gab, bevorrateten sich die Jakuten mit Walderdbeeren, die in Butter konserviert wurden. Die reifen Beeren wurden gut gewaschen, dann in Birkenholzgeschirr gelegt und mit geschmolzener Butter übergossen. Die Beeren wurden so in das Gefäß gelegt, dass sie in einem Schwebezustand waren, sie sanken nicht auf den Boden des Gefäßes. Das Gefäß wurde fest verschlossen und der Deckel mit Harz luftdicht versiegelt. Die Walderdbeeren bewahrten ihr Aroma und ihre Farbe für lange Zeit.

Jakutische Dicke Suppe aus Innereien

Zutaten für 1 Portion:
200 Gramm Innereien (Herz, Zwerchfell, Nieren, Magen) • 100 Gramm Leber
1 Kartoffel • 1 Zwiebel • Salz und Gewürze nach Geschmack
Zubereitung:
Herz, Leber, Nieren, Zwerchfell halb gar kochen, die Innereien aus der Bouillon schöpfen und in Würfel schneiden. In die kochende Bouillon die gewürfelte Kartoffel sowie die zerkleinerten Innereien geben, mit fein gehackter Zwiebel würzen, salzen, Gewürze nach Belieben hinzugeben und gar kochen.

Seliejdeech min (Jakutische Fleischsuppe)

Zutaten für 1 Portion:
200 Gramm Pferdefleisch • 1 Zwiebel • 1 Esslöffel Mehl • Salz
Gewürze • Dill und Petersilie nach Geschmack
Zubereitung:
Das Fleisch in mundgerechte Stücke schneiden, in Wasser ansetzen, kochen, bis es gar ist, herausnehmen. In ein wenig abgekühlte Bouillon gemahlenes

Es ist leichter, eine flüchtige Reisebegleiterin zu verstehen als die eigene Frau.

Sprichwort der Jakuten

Tar. In alten Zeiten gab es bei den Jakuten eine besondere Eiskammer zur Lagerung von Tar. In dieser Eiskammer stand ein Holzfass oder ein großes Birkenrindenbehältnis. Dahinein wurde nach und nach Suorat gegeben, dies blieb bis zum Einbruch schwerer Fröste dort stehen. Das Suorat verwandelte sich in das Sauermilchprodukt Tar. Mit Eintreten des Frosts wurde Tar in kleine Gefäße umgefüllt. Man kochte Kascha, Sauerampfer- oder Beifußsuppe und ein durstlöschendes Getränk aus Tar.

Mehl einrühren, dann langsam zur abgeseihten und wieder aufgekochten Bouillon geben. Nun die in Öl ausgelassene Zwiebel und Gewürze hinzufügen. Die Suppe soll eine cremige Konsistenz haben, es dürfen sich keine Klümpchen bilden. Mit Petersilie und Dill bestreuen und servieren.

Budurgej min (Jakutische Rindfleischsuppe mit Nudeln)

Zutaten für 4 Portionen:
800 Gramm Rinderbrust • Wasser • 4 Zwiebeln • Gewürze
Für den Teig:
12 Esslöffel Weizenmehl • Salz • 1 Ei • 4 Esslöffel Wasser
Zubereitung:
Aus Weizenmehl, Ei, Wasser und Salz einen Nudelteig kneten, dann ausrollen, mit Mehl bestäuben und wieder einrollen. Nun die Teigrolle in dünne Nudeln schneiden. das Fleisch in Wasser kochen, bis es gar ist, herausnehmen, die Bouillon abseihen, erneut aufkochen. Die Nudeln und Zwiebeln hinzugeben. 5 bis 6 Minuten kochen. Das Fleisch klein schneiden, auf tiefe Teller geben und mit Nudelsuppe auffüllen.

Ucha aus Karauschen

Zutaten für 1 Portion:
200 Gramm frische Karauschen • 1 bis 1,5 Glas Wasser • 2 Esslöffel Milch
Gewürze • Salz • Zwiebellauch nach Geschmack

Zubereitung:
Von den frischen Karauschen die Schuppen entfernen, sorgfältig waschen. Rechts vom Kopf der Karausche einen Schnitt anbringen. Durch diesen Schnitt die Innereien und die Gallenblase entfernen. Den Fisch in heißes Wasser geben und nach dem Aufkochen auf kleiner Flamme kochen. Am Ende der Garzeit die Gewürze und die Milch hinzugeben, Milch kann nach dem Servieren noch zusätzlich hinzugegeben werden. Die Ucha wird in einem Glas oder in einer Holzschüssel serviert, der Fisch wird separat auf einen Teller gelegt. Mit Zwiebellauch würzen.

Tiesteleech et (Jakutischer Schaschlik)

Zutaten für 1 Portion:
150 Gramm Rentierfohlenfleisch • 2 Teelöffel Essig (3 Prozent)
Zwiebel • Salz • Pfeffer • Gewürze
Für den Teig:
2 Esslöffel Mehl • 1 Ei • 2 Teelöffel Milch

Zubereitung:
Das Fleisch in gleich große Stücke schneiden, mit Salz und Pfeffer bestreuen, gehackte Zwiebel hinzugeben, mit Essig bestreichen, mischen und 1 Stunde an einem kühlen Ort ziehen lassen. Aus Mehl, Ei und Milch einen festen Teig kneten. Die Fleischstücke mit Teig umwickeln, auf einen Spieß ziehen. Das so vorbereitete Schaschlik auf dem Grill braten. Das Schaschlik vom Spieß abziehen, auf einen Teller legen und mit geschmolzener Butter servieren.

Tschochotschu

Zutaten für 1 Portion:

100 Gramm Rinderleber • 30 Gramm Bauchfett vom Rind • Salz • Pfeffer
Gewürze nach Geschmack

Zubereitung:

Leber in Scheiben schneiden, salzen, pfeffern und anbraten. Die Leber in das in dünne Scheiben geschnittene Bauchfett einwickeln. Von beiden Seiten anbraten. Zu Tschochotschu passt hervorragend Kartoffelbrei.

Rentierfleisch in Bier gedünstet

Zutaten für 1 Portion:

200 Gramm Rentierfleisch • 1 Esslöffel Rinderfett • 1 Esslöffel weißer Speck
1 Möhre • 1 Zwiebel • Salz • Gewürze • ½ Glas Rote Sauce • ¼ Glas Bier

Zubereitung:

Große Fleischstücke mit Rinderbauchspeck spicken, dann zusammen mit der gestiftelten Möhre und der gehackten Zwiebel anbraten, salzen und würzen. Rote Sauce (Rezept: siehe Seite 61) und Bier hinzugeben und weiter dünsten. Das fertige Fleisch in Portionsstücke schneiden und mit Bratkartoffeln, Kartoffelpüree oder Nudeln servieren.

**Für die Hungrigen schmackhafte wilde Rüben,
für die Dürstenden liebliches Wasser**

Sprichwort der Jakuten

Pferdefleisch in Teig nach Lena-Art

Zutaten für 1 Portion:
100 Gramm Pferdefleisch • 1 Zwiebel • ½ Teelöffel Essig (3 Prozent)
oder Zitronensäure • Salz • Pfeffer • Öl zum Frittieren
Für den Frittierteig:
2 Esslöffel Mehl • 2 Esslöffel Milch • 1 Ei • Salz
Zubereitung:
Vom Fleisch die groben Sehnen und das Fett abschneiden, bis auf die obere
Fettschicht, dann in 3 bis 4 Zentimeter große Stücke schneiden, mit Pfeffer
und Salz bestreuen, die klein gehackte Zwiebel hinzugeben, mit Essig oder Zitronensäure bespritzen, 25 bis 30 Minuten ruhen lassen. In der Zwischenzeit
den Frittierteig aus Mehl, Milch, Ei und Salz vorbereiten, der recht flüssig sein
sollte. Die Portionsstücke in den Teig tauchen und in einer großen Menge Öl
frittieren. Zum Servieren in Form einer Pyramide auf dem Teller anrichten.

Sya Etinen Suulammyta (Gefüllte Frikadellen)

Zutaten für 1 Portion:
100 Gramm Pferdefleisch • 20 Gramm Weizenbrot
20 Gramm Pferdebauchspeck • 1 Esslöffel Milch oder Wasser • 2 Zwiebeln
Semmelbrösel • Salz • Gewürze • Öl zum Braten
Zubereitung:
Das Fleisch durch den Fleischwolf drehen, das Brot in Wasser oder Milch einweichen, dann mit dem Fleisch, Salz und Gewürzen vermischen. Aus der

Farce Frikadellen von 1 Zentimeter Dicke formen, in die Mitte eine Mischung aus zerkleinertem Bauchfett und gebratener Zwiebel geben, die Ränder zusammendrücken. Die gefüllten Frikadellen in Semmelbröseln wenden und in Fett in einer Pfanne braten. Dazu Bratkartoffeln oder Kartoffelpüree und gedünstetes Weißkraut reichen.

Fleisch-Kartoffel-Pirogge

Zutaten:
Für den Teig:
4 bis 5 Esslöffel Mehl • 90 Gramm Margarine • ½ Esslöffel Eiweißpulver (alternativ 2 Eier) • 2 Teelöffel Zucker • Soda
½ Teelöffel Zitronensäure • ¼ Tasse Wasser
Für die Füllung:
500 Gramm Fleisch (Rind oder Fohlen) • 250 Gramm Kartoffeln
200 Gramm Zwiebeln • Semmelbrösel • Salz • Lorbeerblatt • Gewürze
Zubereitung:
Einen Teig aus Mehl, Margarine, Eiweißpulver, Zucker, Soda, Zitronensäure und Wasser kneten. Die Hälfte des Teiges ausrollen, darauf die in dünne Scheiben geschnittenen Kartoffeln, das in kleine Würfel geschnittene Fleisch, die gewürfelten Zwiebeln, Salz, Pfeffer, das Lorbeerblatt und wieder eine Schicht Kartoffelscheiben geben. Die zweite Hälfte des Teiges ausrollen und damit alles bedecken, die Ränder mit in ein wenig in Milch geschlagenem Ei verkleben. Die Pirogge mit Semmelbröseln bestreuen, an mehreren Stellen mit der Gabel einstechen. Dann im Ofen backen und heiß servieren.

Wurst nach Art der Jakuten

Zutaten:

200 Gramm Pferdefleisch • 1,5 Kilogramm Innereien (Leber, Lunge, Herz, Pansen) • Därme • 3 Zwiebeln • 1 Esslöffel Reis • 2 Esslöffel Fett

Zubereitung:

Därme mit Salz bestreuen, mehrfach in Wasser spülen, umkrempeln, sorgfältig säubern und nochmals spülen. Die Innereien und das Fleisch gut waschen, fein hacken, die zerkleinerten Zwiebeln hinzugeben, die Masse mit gekochtem Reis mischen, gut untermengen. Därme mit der Masse füllen, die Enden fest zusammenbinden, in Wasser kochen. Heiß servieren.

Nalimfrikadellen auf jakutische Art

Zutaten für 1 Portion:

200 Gramm Nalimfilet • 1 Zwiebel • ¼ Glas Reis • 1 Esslöffel Milch • Mehl Fett zum Ausbraten • Salz • Gewürze • ½ Glas Weiße Sauce

Zubereitung:

Filets aus dem Fisch herauslösen, diese zusammen mit der rohen Zwiebel durch den Fleischwolf drehen. Dann mit gekochtem Reis mischen, etwas Milch dazugeben und gut vermengen. Die aus der Farce geformten Frikadellen in Mehl wenden und in etwas Fett goldbraun braten. Nach dem Anbraten

Ein alter Hund hat es nicht nötig zu bellen.

Der Hund stirbt nicht an den Zähnen eines Hundes.

Sprichworte der Jakuten

die Frikadellen mit Weißer Sauce (Rezept: siehe Seite 69) begießen und 5 bis 10 Minuten dünsten. Dazu Kartoffelbrei oder Bratkartoffeln servieren.

Iskech Alaadjy (Fischrogenplätzchen)

Zutaten für 1 Portion:
3 Esslöffel Fischrogen einer beliebigen Fischsorte • ½ Glas Milch
3 Esslöffel Mehl • 1 Zwiebel • Butter • Salz • Gewürze
Zubereitung:
Den Fischrogen mit einem hölzernen Stößel zerdrücken, dann unter ständigem Rühren Mehl, Milch, Gewürze und Salz hinzufügen. Die Masse soll die Konsistenz von Blini-Teig haben. Dann portionsweise in der Pfanne braten. Die Zwiebel in Butter anbraten, auf jedes Fischrogenplätzchen 1 Teelöffel Zwiebeln setzen, sofort heiß servieren.

Urume

Zutaten:
4 Glas Milch • Öl
Zubereitung:
Milch auf kleiner Flamme kochen, so dass sich eine Haut bildet, diese wird abgenommen und auf einen flachen Teller gelegt. Wenn die Haut trocken ist, mit einer dünnen Schicht Öl begießen. Darauf wieder eine Milchhaut legen und wieder mit Öl begießen und so einige Male wiederholen. Dann an einen kühlen Ort stellen. Das fertige Urume in 4 bis 6 Teile schneiden und als Einzelgericht servieren.

Butugas

Zutaten:
4 Glas Sauermilch • 1 Glas Mehl • 1 Glas Preiselbeeren für den Saft

Zubereitung:
In heiße Sauermilch, die nach dem Butterstampfen übrig geblieben ist, allmählich unter ständigem Rühren Mehl einrieseln lassen, 5 bis 7 Minuten köcheln, den Preiselbeersaft hinzugeben und noch einmal aufkochen. Wird heiß als Hauptgericht gegessen, häufig in einer Holzschüssel serviert. Doch mundet es auch kalt.

Byllypach

Zutaten:
¼ Dose Kondensmilch • ½ Glas Suorat • 4,5 Glas Wasser
(alternativ: ½ Glas Smetana (Schmand), ½ Glas Suorat, 4 Glas Wasser
1 Esslöffel Zucker)

Zubereitung:
Alle Zutaten in abgekochtes kaltes Wasser geben und umrühren, dabei mit einem speziellen Rührstab gut schaumig rühren. Anschließend 8 bis 10 Stunden reifen lassen.

Ohne Wind schwankt der Baum nicht.

Sprichwort der Jakuten

ТУВИНЦЫ ЕДЯТ ИЗ ГХАНИ В ДРЕНУЮ БАРАНИНУ А КОНИ В ЭТО ВРЕМЯ КЛУ ТВСАДНИКОВ У ПОО

Die Küche der Tuwiner

Tuwa erstreckt sich in Südsibirien, am Oberlauf des Jenissei, an der Grenze zur Mongolei. Nach Angaben der letzten Allrussischen Volkszählung im Jahre 2010 leben in Russland noch 263 944 Tuwiner, davon etwas mehr als 250 000 in der Republik Tuwa.

Meine Reise entlang des Jenissei begann ich in Tuwa, wo Kamele wandeln, und beendete sie in der Deltamündung des Jenissei in das Arktische Meer, wo Eisbären leben. Der Jenissei quert einen gewaltigen Raum, der sich über alle russischen Klimazonen erstreckt. Die Tuwiner sind mir nicht nur dank ihrer originellen Küche in Erinnerung geblieben, sondern auch aufgrund ihrer sympathischen Hauptstadt Kysyl, in der sich das Denkmal „Zentrum Asiens" befindet.

In Tuwa geschehen selten Dinge, die es in die Berichterstattung der internationalen Presse schaffen. Nur einmal, schaute die Weltöffentlichkeit gespannt auf die kleine Republik. Das hatte mit Richard P. Feynman zu tun, einem US-amerikanischen Physiker und Nobelpreisträger, der sein ganzes Leben lang von Tuwa geträumt hatte. Er wollte unbedingt diesen legendären „Ort der Kraft", den von einem Obelisken markierten Mittelpunkt Asiens, besuchen, er wollte den einzigartigen Obertongesang hören und die Schamanenrituale erleben, er wollte die berühmten steinernen Götzen sehen, die älter sind als die ägyptischen Pyramiden, und die exotischen Gerichte der tuwinischen Küche kosten. Doch er erhielt kein Visum. Man hielt ihn für einen Spion. Tatsächlich war er ein Romantiker, ein Reisender und Liebhaber unberührter Landschaft. Als er erneut einen Visumantrag stellte, wurde die Reise bewilligt. Doch im Februar, zwei Tage bevor der Bescheid eintraf, verstarb Feynman.

In den Straßenrestaurants und Raststätten findet man häufig das volkstümliche Brot der Tuwiner: geräuchertes Hammelfleisch auf einem Fladen aus

Roggenmehl. An jeder Tankstelle findet man gute Raststätten im Stil von Stolowajas, schlicht, regional und authentisch. Die städtischen Stolowajas sind ganz urige Einrichtungen, sie zeigen das Gesicht der Stadt und des Volkes wie die Pubs in Dublin oder die Cafés in Paris. Aber auch Tuwa wird allmählich von der Globalisierung heimgesucht, und das Speisenangebot in den Stolowajas verliert seine Eigentümlichkeit. Doch gibt es immer noch Orte, wo man auf die authentische regionale Küche und auf die Essgewohnheiten der Einheimischen trifft, kleine Kantinen, möbliert mit einfachen, langen Tischen und Bänken, an denen man tuwinische Nudeln, Leber Sogascha und tuwinische Blutwurst isst und Kumys aus Stutenmilch trinkt.

Als ich einmal aus einer solchen Stolowaja herauskam, bot sich mir ein lustiges Bild: Direkt unter dem Firmenschild einer Tankstelle saß ein Tuwiner auf seinem Pferd. Als er merkte, dass ich ihn fotografierte, fragte er, was so interessant sei. Ich zeigte auf das Firmenschild mit der Aufschrift „Benzin" und auf sein Pferd. Da lachte er und meinte: „Das ist mir noch nie aufgefallen."

Pferde sind eine tuwinische Leidenschaft. Ein Tuwiner erklärte mir voller Stolz, dass alle Pferde der Welt drei Gangarten haben, die tuwinischen jedoch vier. Außer Schritt, Trab und Galopp gibt es noch einen eigenen Schrittlauf, der so fließend ist, dass der Reiter wie auf einem bequemen Sessel sitzt. Es werden in Tuwa häufig Reiterwettkämpfe und Turniere ausgetragen. Der Pferdesport zählt zu den Nationalen Sportarten der Republik.

Tuwa ist ein Land unermesslicher Weite. Bevölkerungsarme Wüsten und bevölkerungsarme Bergregionen wechseln einander ab. Die Tuwiner bekennen sich offiziell zum tibetischen Buddhismus, doch sind der Schamanismus und der Animismus weit verbreitet. Die Tuwiner glauben an verborgene Geister, die in den Felsen leben. Wichtig ist, in der Natur leise zu sprechen, um die Ruhe der Geister nicht zu stören.

Aarschy (Sauermilchquark)

Saure Milch wird Tag für Tag in einem hölzernen Gefäß gesammelt, dann lange gekocht, abkühlen lassen. Nun wird die Molke durch ein feines Sieb gegossen und über Nacht unter einem beschwerten Brett flach gepresst. Der fertige Aarschy wird zerkrümelt und getrocknet. Die Tuwiner essen ihn zum Tee. Im Sommer wird getrockneter Aarschy als Ausgangsstoff für viele Gerichte verwendet.

Araka (Milchwodka)

Zur Herstellung von Araka wird eine besondere Destille benötigt, eine einmalige Erfindung der Tuwiner, das so genannte Schuuruun: Ein ausgehöhlter Pappelstamm. Er wird mit Hilfe von Steinen direkt am Auffanggefäß befestigt, oben befindet sich ein Gefäß mit kaltem Wasser, das als Kondensator für den Alkohol dient. Ritzen im Rohr werden mit Filz verstopft. Beim Kochen rinnt das Getränk, das „Schimi Aragazy" genannt wird, durch einen speziellen Schlauch aus dem Schuuruun. Es enthält wenig Alkohol, etwa 20 Prozent. Will man einen hochprozentigeren Wodka erzeugen, muss man das Kondensat ein weiteres Mal destillieren. Dann können 70 bis 80 Prozent erreicht werden. Der hochprozentige Wodka wird „Dan" („Morgenröte") genannt.

Boscha (getrockneter Quark)

Bei den sparsamen Tuwinern wird nichts weggeworfen. Der nach dem Destillieren zurückgebliebene Trester aus flüssiger Quarkmasse wird in ein Leinensäckchen gefüllt, abgekühlt, durch Gaze gedrückt und getrocknet. So entsteht eine weitere Variante von getrocknetem Quark. Der an den Wänden der Destille zurückbleibende quarkige Belag wird abgekratzt und mit dem Löffel gegessen, er heißt „schu-urun itpee"

Kumys

Natürlich, auch die Tuwiner bereiten Kumys zu. Die Stutenmilch wird in drei Tagen gesäuert. Es ist ein Getränk der Ehrerbietung und wird für Gäste und an Feiertagen serviert. Die Tuwiner halten Kumys für ein heilkräftiges Getränk, es wurde zur Behandlung von Tuberkulose eingesetzt.

Byschtak (Gepresster Käse)

Gepresster Käse aus Vollmilch. Er wird aus abgekochter Milch unter Zusatz von Sauermilch zubereitet. Ein Säckchen mit dem Ausgangsmaterial wird zwischen zwei Bretter gehängt, um dem Käse die richtige Form zu verleihen. Der Käse kann im Verlauf eines Tages hergestellt werden.

Dalgan (geröstete Gerstenkörner)

Grob gemahlenes Mehl aus gerösteten Gerstenkörnern. Nach dem morgendlichen Tee ist das die erste Mahlzeit der Tuwiner. Dalgan wird auch in der ärmsten Jurte angeboten. Die Gerstenkörner werden in einem großen hölzernen Mörser, dem Sogaasch, zerstoßen, dann die Spreu getrennt, die Körner werden ohne Zugabe von Fett in einem gusseisernen Kessel angeröstet und erneut zerstoßen. Reste von Hülsen werden weggeblasen, so dass nur die reinen Körner zurückbleiben, die in einer steinernen Handmühle – Deerbe genannt – gemahlen werden.

Kurut

Quark wird in Quadrate geschnitten und aufgezogen auf eine Schnur am Jurtengestell zum Trocknen aufgehängt. Der Quark wird schnell hart und behält über Monate sein Aussehen.

Boorsak (Süße Teigware)

Zutaten:
750 Gramm Mehl • 200 Gramm Smetana (Schmand) • 200 Milliliter Milch
1 Ei • 150 Gramm Fett • 80 Gramm Zucker • Salz • Öl zum Frittieren

Zubereitung:
Der ungesäuerte Teig aus Mehl, Smetana, Milch, Ei, Fett, Zucker und Salz muss 30 bis 40 Minuten an einem warmen Ort ruhen, dann wird er in lange Schlangen mit 2 Zentimetern Durchmesser ausgerollt, die dann in gleichmäßige Scheiben von 10 bis 15 Gramm geschnitten werden. Daraus werden kleine Kugeln geformt, die in der Fritteuse goldgelb gebacken werden.

Tuwinische Nudelsuppe

Zutaten:
1 Liter Bouillon aus Hammelknochen • 35 Gramm Mehl • Ei •
10 Milliliter Wasser • 100 Gramm Hammelfleisch (Schulter oder Hinterbein)
25 Gramm Zwiebeln • 15 Gramm Butterschmalz • Salz

Zubereitung:
In kochende abgeseihte Bouillon aus Hammelknochen wird in kleine Stücke geschnittenes Hammelfleisch gegeben. So lange kochen, bis das Fleisch weich ist, salzen. Aus Mehl, Butterschmalz, Ei und Salz einen festen Teig kneten, ausrollen und daraus 15 bis 20 Zentimeter lange Nudeln schneiden, die Nudeln in die Suppe geben und kochen. In die Teller rohe Zwiebeln legen, dann mit Suppe und Nudeln auffüllen.

Tuwinische Suppe mit Mungobohnen und Rauchfleisch

Zutaten:

200 Gramm Mungobohnen • Wasser • 5 bis 6 Kartoffeln • 2 große Zwiebeln
2 Möhren • Pflanzenöl • 1 süße Paprikaschote • 370 Gramm Rauchfleisch
vom Rind • 2 Knoblauchzehen • ½ Chilischote • Salz • Pfeffer
1 Teelöffel gemahlener Koriander • je 1 Bund frische Petersilie und Dill

Zubereitung:

In einem Topf mit 5 Litern Fassungsvermögen Wasser ansetzen, wenn es kocht, die Mungobohnen hineingeben, umrühren, mit einem Deckel abdecken und 15 Minuten lang kochen. Die Kartoffeln in kleine Würfel schneiden und in den Topf geben. Weitere 15 bis 20 Minuten mit geschlossenem Deckel kochen. Die Zwiebeln und Möhren in kleine Würfel schneiden und in einer Pfanne in Öl anbraten. Die Paprika putzen, in Würfel schneiden und zum Gemüse geben. Alles zusammen noch 5 Minuten anbraten. Das Rauchfleisch in große Stücke schneiden und mit dem gebratenen Gemüse in die Suppe geben. Umrühren, aufkochen lassen und weitere 5 Minuten kochen. Die Chilischote putzen und klein schneiden, den Knoblauch hacken und zusammen mit Salz, Pfeffer und gemahlenem Koriander in die Suppe geben, 5 Minuten weiterkochen. Die frischen Kräuter fein hacken und in die Suppe streuen, gleich darauf vom Herd nehmen. Die Suppe vor dem Servieren 10 Minuten ziehen lassen.

Einen Knochen kann man nicht zweimal nagen,
einem Freund darf man sich nicht zweimal versagen.

Sprichwort der Tuwiner

Mungobohnen stammen ursprünglich aus Indien und sind in Südsibirien weit verbreitet. Sie sehen aus wie kleine grüne Bohnen und haben eine runde oder ovale Form. Anders als gewöhnliche Erbsen und Bohnen werden Mungobohnen schnell gar. Die Tuwiner kochen diese reichhaltige Suppe zum Mittagessen.

Mantschi (Teigtasche nach Art der Tuwiner)

Zutaten für 4 Portionen:

320 Gramm Mehl • 1 Ei • 120 Milliliter Wasser • 550 Gramm Hammelfleisch
60 Gramm Zwiebeln • Pfeffer • Salz • kräftige Hammelfleischbouillon
frische Kräuter

Zubereitung:

Aus Mehl, Wasser, Ei und Salz einen festen Teig kneten, Fladen ausrollen. Nun die Füllung zubereiten. Das Hammelfleisch mit den Zwiebeln durch den Fleischwolf drehen. Salz und Pfeffer hinzugeben, auch ein wenig Wasser, die Masse aufschlagen. In die Mitte eines jeden Fladens ein wenig Füllung geben, die Ränder des Fladen zusammendrücken, dabei die Teigtasche zu einem Halbmond ziehen. Die Teigtaschen in eine kräftige Hammelfleischbouillon geben und kochen. Vor dem Servieren mit frischen Kräutern bestreuen.

Puza (Gedämpfte Teigtaschen)

Zutaten für 4 Portionen:

400 Gramm Hammelfleisch • 100 Gramm Zwiebeln • 40 Gramm Fett vom Fettschwanzschaf • Wasser • 140 Gramm Mehl • 40 Milliliter Grüner Tee
1 Ei • Gewürze • Salz • gemahlener Schwarzer Pfeffer

173

Zubereitung:

Hammelfleisch, Fett und Zwiebeln durch den Fleischwolf drehen und mit Wasser, Salz und Pfeffer vermengen. Diese Füllung auf Fladen aus ungesäuertem Teig legen, der auf die gleiche Art wie den Teig für Mantschi (Rezept: siehe Seite 173) zubereitet wird, allerdings verwendet man anstelle von Wasser Grünen Tee. Die Teigtaschen in die Form von kleinen Krügen bringen und über Wasserdampf garen.

Sogascha (Gegrillte Leber in Speck)

Das Lieblingsgericht der Tuwiner. Den zarten Teil der Leber auf Holzkohle grillen, dann mit feinem Speck umwickelt auf Spieße ziehen, salzen und fertig grillen. Dies wird als Vorspeise gereicht.

Chan (Wurst nach Art der Tuwiner)

Zutaten:
Hammelfleisch • Milch • Zwiebeln • Salz • Pfeffer • Därme
Zubereitung:
Das Blut eines frisch geschlachteten Hammels wird mit Milch im Verhältnis 1:1 gemischt. Dann Salz, Pfeffer und klein gehackte Zwiebel dazugeben. Die

> Alle – gleich, ob Tier, Pflanze oder Mensch – werden geboren,
> leben ihre Lebensform, altern, sterben und
> werden, in welcher Form auch immer, wiedergeboren.
>
> Sprichwort der Tuwiner

Chojtpak

Das ist eine Art gesäuerte Milch, die vielseitig verwendet wird, als Getränk, aber auch als Rohstoff für den Milchwodka Araka, aus den Quarkbestandteilen entsteht dann ein saurer Quark, der in der Sonne trocknet (Aarschy), sowie der gepresste süßliche Käse Byschtak. Um Chojtpak herzustellen, braucht man eine Starterkultur, mit dem der Säuerungsprozess beginnt. Der beste Säurewecker ist Chojtpak selbst, ist keiner zur Hand, behilft man sich mit Weizenkeimlingen. Manchmal wird die Starterkultur vorbereitet, indem ein Stück sauberer Filz mit Chojtpak getränkt und den Winter über aufbewahrt wird. Der Filz trocknet, ohne dass die Eigenschaften der Starterkultur verloren gehen. Im Frühjahr wird der Filz dann in frische Milch getaucht, die schnell säuert. Chojtpak wird in hölzernen Fässern aufbewahrt, weshalb in den Jurten manchmal ein spezifischer Geruch herrscht. Chojtpak löscht den Durst und ist sehr nahrhaft.

gut gesäuberten Naturdärme damit füllen, die Enden abbinden. Die Wurst in Fleischbouillon kochen, herausnehmen, in Scheiben aufschneiden und sofort servieren.

Powa (Süße Teigwaren)

Zutaten:
750 Gramm Mehl • 200 Gramm Smetana (Schmand) • 200 Milliliter Milch
1 Ei • 150 Gramm Frittierfett • 80 Gramm • Zucker • Salz

Zubereitung:

Aus Mehl, Smetana, Milch, Eiern, Zucker und Salz einen festen Teig kneten, an einen warmen Ort stellen. Nach einer halben Stunde den Teig in dünne längliche Fladen ausrollen, jeden Fladen in der Mitte durchschneiden, wie eine Schleife drehen und in Frittierfett braten.

Mors aus Schneeballstrauchfrüchten mit Honig

Zutaten:
1 Liter Wasser • ½ Glas Saft aus den Beeren des Schneeballstrauchs
100 Gramm Honig
Zubereitung:
Den Honig in 1 Liter Wasser auflösen, den aus den Beeren des Schneeballstrauchs ausgepressten Saft hinzugießen, umrühren. Kalt servieren.

Tee wurde in Sibirien in der Mitte des 19. Jahrhunderts allgemein gebräuchlich. Erst zu dieser Zeit wurde Tee auf dem Seeweg aus Indien und Ceylon in großen Mengen nach Russland eingeführt. Seither ist er überall in Sibirien das beliebteste Getränk. Den einfachen Grünen Tee nach tuwinischer Art trank ich häufig, wenn ich Gast in den Jurten der Tuwiner war, mit dem kompliziertesten und feinsten Tee wurde ich bei einem tuwinischen Dichter bewirtet, der sagte: „Ohne Tee kein Leben!" Seither benutze ich dieses Rezept manchmal, wenn ich meinen Morgentee koche.

Morgentee

Dafür verwende ich losen Schwarzen Tee, am besten indischen Tee, er soll kleinblättrig und aus erster Ernte sein. In eine klassische Teekanne mit 300 bis 350 Milliliter Fassungsvermögen gebe ich 1,5 Löffel Teeblätter, dann 3 bis 4 Zweiglein trockenen Thymian, 1 Handvoll Sanddornbeeren (ich verwende gefrorene), ½ frische Birne, 1 Zitronenscheibe. Honig oder Zucker gebe ich nach Lust und Tagesform hinzu. Ich gieße alles mit heißem Wasser auf, das Wasser darf nicht mehr sprudelnd kochen, sondern sollte 1 bis 2 Minuten abgekühlt sein. Nun lasse ich alles 5 Minuten ziehen, aber nicht länger, da der Tee sonst bitter wird. Bei dem tuwinischen Dichter kam nun ein wichtiges Ritual ins Spiel. Der Tee musste „verheiratet" werden, das mache seinen Geschmack reicher und tiefer, so der Teeliebhaber. Er goss ein wenig durchgezogenen Tee in die Teeschale, schwenkte sie kurz und füllte alles sofort wieder zurück in die Teekanne. Nun konnte das Teetrinken beginnen.

Tuwinischer Tee

Hierfür verwendet man den in Zentralasien üblichen zu kleinen Blöcken oder Täfelchen gepressten Grünen Tee, ohne ihn vorher zu zerkleinern. Abgekochtes Wasser und heiße Milch mischen, dann etwas Tee im Stück hinzugeben und etwa 15 Minuten kochen. Das Getränk abseihen und in Trinkschalen gießen, mit Salz, ausgelassenem Speck oder zerlassener Butter verfeinern.

ХАКАССКАЯ ЖЕНЩИНА ВАРИТ МЯОН В КАЗАНЕ ЧАБЕРГ У НИСТ ЯКОВЛЕТОР ЧТ

Die Küche der Chakassen

Das Gebiet Krasnojarsk in Sibirien ist 57 Mal so groß, wie die Niederlande. Eine sibirische „Niederlande" ist auch die Republik Chakassien am linken Ufer des Jenissei. Das Zentrum der kleinen Republik ist die Stadt Abakan. Was zeichnet Chakassien aus? Das Schamanentum, der berühmte Obertongesang und die Steinmonumente, die älter sind als die ägyptischen Pyramiden. Und natürlich die Küche. In meinem Buch „Der Jenissei" empfehle ich den Besuchern, ihre Reise in Chakassien zu beginnen. Von Abakan bis Krasnojarsk gelangt man mit dem Auto oder mit dem Bus, von Krasnojarsk bis nach Norilsk geht es mit dem Dampfer weiter. Optimalerweise nimmt man einen ganz normalen Passagierdampfer. Die Reise dauert zwölf Tage.

Eine Reise durch Chakassien ist eine Begegnung mit einer anderen Welt. Diese Welt weckt bei den Reisenden in der Regel so viel Begeisterung, dass es sie immer wieder nach Sibirien, nach Chakassien zieht. Ein Grund dafür ist der Jenissei, dessen majestätische Schönheit beim Durchbruch durch das Sajangebirge bereits den Schriftsteller Anton Tschechow in seinen Bann gezogen hat, als er 1890 durch Sibirien reiste, um auf die Insel Sachalin zu gelangen. Auch der berühmte Polarforscher Fridtjof Nansen bereiste noch vor Ausbruch des Ersten Weltkrieges mit seinem Schiff „Korrekt" den Jenissei von der Mündung bis nach Krasnojarsk. Über die Völker, die an den Ufern des Flusses leben, schrieb er, sie würden noch auf den Schriftsteller warten, der sie für die Welt entdeckt, einen Reisenden, der die Naturgewalt, die Exotik und die Großartigkeit der Menschen adäquat zu beschreiben vermag! Das ist richtig. Aber die exotische Kultur Sibiriens tauchte bereits früher in der Literatur auf, unter anderem bei dem englischen Schriftsteller Daniel Defoe, der in seinem zweiten Buch über die Abenteuer seines Helden Robinson Crusoe eine Episode in Sibirien handeln lässt. Seine Reise durch die sibirischen Weiten begann Robinson damit, dass er unter Lebensgefahr die heidnischen Götzen zerstörte, die von den Bewohnern verehrt wurden. Einen zerhieb er mit dem Säbel, einen anderen versuchte er zu verbrennen. Und verfolgt man die Reiseroute Crusoes in diesem Roman, so vernichtete er ausgerechnet die Steinfiguren der Chakassen. Schade. In Tobolsk blieb der Reisende einen Winter lang hängen. Und geriet in die angenehme und interessante Gesellschaft von beim Zaren in Ungnade gefallenen und nach Sibirien verbannten Adligen. Dem Reisenden gefielen die sibirische Gastfreundschaft und die hervorragende Küche.

Als ich das Buch las, war ich verblüfft, wie genau Defoe die sibirische Topographie beschreibt. Er kannte die Routen der Kaufmannskarawanen, die Besonderheiten der Ernährung sowie des Lebens und der Bräuche der sibirischen Völker ganz genau. Es heißt, Defoe hätte sich durch Bücherberge gegraben, um die Imagination Sibiriens an seine Leser weiterzugeben. Und das Allerwichtigste: Defoe verfügte über ausreichend gesunden Menschenverstand, um Wahrheit von Fantasie zu trennen. Das unterscheidet ihn von vielen modernen Autoren. So lässt ein zeitgenössischer Schreiberling seinen Helden in seinem Reiseroman behaupten, er sei bei chakassischen Nomaden gastfreundlich in ihrer Jurte aufgenommen worden. Die Hausfrau habe sehr schmackhaft gekocht. Doch gab es einen Makel. Sie wusch sich die Füße in einer Schüssel und verwendete das Wasser aus „wirtschaftlichen Gründen" später zum Kochen. „Im übrigen hat das der Qualität des Essens keinen Abbruch getan", schrieb der Autor, der offensichtlich niemals in Chakassien gewesen ist, nichts über Chakassien gelesen und die Abenteuer seiner Fantasiereise entlang des Usinsker Trakts von Abakan nach Kysyl – gewürzt mit einer Dosis Exotik wie dem „Füße waschen" – wohl frei erfunden hat.

Ich war befreundet mit einer chakassischen Familie, die in der Nähe von Abakan lebte. Die Hausfrau war eine ausgezeichnete Köchin. Ihr Haus war offen für alle, und wie in dem berühmten Teremok, dem gastfreundlichen Haus im russischen Märchen, das umso größer wird, je mehr Bewohner da sind, lebten viele Menschen gemeinsam in diesem Haus. Und wenn jemand anklopfte und um Quartier bat, so wurde er aufgenommen. Es fand sich immer ein Schlafplatz und ein gutes Nachtmahl. Besonders gut gelangen der Hausfrau die traditionelle chakassische Suppe „Aschschy Sopra", ein süß-saurer Gemüsesalat, den sie als Wintervorrat zubereitete, und feine sibirische Blini mit Preiselbeerfüllung.

Aschschy Sopra (Fleischsuppe)

Zutaten:
400 Gramm Rindfleisch ohne Knochen • 60 Gramm Hammelspeck
60 Gramm Rettich • 120 Gramm Zwiebeln • 40 Milliliter Weinessig
1 bis 1,5 Liter Wasser • 220 Gramm Markknochen vom Rind für die Bouillon
50 Gramm Petersilienwurzeln • 100 Gramm Tomaten • 2 hart gekochte Eier
5 Gramm zerstoßener Knoblauch • 25 Gramm frische Petersilie und Dill
Pfeffer • Salz

Zubereitung:
Rindfleisch waschen, in Stücke von etwa 10 bis 15 Gramm Gewicht schneiden, salzen, pfeffern und in ausgelassenem Hammelfett braten, bis eine braune Kruste entstanden ist. Dann fein geschnittene Zwiebeln und Rettich zum Fleisch geben, weiter braten. In die Pfanne mit dem Fleisch und Gemüse Essig und etwas Wasser hinzugießen, anschließend den Knoblauch unterrühren und dünsten, bis das Fleisch gar ist. Eine Bouillon zubereiten, dafür 1,5 bis 2 Liter Wasser mit Markknochen und der zerkleinerten Petersilienwurzel ansetzen. Die fertige Bouillon abseihen, das gedünstete Fleisch mit Zwiebeln und Rettich hineingeben, gewaschene und in Scheiben geschnittene frische Tomaten und die fein gewürfelten Eier hinzufügen, salzen, pfeffern nach Geschmack und alles 10 Minuten kochen lassen. Mit fein gehackter Petersilie und Dill bestreuen und servieren.

Salat aus konserviertem Gemüse

Zutaten:

1 Kilogramm rote Paprikaschoten • 3 Zwiebeln • 800 Gramm pürierte
Tomaten • 2 Esslöffel mildes Paprikapulver • 100 Gramm Zucker
100 Milliliter Essig (6 Prozent Essiganteil) • 100 Milliliter Pflanzenöl

Zubereitung:

Die Paprikaschoten putzen, die Kerngehäuse entfernen, waschen, dann längs
in Streifen schneiden. Die Zwiebeln schälen und in dicke Ringe schneiden. In
einem dickwandigen Topf die Zwiebelringe in etwas Pflanzenöl glasig braten,
dann Paprikastreifen und Zucker hinzufügen, umrühren und sofort den Essig
zugießen. Zum Kochen bringen, die pürierten Tomaten und das Paprikapulver
hinzufügen. 30 Minuten bei schwacher Hitze köcheln. Abkühlen lassen. Dieser Gemüsesalat hat einen pikanten süßsauren Geschmack und wird oft als
Vorspeise gereicht.

Soljanka nach Art der Chakassen

Zutaten:

100 Gramm Zwiebeln • 35 Gramm Butter • 50 Gramm Tomatenmark
100 Gramm Salzgurken • 100 Gramm Rindfleisch • 100 Gramm Zunge
50 Gramm Hammelwurst • 50 Gramm Pferdewurst (Kaza) 2 bis 3 Liter
Bouillon • 2 Lorbeerblätter • 30 Gramm Smetana (Schmand) • Pfeffer • Salz

**Zusammen hungern, zusammen dürsten, aber
den Freund nicht im Stich lassen.**

Sprichwort der Chakassen

Zubereitung:

Zwiebeln schälen, waschen, fein schneiden und in Butter glasig anbraten, dann Tomatenmark hinzufügen. Salzgurken in Würfel schneiden und zu den Zwiebeln geben, dann die vorbereiteten, in mundgerechte Stücke geschnittenen und einzeln gekochten Teile von Fleisch und Zunge hinzufügen, ebenso die in Würfel geschnittene Pferde- und Hammelwurst. Alles mit der Bouillon begießen, salzen, pfeffern, Lorbeerblatt hinzufügen und 5 bis 10 Minuten kochen lassen. Die Soljanka vor dem Servieren mit Smetana verfeinern.

Sorpa (Suppe)

Zutaten:

500 Gramm Rindfleisch (Bruststück mit Knochen) • 50 Gramm Zwiebeln
40 Gramm Möhren • 4 bis 5 Körner Schwarzer Pfeffer • 2 bis 3 Lorbeerblatt
Salz
Für die Nudeln (Baursak):
150 Gramm Weizenmehl • 1 Ei • 15 Gramm Butter 8 Gramm Zucker
Salz • Wasser

Zubereitung:

Rindfleisch waschen, mit Knochen in Stücke schneiden, in einen Tontopf legen, mit Wasser bedecken, salzen und auf kleiner Flamme kochen, bis es gar ist. 10 Minuten vor Ende der Garzeit Schwarze Pfefferkörner, Lorbeerblätter und die fein geschnittenen Zwiebeln und Möhren in die Bouillon geben. Aus

Weisheit sitzt nicht im Bart, sondern im Verstand.

Glaube keinen fremden Worten, glaube Deinen Augen.

Sprichworte der Chakassen

Mehl, Ei, Zucker, Salz und ein wenig Wasser einen festen Teig kneten, ausrollen, in Nudelstreifen schneiden, in kochendem Wasser kochen, im Durchschlag abseihen, mit etwas Butter würzen. Die Sorpa in Pialen gießen und zusammen mit den heißen Baursak-Nudeln servieren.

Turlietter (Fleisch-Sakuski)

Zutaten:
100 Gramm Rindfleisch • 80 Gramm Zunge • 50 Gramm Lammfleisch (geräuchert) oder Hammelwurst • 80 Gramm Hähnchenfilet
10 Gramm tierisches Fett • 90 Gramm Sauerkraut • 20 Gramm Zwiebeln
30 Gramm Äpfel oder Möhren • 30 Gramm Rosinen • 8 Gramm Zucker
25 Milliliter Baumwollöl • Gewürze nach Geschmack • Salz

Zubereitung:
Rindfleisch und Zunge abspülen, in dünne Scheiben schneiden und in Fett braten bis sie weich sind, salzen und würzen. Hähnchenfilet gründlich abspülen, in Salzwasser kochen und in kleine Stücke schneiden. Geräuchertes Lammfleisch oder Hammelwurst in dünne Scheiben schneiden. Alles schön auf einem Servierteller anrichten. Das Sauerkraut mit gewürfelten rohen Zwiebeln, geraspelten Äpfeln und Möhren und gehackten Rosinen vermischen. Zucker, Salz und Gewürze nach Geschmack dazugeben, dann mit Baumwollöl beträufeln, untermischen und mit der Fleischplatte reichen.

Gekochte Sotschni mit Fleisch und Bouillon

Zutaten:
500 Gramm Hammelfleisch (ohne Knochen) • 500 Milliliter Wasser
120 Gramm Zwiebeln • 200 Gramm Weizenmehl • 1 Ei
Schwarzer gemahlener Pfeffer • 20 Gramm Dill und Petersilie • Salz

ТАЛГАН

ТОПШУР

ЧАРБА-УГРЕ

Zubereitung:

Fleisch waschen, mit 500 Milliliter Wasser ansetzen, auf kleiner Flamme kochen, bis das Fleisch gar ist, 10 Minuten vor Ende der Kochzeit die fein gehackten Zwiebeln, Pfeffer und Salz hinzufügen. Das Fleisch herausnehmen und in dünne, breite Streifen schneiden. Aus Mehl und Ei und ein wenig Fleischbouillon einen ungesäuerten Teig zubereiten, dünn ausrollen und in 8 mal 8 Zentimeter große Quadrate – so genannte Sotschni – schneiden. Diese in der Bouillon kochen. Vor dem Servieren die gekochten Teigstücke auf den Teller legen, darauf das Fleisch geben und alles mit fein gehacktem Dill und Petersilie bestreuen. Die heiße Bouillon in Pialen gesondert reichen.

Schaschlik aus Hammelfleisch

Zutaten:
500 Gramm Hammelfleisch ohne Knochen • 150 Gramm Zwiebeln
60 Milliliter Weinessig • 3 Gramm Zucker • Gewürze nach Geschmack • Salz

Zubereitung:
Hammelfleisch waschen, in Stücke schneiden, in ein Tongeschirr legen, Gewürze nach Geschmack zugeben, mit Essig übersprühen, 75 Gramm in feine Ringe geschnittene Zwiebel unterrühren, 5 bis 8 Stunden in der Marinade

Wo Wasser, da Leben.

Der Krai des Vaters ist der Garten Eden,
fremdes Land ist die Hölle auf Erden.

Von den Reichen bleibt Güte, von den Weisen der Name

Sprichworte der Chakassen

ziehen lassen. Das marinierte Fleisch abwechselnd mit Zwiebelringen auf Spieße stecken und in glühenden Kohlen braten, bis das Fleisch gar ist. Bleiben Zwiebeln übrig, diese in die Marinade geben, etwas Zucker hinzufügen. Vor dem Servieren die marinierten Zwiebelringe auf das Schaschlik geben.

Palau (Plow)

Zutaten:

350 Gramm Hammelfleisch ohne Knochen • 500 Gramm Reis
180 Gramm ausgelassenen Hammelspeck • 150 Gramm Zwiebeln
750 Milliliter Wasser • 75 Gramm getrocknete Aprikosen oder Äpfel
200 Gramm Möhren • Gewürze nach Belieben • Salz

Zubereitung:

Zwiebeln putzen, waschen, fein hacken, in einem gusseisernen bauchigen Topf mit Hammelfett anbraten. Das Hammelfleisch waschen, sorgfältig in kleine Stücke schneiden und zu den Zwiebeln geben, salzen, würzen, die in Würfel geschnittenen Möhren hinzugeben und alles zusammen braten. Dann die fein geschnittenen getrockneten Aprikosen oder Äpfel und den zuvor

Ein gutes Pferd erkennst du am Schritt, einen guten Menschen an seiner Arbeit.

Lernen ist das beste Gut.

Verstand kann man nicht kaufen, denke selbst.

Sei nicht geschwätzig, sprich überlegt.

Sprichworte der Chakassen

eingeweichten und gut gewaschenen Reis in den Topf geben. 750 Milliliter Wasser zugießen und mit einem Deckel verschlossen auf mittlerer Flamme fertig kochen. Von Zeit zu Zeit mit einem Holzlöffeln den Topfboden sondieren, damit sich das Fett gleichmäßig verteilt. Vor dem Servieren den fertigen Palau sorgfältig umrühren.

Leber–Schaschlik

Zutaten:
250 Gramm Rinderleber • 350 Gramm Hammelspeck vom Fettschwanzschaf
Wasser • 25 Gramm frischen Dill, Petersilie und Koriander • 25 Gramm Salz
Gewürze nach Belieben
Zubereitung:
Die Leber waschen und wie den Hammelspeck in Würfel schneiden. Abwechselnd ein Stück Leber und ein Stück Speck auf den Spieß ziehen und über glühenden Kohlen grillen. Von Zeit zu Zeit mit einer Marinade aus etwas Wasser, Salz und Gewürzen beträufeln. Vor dem Servieren den Schaschlik mit frischem gehackten Dill, Petersilie und Koriander bestreuen.

Kabyrga (Hammelfleischroulade mit Beilagen)

Zutaten:
350 Gramm Hammelfleisch (Bruststück mit Knochen)
10 Gramm zerstoßenen Knoblauch • 35 Gramm Butter
80 Milliliter Bouillon • 100 Gramm Salzgurken • 60 Gramm Tomaten
60 Gramm Weißkraut • 20 Gramm Zwiebeln • 20 Gramm Möhre
10 Milliliter Baumwollöl • 4 Gramm Zucker • 10 Milliliter Speiseessig
15 Gramm frischer Dill und Petersilie • Pfeffer • Salz

Zubereitung:

Hammelfleisch waschen, die Rippenknochen so entfernen, dass an ihren Enden noch Fleisch verbleibt. Das Fleisch leicht klopfen, mit Salz, Pfeffer und zerstoßenem Knoblauch bestreuen, dann zu einer Roulade zusammendrehen, dabei die Enden der Rippen nicht verschließen. Die Roulade mit Küchengarn zusammenbinden, in Butter braten, dann Bouillon hinzufügen und alles fertig dünsten. Vor dem Servieren in Portionsstücke schneiden. Salzgurken in Ringe schneiden, frische Tomaten waschen und in Scheiben schneiden. Das Weißkraut waschen, in feine Streifen schneiden, die in Spalten geschnittenen Möhren und gehackten Zwiebeln ebenfalls hinzufügen, mit Zucker, Salz und Pfeffer abschmecken, mit Essig beträufeln, umrühren und dann mit Baumwollöl übergießen. Die aufgeschnittene Roulade mit dem Krautsalat und dem vorbereiteten Gemüse servieren. Frische Kräuter darüber streuen.

Kujryk Baur (Leber mit Speck vom Fettschwanzschaf)

Zutaten:

300 Gramm Leber • 100 Gramm Speck vom Fettschwanzschaf
200 Milliliter Wasser • 50 Gramm Grüne Erbsen aus der Dose
60 Gramm Salzgurken • 60 Gramm eingelegte Tomaten
20 Gramm Zwiebellauch • 2 Gramm Paprikapulver
10 Gramm frischer Dill und Petersilie • Salz

Zubereitung:

Den Speck grob schneiden, in einem Topf mit 200 Milliliter kaltem Wasser ansetzen, zum Kochen bringen und 15 Minuten auf kleiner Flamme kochen lassen. Leber sorgfältig waschen, zum Speck hinzufügen, außerdem Salz und Pfeffer hinzugeben und gar kochen. Die gekochte Leber in feine Scheiben schneiden, auf jede Scheibe ein Stück Hammelspeck legen, mit dem fein gehacktem Zwiebellauch, Dill und Petersilie bestreuen, das Gericht mit Gewürzgurken, eingelegten Tomaten und Grünen Erbsen garnieren.

Kuyrdak (Innereiengeschnetzeltes)

Zutaten:

200 Gramm Lunge • 150 Gramm Rinderleber • 100 Gramm Herz
120 Gramm Hammelfett vom Fettschwanzschaf • 60 Gramm Zwiebeln
200 Milliliter Wasser • Pfeffer • Salz

Zubereitung:

Zwiebeln schälen, waschen, fein hacken. Die Innereien sorgfältig waschen, in kleine Stücke schneiden und mit den Zwiebeln in Hammelfett braten. Dann 200 Milliliter Wasser hinzufügen, salzen, pfeffern und dünsten, bis das Fleisch gar ist. Das Gericht lässt sich auch aus Rindfleisch, Hammelfleisch oder Pferdefleisch zubereiten. Dazu passt gekochter Reis.

Beljaschi (Fleischpiroggen)

Zutaten:

40 Gramm tierisches Fett zum Braten • 200 Gramm Weizenmehl
30 Milliliter Milch • 5 Gramm Hefe • 5 Gramm Zucker • Salz • 250 Gramm
Rindfleisch, ohne Knochen, möglichst fett • 50 Gramm Zwiebeln
40 Milliliter Wasser • 1 Gramm gemahlener Schwarzer Pfeffer

Zubereitung:

Aus Mehl, Milch, Hefe, Zucker und Salz einen Sauerteig kneten, ausrollen und Fladen formen. Rindfleisch waschen, zusammen mit den Zwiebeln durch den Fleischwolf drehen, Salz, Pfeffer und das Wasser hinzufügen und umrühren. In die Mitte jedes Fladens etwas Füllung geben, die Ränder fest zusammendrücken, den Teigstücken eine flache Form verleihen und in Fett braten.

Die Teigtaschen der Chakassen, die die Größe eines Handtellers haben können, heißen Manty. Sie werden in Dampf gegart.

Manty mit Hammelfleisch

Zutaten:
Für den Teig:
200 Gramm Weizenmehl • 30 Milliliter Milch • Salz
Für die Füllung:
400 Gramm Hammelfleisch, ohne Knochen, möglichst fett
150 Gramm Zwiebeln • 50 Milliliter Weinessig • 100 Milliliter Bouillon
1 Gramm Paprikapulver • Salz

Zubereitung:

Aus Mehl, Milch und Salz einen festen ungesäuerten Teig kneten, in dünne runde Fladen ausrollen, und zwar so, dass die Ränder dünner sind, als die Mitte. Hammelfleisch waschen, in kleine Würfel schneiden und mit den geschälten und fein gehackten Zwiebeln mischen, mit ein wenig kaltem Wasser auffüllen und Salz und Pfeffer hinzufügen. Diese Füllung in die Mitte eines jeden Fladens geben, die Ränder fest zusammendrücken. Die Manty werden 30 Minuten über Dampf gegart. Sie werden mit Essig gereicht und mit Bouillon begossen. Man kann Manty auch mit einer Füllung aus Kürbis und Zucker zubereiten. Dann wird Smetana dazu gereicht.

Balisch (Pirogge mit Hammel und Huhn)

Zutaten:
Fleischbouillon • 15 Milliliter Pflanzenöl
Für den Teig:
300 Gramm Weizenmehl • 90 Gramm Smetana (Schmand)
60 Gramm Öl • 15 Gramm Zucker • 1 Ei • Salz
Für die Füllung:
350 Gramm Hammelfleisch ohne Knochen • 300 Gramm Hähnchenbrustfilet
(gekocht) • 50 Gramm Reis • 60 Gramm Zwiebeln
1 Gramm gemahlener Schwarzer Pfeffer • Salz

Zubereitung:
Hammelfleisch waschen, in Würfel schneiden, mit dem eingeweichten Reis, den fein gehackten Zwiebeln, Salz und Pfeffer vermischen. Falls nötig, etwas Bouillon hinzugeben. Nun Smetana mit Öl mischen, Salz, Zucker, Mehl und Ei hinzufügen, einen lockeren Teig kneten und in zwei Schichten mit je einer Dicke von 1 Zentimeter ausrollen. Eine Schicht Teig auf das gefettete Backblech legen, die Fleischmasse gleichmäßig darauf verteilen, zuoberst das dünn geschnittene Hähnchenbrustfilet geben. Mit der zweiten Teigschicht abdecken. Die Ränder zusammendrücken, bei mäßiger Hitze im Backofen backen. Die Pirogge muss heiß gegessen werden.

Baursak (Frittierte Kügelchen)

Zutaten:

150 Gramm Weizenmehl • 2 Gramm Hefe • 10 Gramm Zucker
40 Milliliter Wasser • 30 Gramm Fett • 15 Gramm frischer Dill und Petersilie
2 Gramm Salz

Zubereitung:

Aus Mehl, Hefe, Wasser, Salz und Zucker einen Teig zubereiten. Eine Rolle formen, diese sorgfältig in kleine Scheiben schneiden und aus den Scheiben Kügelchen formen. Die Kügelchen in heißem Fett braten. Vor dem Servieren die Baursak mit fein gehacktem Dill und Petersilie bestreuen.

Datelman-Nudeln

Zutaten:

850 Gramm Rindfleisch • 35 Milliliter Pflanzenöl • 60 Gramm Zwiebeln
100 Milliliter Bouillon • 3 Gramm zerdrückter Knoblauch
2 Gramm Paprikapulver • 50 Milliliter Essig • Salz

Für den Teig:

400 Gramm Weizenmehl • 200 Milliliter Wasser • 6 Gramm Speisesoda
6 Milliliter Pflanzenöl

Wer den Freund in trüben Tagen verlässt, hat sich
für immer in Verruf gebracht.

Ein Mann, der lügt, kann auch stehlen.

Sprichworte der Chakassen

Zubereitung:

Aus Mehl und Wasser einen Teig kneten, 3 bis 4 Stunden ruhen lassen, dann noch einmal durchkneten und die Oberfläche mit einer Sodalösung bestreichen. Wenn der Teig zu gehen beginnt, noch einmal durchkneten, wieder mit der Sodalösung befeuchten und zu einer langen Rolle formen. Die Rolle an den Enden aufnehmen und auseinander ziehen, den Prozess so lange wiederholen, bis ein gleichmäßiges langes Band entstanden ist. Daraus die Nudeln mit einer Größe von 2 mal 1,5 Zentimetern schneiden und in Salzwasser kochen, in einem Sieb abgießen, mit Pflanzenöl vermischen. Rindfleisch waschen, in kleine Stücke schneiden, in Öl zusammen mit den fein gehackten Zwiebeln anbraten, salzen, gemahlene rote Paprika und zerdrückten Knoblauch hinzugeben, Essig und Bouillon zugießen und alles dünsten, bis es gar ist. Vor dem Servieren die Nudeln erwärmen und in einen tiefen Servierteller legen, darauf die Rindfleischstücke geben und dann alles mit dem Fett beträufeln, das beim Braten des Fleischs ausgetreten ist.

Blini mit Pfifferlingen

Zutaten:

200 Gramm Pfifferlinge • 100 Gramm Smetana (Schmand)
50 Gramm Zedernkerne • 1 Esslöffel frischer gehackter Dill
10 Stängel Frühlingslauch • Teig für Blini

Zubereitung:

Dünne Blini backen. Die Pfifferlinge mit Smetana und Dill anbraten, die Zedernkerne hinzufügen, diese Masse auf die Blini legen. Die Blini an den Rändern aufnehmen und mit einem Stängel Frühlingslauch zusammenbinden, dabei versuchen, dem Gebilde die Form eines Säckchens zu geben. Sofort servieren.

Kwas aus Roter Bete

Zutaten:

2 Kilogramm Rote Bete • 1 Messerspitze Zitronensäure • 30 Gramm Hefe
500 Gramm Zucker • 4 Liter Wasser • Roggenbrot • Salz

Zubereitung:

Die gewaschene Rote Bete reiben, mit abgekochtem lauwarmem Wasser begießen. Den Zucker, die Zitronensäure und die in Wasser aufgelöste Hefe hinzufügen, alles gut umrühren und zum Schluss das Brot hineingeben. Wenn der Ansatz zu brodeln beginnt, abseihen, in Flaschen füllen, fest verschließen und für 24 Stunden an einem kühlen Ort lagern. Nach weiteren 24 Stunden können Sie den Kwas genießen.

Mors aus Schneeballstrauchbeeren

Zutaten:

500 Milliliter Wasser • 400 Gramm Beeren des Schneeballstrauchs
300 Gramm Zucker

Zubereitung:

Beeren sorgfältig waschen, die Stiele entfernen, die Beeren durch ein Sieb drücken. Das Beerenpüree mit gekochtem kaltem Wasser ansetzen, Zucker hinzufügen und aufkochen lassen. Sofort vom Herd nehmen, abseihen und abkühlen lassen.

Grüner Tee mit Kondensmilch

Zutaten:

15 Gramm zu Plättchen gepresster Grüner Tee • 500 Milliliter Wasser
25 Milliliter Kondensmilch • 5 Gramm Butter • Zucker • Salz

Zubereitung:

Den in Plättchen gepressten Grünen Tee leicht im warmen Backofen anwärmen. Dann mit 500 Milliliter kochendem Wasser aufgießen und 1 bis 2 Minuten kochen. Durch ein Sieb abgießen, mit der warmen Kondensmilch, Butter,
Zucker und Salz verfeinern.

Die Küche der Nganasanen

Die Nganasanen sind das kleinste Volk unter den indigenen Völkern, die die Tundra der Taimyr-Halbinsel bewohnen. Nach Angaben der letzten Allrussischen Volkszählung des Jahres 2010 zählte das Volk noch 862 Angehörige. Die Ethnie heißt erst seit den 1930-er Jahren Nganasan, zuvor nannte man sie Samojeden.

Einst hatte ich das Glück, einem Festmahl der Nganasanen auf Taimyr beiwohnen zu dürfen. Es war das interessanteste Fest, das ich je erlebt habe. Alle Gäste traten der Reihe nach mit einem Lied auf, und in diesen Gesängen erzählten sie über die Ereignisse und Neuigkeiten in ihrem Leben. Ich kenne kein anderes Volk, das einen solchen Brauch pflegt.

Sobald ein Nganasan spürt, dass er erwachsen wird, verfasst er sein eigenes Lied. Das heißt, er schafft sein eigenes Lied, das in der Sprache der Nganasanen „Ngonana baly" genannt wird. In dieses Lied fließt alles ein, was die Welt über ihn wissen muss. Die Melodie bleibt im Lauf seines ganzen Lebens unverändert und ist abgestimmt auf die melodischen Traditionen seiner Familie. Der Text jedoch geht auf die Ereignisse im Leben des konkreten Menschen ein. Er ändert sich, wird umfangreicher im Lauf der Zeit und wird dem Anlass und der Stimmung des Vortrags angepasst. Nebenbei bemerkt, diese Lieder werden nicht nur in Gesellschaft gesungen, sondern die Nganasanen singen sie auch für sich selbst, bei der Arbeit, beim Ausbessern der Fischernetze, beim Sticken eines Ornaments auf ein neues Kleidungsstück oder beim Zubereiten des Essens. Bei einer neuen Bekanntschaft oder nach einer langen Trennung wird mit besonders viel Gefühl gesungen.

Diese Tradition der Nganasanen hat mich schwer beeindruckt. Anstelle der üblichen Unterhaltungen singen die Menschen bei einer Zusammenkunft. Ich war damals Gast bei einem Geburtstag in Dudinka, da saßen junge und alte Nganasanen nebeneinander und sangen, sangen der Reihe nach und tauschten auf diese Weise ihre Neuigkeiten aus. Einer Großmutter gelang es, in ihrem Lied alle ihre Kinder und Enkel unterzubringen. Für mich übersetzte die Texte ein junger, nganasanischer Künstler, der das traditionelle Handwerk des Knochenschnitzens im Haus der Volkskunst in Dudinka ausübte. Er war es übrigens auch, der mich zu diesem Familienfest eingeladen hatte, dem runden Geburtstag seines Großvaters. Der junge Knochenschnitzmeister hatte in Norilsk die Kunstschule absolviert. Als er mir das Lied seines Großvaters übersetzte, gefielen mir besonders die Verschmitztheit und der Humor. Und so begann dieses Lied:

Dir Dank dafür, mein Organismus,
dass du mit Siebzig dir den Geist
erhalten hast des Optimismus
und dich des Lebens freust.
Ich grüße dich, Kopf – du wirst nicht müd,
im wirren Wechselspiel des Lebens
zu suchen Wort und Klang fürs Lied,
auch wenn manchmal vergebens.
Euch, Armen, Beinen, Bauch und Brüste
samt dem, was in euch pulst, mit Lust
sich reckt nach außen – hier
und heute meinen Gruß und Dank!
Ich wünsch euch, noch zig Jahre lang
zu leben – wie auch mir!

Das Lied des Jubilars war damit nicht zu Ende, er sang noch weiter, über seine Familie, seine Enkel, aber der Beginn des Liedes hat sich mir besonders eingeprägt. Was wurde bei der Jubiläumsfeier aufgetragen? Es gibt bei den Nganasanen ein sehr passendes Sprichwort: „Mit leerem Magen ist schlecht singen."

Und die Gäste wurden von ganzem Herzen bewirtet: mit der berühmten Stroganina, mit kalt geräucherter Ente, mit Fladen nach Art der Nganasanen, aber auch mit modernen Gerichten wie Taimyr-Fischeintopf, Kalbfleisch in Milch, geschmorter Rentierbraten mit Kartoffeln, Salat aus Sterlet, Gemüse und Beeren, und zum Dessert gab es einen großen Kuchen mit Beeren und Honig. Der Zauber dieses Festmahls lag in den Liedern, in der Offenheit der Menschen und in ihrem Humor sowie im vorzüglichen Essen.

Wenn du auf die Taimyr-Halbinsel kommst, fühlst du dich schon am Ende des zweiten Tages wie ein Einheimischer. Sich nicht als Tourist zu fühlen, sondern als ein Zugehöriger, wenn auch nur für kurze Zeit, gelingt nur in den kleinen sibirischen Städtchen und Dörfern, in denen die patriarchale Lebensweise und auch die Art und Weise des Kochens erhalten geblieben sind. Im Unterschied zu den großen Städten, wo jeder für sich selbst lebt, ist das Gemeinschaftsgefühl sehr stark ausgeprägt, und ein Ankömmling wird einfach in das Alltagsleben einbezogen. Dessen muss man sich sehr bewusst sein. Doch das ist ja auch das Ziel einer solchen Reise zu einem Volk mit seltenen Bräuchen und Traditionen.

Wenn Sie auf die Taimyr-Halbinsel kommen, versäumen Sie nicht, in der Hauptstadt Dudinka am Arktischen Staatlichen Kunstinstitut vorbeizuschauen, denn dort arbeitet Professor Oxana Dobschanskaja, die größte Kennerin der Musikkultur der Nganasanen weltweit. Und nicht nur ihrer Festlieder, sondern auch der Schamanenlieder. Sie kann Ihnen einmalige Tonaufnahmen vorspielen, nganasanische Lieder, die sie selbst bei ihren Feldstudien in der Tundra aufgezeichnet hat.

> **In einen Tschum, in dem nur Kinder und Frauen leben,
> muss man Produkte bringen**
>
> Sprichworte der Nganasanen

Und wenn Sie Glück haben und zu einem Fest der Nganasanen eingeladen werden, dann entspannen Sie sich, genießen Sie einfach den Gesang der Gastgeber und die gute Küche. Wie es auf Taimyr heißt: „Das ist etwas für einen hohlen Zahn!"

Besonders spannend ist es, das internationale Festival „Faszination Taimyr" zu erleben, das alle drei Jahre in Dudinka gefeiert wird. Dann stehen am Ufer des Jenissei fünf festlich geschmückte Tschume. In diesen fünf Zelte stellen sich die fünf Völker des Nordens – die Dolganen, Nganasanen, Nenzen, Enzen und Ewenken – vor. Traditionell wird im Laufe des Festivals ein riesiges Feuer entzündet, um das die jungen Nenzinnen des Tanzensembles „Taimyr" ihre Tänze vorführen. Und immer gibt es eine Schurpa aus Rentierfleisch und einen Nachtisch aus Tundrabeeren.

Auf diesem Festival kann man allerlei Lieblingsgerichte des Hohen Nordens kosten. Weil man jedoch seine Kraft für den Besuch aller fünf Zelte einteilen muss, dabei aber alles gern probieren will, kann man durchaus auch etwas für später kaufen und nach Hause mitnehmen. Und vielleicht seine Freunde mit geräuchertem Rentierfleisch, Zedernkernen und Preiselbeerkonfitüre bewirten.

Salat aus geräuchertem Rentierfleisch

Zutaten:
200 Gramm geräuchertes Rentierfleisch • 3 Eier • 1 Möhre
3 Esslöffel Grüne Erbsen • 30 Gramm geschälte Zedernkerne
150 Gramm Mayonnaise • frische Petersilie • Salz
Zubereitung:
Die Möhre putzen und in Salzwasser gar kochen, abkühlen lassen, in Stifte schneiden. Die Eier hart kochen, abkühlen lassen und in kleine Würfel schneiden. Das geräucherte Rentierfleisch klein schneiden. Die Zutaten miteinander

vermengen, die Zedernkerne und die gehackte frische Petersilie hinzugeben. Mit der Mayonnaise würzen, salzen und noch einmal umrühren.

Salat aus Sterlet, Gemüse, Früchten und Beeren

Zutaten:
250 Gramm Sterlet • 25 Gramm Kartoffeln • 200 Gramm Gurke
1 Ei • 50 Gramm Äpfel • 30 Gramm Moosbeeren
100 Milliliter Smetana (Schmand) • Zucker • Gewürze • Salz
Zubereitung:
Kartoffeln waschen, in der Schale kochen, pellen und wie die gewaschene Gurke in feine Scheiben schneiden. Äpfel sorgfältig waschen, schälen, das Kerngehäuse entfernen, den Apfel in Spalten schneiden. Das Ei hart kochen, abkühlen lassen, pellen und in Scheiben schneiden. Den vorbereiteten Sterlet mit einer kleinen Menge Salzwasser mit Gewürzen ansetzen, abkühlen lassen, die Filets herauslösen und in Streifen schneiden. Die vorbereiteten Zutaten mischen, die gewaschenen Moosbeeren hinzugeben, mit Salz, Zucker und Gewürzen abschmecken, mit Smetana übergießen und alles hübsch in einer Salatschüssel anrichten.

Taimyr-Fischeintopf

Zutaten:
3 Zwiebeln • Butter • 1 Kilogramm gemischtes Gemüse
1 Liter Fleischbrühe • 800 Gramm Fischfilet • Zitrone • Weißwein
Tabasco • Salz Pfeffer • Speckwürfel
Zubereitung:
Die Zwiebeln in Ringe schneiden und in Butter goldgelb anbraten. Das gemischte Gemüse in Würfel schneiden und in den Topf geben. Kurz anbraten,

dann mit der Fleischbrühe löschen und 20 Minuten kochen. Das Fischfilet vorbereiten, das heißt säubern, säuern, stehen lassen, salzen. Anschließend das Filet in Würfel schneiden und 15 Minuten in der Brühe ziehen lassen. Übrigens kann man auch geräucherten Fisch nehmen. Mit Zitrone, Weißwein, Tabasco, Salz und Pfeffer abschmecken. Die Speckwürfel auslassen und kurz vor dem Servieren zugeben. Zu diesem leckeren Fischeintopf passt Reis.

Geschmortes Rentierfleisch mit Kartoffeln

Zutaten:

800 Gramm Rentierfleisch (Bruststück) • 300 Gramm Kartoffeln
100 Gramm Zwiebeln • 20 Gramm Fett • 100 Gramm Preiselbeeren oder
Moosbeeren • 10 Gramm frische Petersilie • 1 Lorbeerblatt • 1 Gramm
gemahlener Schwarzer Pfeffer • Salz

Zubereitung:

Das Rentierfleisch waschen, mit den Knochen in Stücke zerteilen, dann in einen gefetteten Topf legen, salzen und in den auf mittlere Temperatur vorgeheizten Backofen stellen. Im eigenen Saft schmoren lassen, bis es halb gar ist. Die Kartoffeln putzen, waschen, in dicke Scheiben schneiden. Zwiebel putzen, waschen und fein hacken. Kartoffeln und Zwiebeln in den Topf mit dem Rentierfleisch geben. Nun die Preiselbeeren oder Moosbeeren waschen, in einen Durchschlag schütten und durch ein Sieb passieren. Den Saft in den Topf mit

Den Geschwätzigen musst du fürchten, wie das Ren den Wolf.

**Am Feuer der Kameraden ist es wärmer, als
bei den Feinden an der Brandstätte.**

Sprichworte der Nganasanen

dem Rentierfleisch geben. Nach 10 bis 12 Minuten das ausgedrückte Beeren-
mus hinzufügen. Pfeffer, Salz, Lorbeerblatt, die gewaschene und fein gehackte Petersilie hinzugeben und dünsten, bis alles gar ist.

Nganasaner Fladen mit Kürbis

Zutaten:
Für die Füllung:
700 Gramm Kürbisfleisch • 200 Gramm Zwiebeln
1 Teelöffel Zucker (oder nach Geschmack) • 2 Esslöffel Pflanzenöl
1 Teelöffel Salz • 2 Prisen Schwarzer Pfeffer
Für den Teig:
2,5 Glas Mehl • 180 Milliliter Wasser • 3 Esslöffel Öl • ¼ Teelöffel Salz

Zubereitung:
Den Kürbis von den Kernen befreien und in kleine Würfel schneiden, die
nicht größer als 6 Millimeter sein sollten. Die Zwiebeln sehr fein in Ringe
oder Viertelringe schneiden und in der Pfanne in etwas Öl anschwitzen. Sobald sie glasig werden und ihren Duft entfalten, den geschnittenen Kürbis
hinzugeben. Die Füllung nicht länger als 5 Minuten anbraten, dabei umrühren, der Geschmack von Zwiebel und Kürbis soll sich vermischen. Dabei kann
der Kürbis ruhig noch etwas bissfest sein. Salz und Zucker hinzufügen, pfeffern und alles gut umrühren. Das Mehl mit Wasser und Öl mischen, salzen
und einen Teig kneten. Er sollte weich und gut formbar sein. Den Teig mit einem Teller abdecken und 15 Minuten ruhen lassen. Den Teig in eine gerade
Anzahl kleiner Kugeln gleicher Größe teilen. Die Kugeln zu Fladen ausrollen.
Jede Teigkugel so dünn wie möglich ausrollen. Am besten ist es, wenn man je
zwei Kügelchen gleichzeitig ausrollt. Dann den Vorgang wiederholen. Auf
den ausgerollten Teig die Kürbisfüllung legen, leicht verstreichen. Mit dem
zweiten Fladen abdecken. Die Ränder fest aneinander pressen, es dürfen in-

nen keine Luftblasen bleiben, da die Fladen sich beim Braten sonst aufblähen und platzen. Damit ein gleichmäßiges Oval entsteht, den Rand des Teigs mit einem Musterrädchen abschneiden. Nun den Fladen von beiden Seiten anbraten, bis er goldbraun wird. Eine Pfanne mit dickem Boden eignet sich dafür am besten. Die heißen Fladen auf einen Stapel legen und nach Wunsch mit Butter bestreichen. Zum Tee servieren.

Karawai

Im europäischen Teil Russlands ist das Karawai ein rundes oder ovales Brot, das zum Erntedankfest gebacken wird. Es ist fantasievoll mit Teigornamenten oder ganzen Bildern aus Teig verziert. Im Hohen Norden geben Moos- oder Preiselbeeren dem Gebäck einen ungewöhnlichen Geschmack.

Karawai mit Beeren und Honig

Zutaten:
500 Gramm Hafer-, Gersten- oder Weizenmehl • 60 Milliliter Wasser
160 Gramm Honig • 50 Gramm Margarine • 1 Ei • 80 Milliliter Milch
30 Gramm Moosbeeren oder Preiselbeeren • 12 Gramm Hefe
10 Gramm Fett (zum Einfetten des Backblechs) • 6 Gramm Salz
Gewürze nach Belieben

Zubereitung:
Aus Mehl, Wasser, Hefe, Ei, Margarine und Milch einen Hefeteig zubereiten. Dann die gewaschenen Beeren, ein Drittel des Honigs, Salz und Gewürze hin-

zugeben, alles sorgfältig verrühren. Aus dem Teig ein ovales Karawai formen, auf das gefettete Backblech legen und 10 bis 15 Minuten ruhen lassen. Dann mit dem übrigen Honig bestreichen und backen, bis das Brot fertig ist. Mit den Beeren hübsch dekorieren.

Getränk aus Zedernkernen

Zutaten für 1 Liter:
250 Gramm Zedernkerne • 850 Milliliter Milch • 120 Gramm Zucker
Zubereitung:
Die Zedernkerne fein zerstoßen. Den Zucker in der Milch auflösen, die Zedernkernmasse untermischen und alles auf kleiner Flamme 10 bis 15 Minuten kochen lassen. Kalt servieren.

Heilgetränk aus Kiefernnadeln

Zutaten für 1 Liter:
200 Gramm Kiefernnadeln • 40 Gramm Zucker • 1,1 Liter Wasser
2 Gramm Zitronensäure • 7 Gramm Aromaessenz
Zubereitung:
Die frischen grünen Kiefernnadeln gut in kaltem Wasser waschen. Dann in nicht zu großen Portionen in kochendes Wasser legen, möglichst so, dass das Wasser nicht aufhört zu sieden. Mit geschlossenem Deckel etwa 30 bis 40 Minuten kochen lassen. Den Sud schnell abseihen. In den Sud Zucker schütten, die aromatische Essenz und Zitronensäure, die zuvor im Verhältnis 1:20 in warmen Wasser aufgelöst wurde, hinzufügen und abkühlen lassen. Das Getränk kann höchstens 10 Stunden im Kühlschrank aufbewahrt werden.

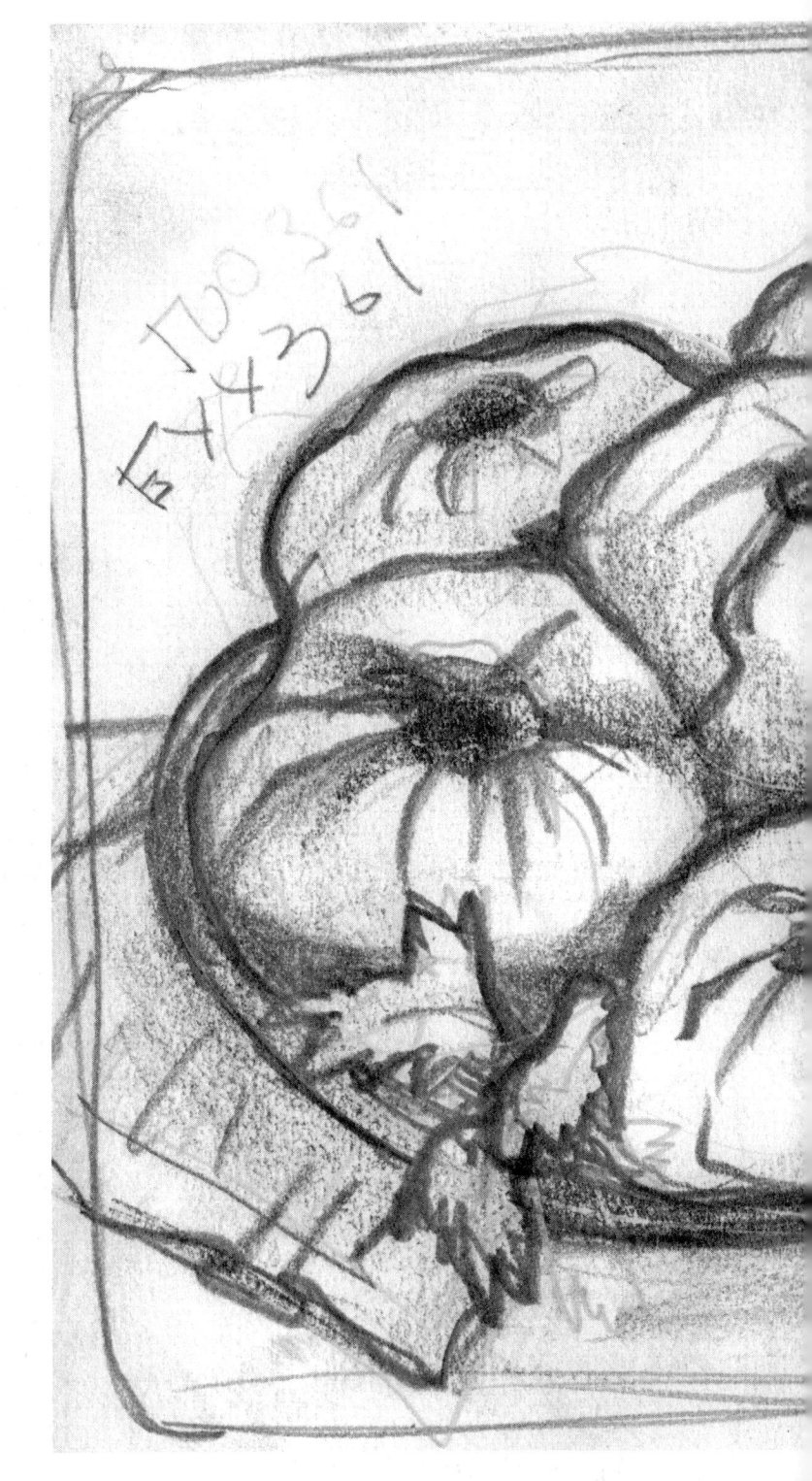

Die Küche der Burjaten

Im Südosten Sibiriens erstreckt sich auf einer Fläche von 351 300 Quadratkilometern die Republik Burjatien. Die Hauptstadt Ulan-Ude befindet sich östlich des Baikalsees. Von den 1 059 000 Einwohnern der Republik sind 249 500 Burjaten.

Einmal war ich Gast auf einer burjatischen Hochzeit. Es war eine traditionelle Hochzeit, mit all ihren alten Bräuchen. Mit der Zeremonie „Beri oruulcha" wird die Braut in das Haus des Bräutigams aufgenommen. Darauf folgt der Brauch „Schene gal gulamta nosoocho", das ist die Weihe der neuen Jurte. Der Bräutigam bringt aus der väterlichen Jurte einen brennenden Holzscheit und entfacht damit den neuen Herd. Die Braut spritzt ein wenig Bouillon oder Kumys in die Flammen. Der nächste Brauch heißt „Uche chachalcha": es ist das Kämmen der Braut. Die junge Frau darf nun eine Frisur tragen, die ausschließlich verheirateten Frauen vorbehalten ist. Dann folgt „Basaganai tuschaalga", dabei wird den neuen Verwandten der Braut und den Hochzeitsgästen die Mitgift der Braut gezeigt. Das ist meist Wäsche – Kissen, Tischdecken und Wolldecken – oder Kleidung, die von der jungen Frau eigenhändig bestickt oder mit Ornamenten verziert wurde. Und endlich der Höhepunkt: Bewirtung und Tanz. Das Leckerste aus der Reihe der Festgerichte waren für mich die Buusy, eine der beliebtesten Nationalspeisen der Burjaten. Sie werden auch Posy genannt.

Wie auch immer, die burjatischen Buusy werden aus Teig und einer Hackfleischfüllung – traditionell Hammelfleisch, aber auch Rindfleisch oder Schweine-Rindfleischmischung – hergestellt. Der Teig wird in Falten um die Füllung gelegt, oben bleibt eine Öffnung, aus der der Dampf austreten kann. Buusy lassen sich ganz schnell im Dampf in einem geschlossenen Topf zubereiten. Innen bleibt heißes geschmolzenes Fett des Fleisches, seien Sie also vorsichtig, wenn Sie zum ersten Mal einen Buusa probieren.

Jedes Jahr zum Sommerausklang findet auf dem Theaterplatz in der burjatischen Hauptstadt Ulan-Ude die Meisterschaft im Buusy-Schnellessen statt. Im Jahr 2015 siegte in dieser Disziplin der 25-jährige Burjate Alamschi Sandanow, dem es gelang, in drei Minuten elf Stück dieser Köstlichkeiten zu verschlingen. Die Jury ermittelte zudem den ältesten, den jüngsten, den schlankesten, den hochgewachsensten, den kleinsten, den fröhlichsten und den zielstrebigsten Buusy-Esser.

Gut kann ich mich auch noch an Tarasun erinnern, ein anregendes alkoholisches Getränk aus Milch, das einen ganz speziellen Geruch hat, und an das Hochzeitssalamat, ein Milcherzeugnis, das aus bester Smetana auf dem Feuer zubereitet wird. Wenn die Smetana zu kochen beginnt, gibt man Salz, Bauchfett, Mehl und kaltes Wasser hinzu.

Burjatische Buusy

Zutaten:

850 Gramm Hammelfleisch • 220 Gramm Bauchspeck • 3 Zwiebeln
Salz • Pfeffer
Für den Teig:
350 Gramm Mehl • 2 bis 3 Eier • 30 bis 60 Milliliter Wasser • Salz

Zubereitung:

Das Hammelfleisch ohne Knochen mit einem großen Messer auf einem hölzernen Hackstock fein hacken, man kann es nötigenfalls auch durch den Fleischwolf mit großem Aufsatz drehen. Nun klein geschnittenen Bauchspeck und gehackte Zwiebeln sowie Salz und Pfeffer hinzugeben, alle Zutaten verkneten. Aus Mehl, Eiern, Wasser und Salz einen Teig zubereiten. Den fertigen Teig zu einer fingerdicken Wurst rollen, 2 bis 4 Zentimeter dicke Stücke abschneiden. Diese zu Kreisen mit einem Durchmesser von etwa 8 Zentimetern und einer Dicke von 3 Millimetern ausrollen. Die Ränder der Kreise sollten dünner sein, als die Mitte. Nun in die Mitte des Handtellers einen Teigkreis legen, darauf 1 Esslöffel Hackfleischfüllung setzen und den Teigrand zusammendrücken. Dafür mit Daumen und Zeigefinger den Teig am Rand aufnehmen und unter vorsichtigem Falten zusammenlegen, und zwar so, dass 8 bis 10 Falten entstehen. In der Mitte eine kleine Öffnung lassen, durch die der Dampf entweichen kann. Für eine Buusa wird mit 20 Gramm Teig und 50 Gramm Füllung gerechnet. Die Buusy im Dampf etwa 18 bis 20 Minuten garen. Die Burjaten verwenden für das Garen einen speziellen Topf.

Ich war häufig am Baikalsee, und auf meinen Reisen gelangte ich auch in den Iwolginsker Dazan, das berühmteste buddhistische Kloster der Burjaten. Die Burjaten sind Buddhisten. Einer der Lama-Mönche empfing an diesem Tag Kranke und empfahl ihnen Wege zur Genesung. Mich faszinierten besonders seine Worte über die Ursachen der gesundheitlichen Probleme der modernen Menschen. Diese seien verbunden mit einer so genannten Verschlackung des Organismus. Das unruhige Leben in den Städten, häufige Ortswechsel, Stress und falsche Ernährung führen dazu, dass der Mensch seine Energie verliert Speziell für solche Fälle wird in Burjatien eine Entgiftungskur angeboten, bei der die Schadstoffe aus dem Organismus gespült werden. Man trinkt Heilkräutertee, der mit Honig örtlicher Produktion gesüßt ist, isst besondere Gerichte der burjatischen Küche, genießt Heilbäder in Holzzubern unter Zusatz von Maralhornessenz und atmet dabei die heilkräftige Luft Burjatiens ein. Eine solche Kur soll das Leben um ein ganzes Jahr verlängern.

In Aarsan ist gute Säure, im Wodka Kraft.

Tee mit Milch – für den Freund.

Sprichworte der Burjaten

Das Essen der Burjaten ist in der Regel einfach in der Zubereitung, nahrhaft und sehr lecker. Es überwiegen Fleisch- und Milchgerichte. Wenn sie bei einem Familienfest oder einem Volksfest eingeladen sind, lernen sie auch die volkstümliche musikalische Tradition kennen, denn zum Essen wird gern auf Volksinstrumenten musiziert, leicht und rhythmisch.

Dieser Stil wurde, so schien mir, extra für den perlenden und nur leicht alkoholischen Kumys erfunden. Und so gut passt die burjatische Musik zu den burjatischen Speisen. Man schlürft den Kumys aus kleinen Schälchen, lauscht der Musik und erwartet den Hauptgang, ein Fleischgericht, und ganz sicher wird dazu luftig-leichtes Kartoffelpüree, Salat oder Nudeln gereicht. Und das Dessert hat man auch noch vor sich. Vielleicht ist das ein wenig zu viel, aber schließlich ist das Burjatien. Und die Diät kann später kommen ...

Schulep (Suppe mit Nudeln)

Zutaten:

500 Gramm Bruststück vom Hammel mit Knochen • 2 bis 3 Liter Wasser
160 Gramm Weizenmehl • 1 Ei • 120 Gramm Zwiebeln • 50 Gramm Möhren
25 Gramm Petersilienwurzel • 10 Gramm frischer Dill • Pfeffer • Salz

Zubereitung:

Die Hammelbrust waschen, in Stücke von je 30 bis 40 Gramm hacken, mit 2 bis 3 Litern kaltem Wasser aufsetzen und bei schwacher Hitze köcheln lassen, bis das Fleisch halb gar ist. Dann die geputzten, sorgfältig gewaschenen und in Stifte geschnittenen Möhren, Petersilienwurzel und Zwiebeln hinzugeben, weiter kochen lassen. Aus Mehl, Eiern und einer kleinen Menge Wasser einen festen Teig kneten, dünn ausrollen, Nudeln daraus schneiden. Die Nudeln in kochendem Salzwasser so lange garen, bis sie fast weich sind, dann mit einer Schaumkelle in die Suppe geben. Die Suppe salzen, pfeffern und 10 Minuten kochen lassen. Vor dem Servieren mit frischem Dill bestreuen.

Kespe (Rindfleischsuppe)

Zutaten:

200 Gramm Rindfleisch (ohne Knochen) • 1,5 Liter Wasser
150 Gramm Weizenmehl • 1 Ei • 80 Gramm Möhren • 60 Gramm Zwiebeln
40 Gramm tierisches Fett • 20 Gramm frischer Dill und Petersilie
Pfeffer • Salz

Zubereitung:

Rindfleisch waschen, in kleine Stücke schneiden, mit Wasser bedecken (1 bis 1,5 Liter) und zum Kochen aufsetzen. Kochen lassen, bis das Fleisch fast gar ist. In die kochende Bouillon die Hälfte der geschälten, fein geschnittenen und in etwas Fett angebratenen Möhren geben. Aus dem Mehl, den Eiern, dem restlichen Fett und einer kleinen Menge Wasser einen festen Teig herstellen, ausrollen und sorgfältig zu Nudeln zerschneiden. Die Nudeln in der Backröhre trocknen lassen und dann in die Suppe geben, alles kochen, bis die Nudeln weich sind. Etwa 5 Minuten vor Fertigstellung die fein geschnittenen Zwiebeln und die restliche Möhren in die Suppe geben, pfeffern, salzen. Vor dem Servieren mit frischem Dill und Petersilie bestreuen.

Blutwurst nach Art der Burjaten

Zutaten:

400 Gramm Naturdärme • 1,2 Liter Rinderblut • 30 Milliliter Milch
30 Gramm Schweineschmalz • 50 Gramm Zwiebeln • 1 Lorbeerblatt
1 Gramm gemahlener Weißer Pfeffer • 1 Gramm Paprikapulver
1 Gramm gemahlener Schwarzer Pfeffer • Salz

Zubereitung:

Die Därme sorgfältig waschen, nach links drehen, sauber abkratzen und wieder waschen. Das mit Milch gemischte Rinderblut, die fein gehackten und in

Schweineschmalz glasig gebratenen Zwiebeln, Pfeffer, Salz und zerkleinertes Lorbeerblatt vermischen. In die Därme geben, die offenen Enden der Därme sorgfältig mit Küchengarn abbinden und die Wurst 20 Minuten lang kochen. Vor dem Servieren abkühlen lassen und in Scheiben schneiden. Brot, Meerrettichsauce und Senf dazu reichen.

Rindfleischwurst

Zutaten:
300 Gramm Naturdärme • 800 Gramm Rindfleisch (ohne Knochen)
200 Gramm Rinderfett • 100 Gramm Zwiebeln • 15 Gramm Weizenmehl
130 Milliliter Milch oder Wasser • 3 Gramm zerstoßener Ingwer
Pfeffer • Salz

Zubereitung:
Die Därme sorgfältig waschen, auf die Innenseite drehen, sauber abkratzen und wieder waschen. Rindfleisch waschen, durch den kleinen Aufsatz des Fleischwolfs drehen, gleich darauf die geschälten, grob geschnittenen Zwiebeln und das Rinderfett durch den Fleischwolf drehen, dann Mehl, Milch oder Wasser, Ingwer, Pfeffer und Salz zur Fleisch-Zwiebel-Masse hinzugeben, alles gut vermengen. Die Füllung in die Därme füllen und alle 10 bis 15 Zentimeter abschnüren. Die offenen Enden der Därme zuschnüren. Die Würste 20 bis 25 Minuten brühen. In Scheiben schneiden und heiß servieren.

Faulbeeren mit geschlagener Smetana

Zutaten:

5 Gramm gemahlene Tscherjomucha (Faulbeeren) • 500 Milliliter Wasser
15 Gramm Zucker • 40 Gramm Smetana (Schmand)

Zubereitung:

Die gemahlenen Faulbeeren wie Tee mit 500 Milliliter kochendem Wasser aufgießen, dann abseihen, Zucker hinzufügen. Mit der aufgeschlagenen Smetana servieren.

Offene Pirogge mit Kartoffeln

Zutaten:

1 Kilogramm fertiger Hefeteig
Füllung:
5 bis 7 Kartoffeln • ½ Glas Milch • 1 Ei • ¼ Glas Smetana (Schmand)
2 bis 3 Esslöffel Butter • Salz • gemahlener Schwarzer Pfeffer
Zwiebeln nach Wunsch

Zubereitung:

Den Teig einige Stunden an einem warmen Ort aufbewahren. Wenn er anfängt zu gehen, noch einmal gut durchkneten, in Kugeln teilen und diese zu Fladen ausrollen. Kartoffeln schälen, waschen, kochen, sorgfältig zerdrücken, bis sie püreeartig sind, dann mit heißer Milch aufschlagen und mit Salz und Gewürzen abschmecken. Ein Ei in eine Schüssel schlagen, die Smetana hinzugeben, aufschlagen. In die Mitte eines jeden Fladen Kartoffelbrei geben, die Ränder hochziehen, die Oberfläche glätten und mit dem mit Smetana verrührten Ei bestreichen. Die Piroggen auf ein gefettetes Backblech legen und im vorgeheizten Ofen bei 200 bis 220° Celsius backen. Vor dem Servieren mit Butter bestreichen.

Burjatischer Tee

Es gibt wenige nationale Lieblingsgerichte auf der Welt, denen zu Ehren ein ganzes Fest ausgerichtet wird. Der burjatische Tee gleicht eher einer Suppe als dem Getränk, das wir als Tee kennen. Ihn richtig zuzubereiten und zu servieren, ist eine hohe Kunst. In diesen Tee gehört Salz, Pfeffer, Lorbeerblatt, Milch und in Butter zerdrückte Muskatnuss. Während des Kochens wird der Tee sorgfältig mit einer Schöpfkelle umgerührt.

Es existieren sehr viele burjatische Teerezepte aus verschiedensten Zutaten. Eine Mischung aus grünem und schwarzem Tee wird mit verschiedenen Kräutern in kleine Tafeln gepresst. Für die Zubereitung von Tee wird Kuhmilch ebenso verwendet wie Stuten-, Ziegen- oder Schafsmilch, sogar Kamelstutenmilch ist gebräuchlich. Butter wird oft durch Hammelfett ersetzt.

Das gut durchgezogene aromatische Getränk hebt die Stimmung, wärmt von innen und stillt für lange Zeit Hunger und Durst. Es war das ideale Nahrungsmittel für die einst nomadisierenden Burjaten, die lange Zeit im Sattel zubrachten. Den heutigen Zeitgenossen hilft der Tee, Gewicht zu reduzieren, er lindert Beschwerden als Folge von durchzechten Nächten und von Herz-Kreislauf-Erkrankungen. In der burjatischen Volksmedizin wird Tee gegen Diabetes eingesetzt.

Sind Gäste im Haus, wird der Tee in ihrem Beisein aufgebrüht. Übrigens haben die ehemals nomadisierenden Burjaten seit alters her am Morgen Tee getrunken, den sie bereits am Vorabend aufgesetzt hatten, um vor der weiten Tagesreise munter zu werden. Alle Bewegungen werden während der Teezeremonie – der Zubereitung und des Teetrinkens – von links nach rechts ausgeführt, dies soll den Weg der Sonne nachzeichnen. Der erste Tee wird dem Burchan, dem Hauptgott der Burjaten, dargereicht. Der Tee wird in eine besondere Opferschale gegossen und auf den Hausaltar gestellt.

Der Tee wird nicht aus Tassen getrunken, sondern aus kleinen henkellosen Schälchen, Piala genannt. Das erste Schälchen reicht man dem Ältesten am Tisch. Der Hausherr hält die Piala in Höhe der Brust und äußert damit seine Achtung vor dem Gast. Man nimmt das Schälchen mit beiden Händen entgegen, dabei führt man mit der rechten Hand eine Geste des Bespritzens aus und richtet dankende Worte an den Hausherrn und seine Familie.

Bei den Burjaten gilt es als ein gutes Omen, wenn zum Morgentee Gäste kommen. Denn bei den Burjaten heißt es: „Wer morgens Tee mit freundlichen Menschen trinkt, hat den ganzen Tag lang Erfolg."

Im Wald sind große und kleine Bäume, unter den Menschen sind gute und böse.

Wer den Morgentee mit freundlichen Menschen trinkt, ist am Tag erfolgreich.

Sprichworte der Burjaten

Gemüsesuppe nach Art der Burjaten

Zutaten:

150 Gramm Rinderbrust • 1 bis 1,5 Liter Wasser • 150 Gramm Kartoffeln
100 Gramm Rote Bete • 25 Gramm Möhren • 25 Gramm Zwiebeln
25 Gramm Weizengrieß • 100 Milliliter Sauermilch oder Kefir
15 Gramm Smetana (Schmand) • gemahlener Schwarzer Pfeffer
1 Lorbeerblatt • Salz • gehackte rohe Zwiebeln nach Geschmack

Zubereitung:

Die Rinderbrust waschen, in Stücke von je 40 bis 50 Gramm hacken, mit 1 bis 1,5 Liter kaltem Wasser ansetzen und 30 bis 40 Minuten kochen lassen. Dann in die Bouillon die gewaschenen Grießkörner sowie die geschälten und in dünne Scheiben geschnittenen Roten Bete, Möhren und Kartoffeln geben, 15 bis 20 Minuten kochen lassen. Etwa 5 Minuten vor Ende der Garzeit die Sauermilch beziehungsweise den Kefir unterrühren. Das Lorbeerblatt, gemahlenen Schwarzen Pfeffer und Salz hinzugeben. Man kann die Suppe gleich im Topf auf den Tisch bringen, traditionell wird sie in einem feuerfesten Tontopf zubereitet. Vor dem Servieren nach Wunsch mit ein wenig Smetana verfeinern und kräftig mit fein gehackter roher Zwiebel würzen.

In Brunnenwasser schwimmt kein Fisch, ein trockener Baum hat keine Blätter.

Der Arme wird immer helfen, die Waise immer mitfühlen

Ohne Wind schwankt der Baumwipfel nicht.

Sprichworte der Burjaten

Jola Kukan Jai (Kalbfleisch in Milch)

Zutaten:

300 Gramm Kalbfleisch (ohne Knochen) • 150 Milliliter Milch
25 Gramm frischer Dill und frische Petersilie • Gewürze nach Belieben • Salz

Zubereitung:

Kalbfleisch waschen, in Stücke von je 30 bis 40 Gramm schneiden, mit Salz und Gewürzen bestreuen und in einen tönernen Topf legen. Mit warmer Milch bedecken und bei leichter Hitze köcheln lassen, bis das Fleisch gar ist. Im Topf servieren, zuvor mit frischem Dill und Petersilie dekorieren.

Sola Tschak (Gesalzene Pilze mit Smetana)

Zutaten:

200 Gramm Pilze (beliebige Sorten, in Salz eingelegt) • 50 Gramm Zwiebeln
30 Gramm Smetana (Schmand) • Gewürze • frische Kräuter (nach Belieben)
Salz

Zubereitung:

Die salzig eingelegten Pilze abspülen, in einem Durchschlag abtropfen lassen und fein schneiden. Mit den geputzten und fein geschnittenen Zwiebeln mischen. Vor dem Servieren mit Salz und Gewürzen und frischen Kräutern nach Belieben würzen. Mit Smetana verfeinern, umrühren.

Burjatischer Salat

Zutaten:

300 Gramm Hähnchenbrust • Wasser • 1 Möhre • 1 Rote Bete • 1 Zwiebel
Pflanzenöl • Salatkräuter • Weinessig • Salz • Zucker

Zubereitung:

Kochen Sie die Hähnchenbrust in Salzwasser so lange, bis Sie sie zerfasern können. Die Zwiebel in Würfel schneiden und in Pflanzenöl dünsten. Die Möhre in feine Stifte schneiden, ebenfalls in Öl braten. Die Rote Bete in Stifte schneiden, in Pflanzenöl unter Zugabe von Weinessig anbraten, dann ein wenig Zucker dazugeben. Nun alle Gemüse zu den Hähnchenbrustfasern geben, mit Salatkräutern würzen. Alles vorsichtig unterheben, salzen. Nach Geschmack mit ein wenig Zitronensaft beträufeln, nun siedendes Pflanzenöl über den Salat geben und sofort warm servieren.

Churen–Machn–Guertjagan (Gebratenes Fleisch mit Nudeln)

Zutaten:

700 Gramm Hammelfleisch oder Rindfleisch (ohne Knochen)
50 Gramm Zwiebeln • 10 Gramm Zwiebellauch • 80 Gramm Butter
2 Gramm gemahlener Schwarzer Pfeffer • Salz
Für den Nudelteig:
300 Milliliter Bouillon • 120 Gramm Weizenmehl
30 bis 40 Milliliter Wasser • 1 Ei • Salz

Zubereitung:

Hammel- oder Rindfleisch waschen, in kleine Stücke wie für Bœuf Stroganoff schneiden, mit Salz und gemahlenem Schwarzen Pfeffer bestreuen. Das

---

Ohne Spur im Schnee, ohne Namen auf dem Papier.

Ein naher Teufel ist besser als ein weit entfernter Burchan.

Sprichworte der Burjaten

Fleisch in Butter zusammen mit den geschälten und geschnittenen Zwiebeln anbraten. Aus Mehl, Eiern und 30 bis 40 Milliliter Wasser einen festen Teig kneten, etwas Salz hinzufügen. Dünn ausrollen, in Nudeln zerschneiden und die Nudeln in der Bouillon kochen. Durch einen Durchschlag abgießen, dann die Nudeln mit dem gebratenen Fleisch vermischen. Vor dem Servieren mit geschnittenem Zwiebellauch verzieren.

Leber mit Rahmsauce

Zutaten:

350 Gramm Rinderleber (oder je nach Angebot Hammel-, Schweine- oder Kalbsleber) • 25 Gramm ausgelassener Speck • 200 Milliliter Rahmsauce mit Zwiebeln • 10 Milliliter einer beliebigen scharfen Sauce nach Geschmack
15 Gramm frischer Dill und Petersilie • Gewürze nach Belieben • Salz

Zubereitung:

Die Leber waschen, in Scheiben schneiden und in ausgelassenem Speck an-braten. Dann die Rahmsauce mit Zwiebeln in einen Topf geben, die scharfe Sauce sowie Salz und Gewürze hinzugeben, alles zum Kochen bringen. Die Leber mit der Rahmsauce überziehen. Vor dem Servieren mit frischer Petersi-lie und Dill bestreuen. Als Beilage Kartoffelpüree oder Nudeln reichen.

Leberpastete

Zutaten:

300 Gramm Rinderleber • 40 Gramm Zwiebeln • 1 Ei • 60 Gramm Möhren
60 Gramm Speck • 10 Milliliter Milch oder Bouillon • 25 Gramm Butter
5 Gramm frischer Dill • Gewürze nach Belieben • Salz

Zubereitung:

Zwiebeln und Möhren putzen, waschen, fein schneiden und mit dem geschnittenen Speck anbraten. Die Leber waschen, in kleine Stücke schneiden und zu den Zwiebeln und Möhren hinzufügen, würzen und mit Salz abschmecken, braten, bis alles gar ist. Dann die Masse zweimal durch den Fleischwolf mit dem feinsten Aufsatz drehen, sorgfältig mit der Butter, der Milch oder Bouillon, dem Dill und den Gewürzen vermischen. Mit Salz abschmecken. Ein Ei hart kochen, pellen, in Scheiben schneiden und damit die Pastete verzieren. Statt Butter kann man auch Gänsefett nehmen.

Chog-Tosn (Äpfel in Smetana)

Zutaten:
100 Gramm Äpfel • 300 Gramm Smetana (Schmand) • 25 g Zucker
Zubereitung:
Äpfel waschen, das Kerngehäuse entfernen, das Fruchtfleisch in Spalten schneiden, mit Smetana begießen und auf kleiner Flamme erhitzen, bis die Flüssigkeit dick wird und eine bräunliche Farbe annimmt. Anschließend Zucker nach Belieben hinzufügen, sorgfältig umrühren, abkühlen lassen und servieren.

Gerstenmehlkugeln in Bouillon gekocht

Zutaten:
1 Liter Fleischbouillon • 500 Milliliter Milch • 4 Eier • 40 Gramm Butter
400 Gramm Gerstenmehl • Salz
Zubereitung:
Aus Milch, Salz, Mehl, Eiern und geschmolzener Butter einen Teig kneten. Galuschki, also kleine Teigkügelchen, mit einem Teelöffel aus dem Teig stechen

und in der kochenden Fleischbouillon garen lassen. Die Galuschki können als Hauptgericht serviert werden, dann werden sie mit Butter oder Smetana gereicht. Oder man reicht sie als Beilage zu einem Fleisch- oder Fischgericht.

Hausgemachter Käse der Burjaten

Zutaten:
600 Gramm Quark • 1 Ei • 60 Gramm Butter • 5 Gramm Kümmel
1,2 Liter Milch • 4 Gramm Salz • Pfeffer

Zubereitung:
Den Quark durch ein Sieb passieren, in kochende Milch einrühren und bei schwacher Hitze so lange köcheln lassen, bis der Quark Fäden zieht und die Milch dick geworden ist. Die entstandene Masse absieben. In einem Topf Butter schmelzen lassen, die Quarkmasse hinein geben und auf kleiner Flamme 8 bis 10 Minuten erhitzen, dabei ständig umrühren. Dann 1 verquirltes Ei, Salz, Pfeffer und Kümmel hinzugeben, alles sorgfältig verrühren, in ein tiefes Gefäß füllen und abkühlen lassen. Den fertigen Käse in Portionsstücke schneiden und als Vorspeise servieren.

Bulmyk (Süßspeise aus Mehl, Warenje und Smetana)

Zutaten:
250 Gramm Smetana (Schmand) • 30 Gramm Weizenmehl
40 Gramm Kirschkonfitüre (am besten selbst gemachte Warenje)
20 Gramm Zucker

Wo ein Trog, da Schweine.

Sprichwort der Burjaten

Zubereitung:

Smetana in einem Tiegel zum Kochen bringen. Anschließend den Zucker, die Kirschkonfitüre und Mehl hinzugeben und unter ständigem Rühren auf kleiner Flamme so lange erhitzen, bis die Masse dick wird. Heiß servieren.

Kürbissalat

Zutaten:

500 Gramm Kürbisfleisch • 300 Milliliter Wasser • 200 Milliliter Weinessig
2 Gramm gemahlener Zimt • 2 Gramm gemahlene Nelken
1 Gramm Kardamon • 3 Gramm Salz • Puderzucker
gemahlene Nüsse (nach Angebot und Belieben)

Zubereitung:

Das Kürbisfleisch in kleine Würfel schneiden. Aus Weinessig, Wasser, Zimt, Kardamon, Nelken und Salz eine Marinade kochen, etwas abkühlen lassen und über die Kürbiswürfel gießen. Den Kürbis auf schwacher Flamme kochen, bis er durchsichtig geworden ist. Vor dem Servieren die Marinade abgießen. Den Kürbis auf einen Servierteller legen, mit Puderzucker oder geriebenen Nüssen bestreuen.

Bubert (Grießauflauf mit Moosbeerensauce)

Zutaten:

200 Gramm Grieß • 100 Milliliter Milch • 150 Gramm Zucker
1 Gramm Vanillin • 1 Ei • 120 Gramm gemahlene Nüsse nach Belieben
20 Gramm Butter • Salz
Für die Sauce:
300 Gramm Moosbeeren • 250 Gramm Zucker • 30 Gramm Stärke

Zubereitung:

Den Grieß mit der Milch aufgießen, salzen, einen dickflüssigen Brei kochen und auf 70 bis 80° Celsius abkühlen lassen, dabei das mit Zucker vermischte Vanillin, das Eigelb und die gerösteten gemahlenen Nüsse einrühren. Alles sorgfältig mischen, auf ein gefettetes Backblech geben, vorsichtig mit dem steif geschlagenen Eiweiß überziehen. Im Backofen backen, bis der Auflauf eine goldbraune Farbe angenommen hat. Inzwischen die Moosbeerensauce zubereiten, dafür die Moosbeeren waschen, mit Zucker bestreuen, auf kleiner Flamme unter ständigem Rühren köcheln lassen, die in etwas kaltem Wasser aufgelöste Stärke hinzugeben, so lange köcheln lassen, bis die Masse dickflüssig ist. Vor dem Servieren den abgekühlten Auflauf mit der Moosbeerensauce begießen.

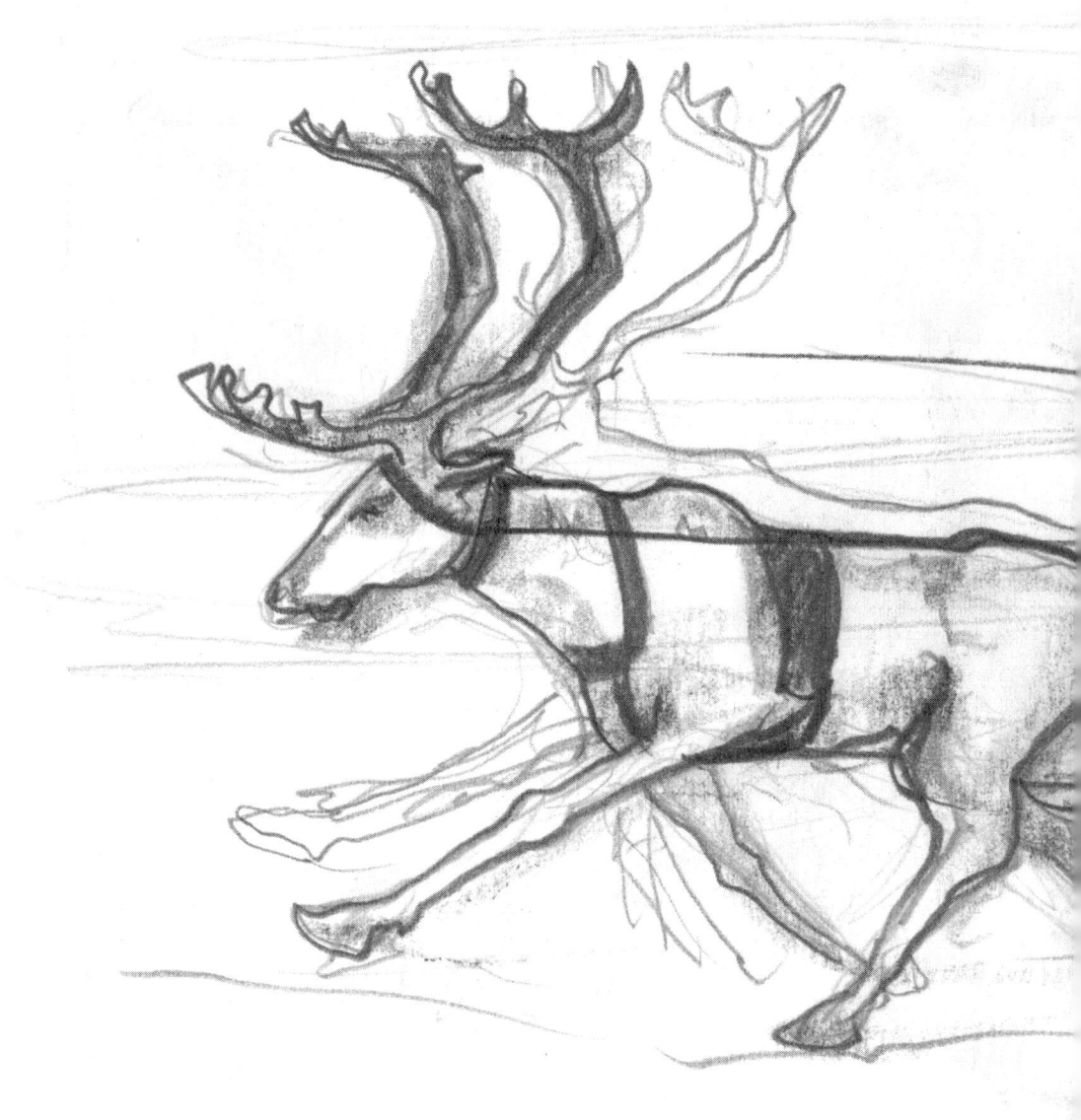

Die Küche der Ewenen

Die Ewenen zählen nach Angaben der Volkszählung 2010 21 830 Angehörige, davon leben 14 914 in der Republik Sacha (Jakutien), vornehmlich in deren nördlichem Teil, zudem auf Kamtschatka, Tschukotka, in den Gebieten Magadan und Chabarowsk. Die Ewenen sind Rentierzüchter, Jäger und Fischer. Ihre Nahrung besteht neben den delikaten Fischen des Nordens auch aus dem Fleisch wilder und domestizierter Rentiere. Die Küche der Ewenen hat wie die vieler Völker dieser Region originelle, nahrhafte und schmackhafte Speisen hervorgebracht. Fisch- und Fleischgerichte werden mit Wildbeeren und essbaren Gräsern verfeinert und ergänzt. Fisch und Fleisch werden in Wasser gekocht, am Spieß gebraten, manchmal gebacken, des öfteren getrocknet oder luftgetrocknet.

Die Kultur der Ewenen ist eng mit der ewenkischen verwandt, was sich auch in der Speisenzubereitung zeigt. Die besten Fischsorten – darunter Nelma, Tschir, Omul – werden als Stroganina verzehrt. Ein Teil des Fischs wird luftgetrocknet, ab und an geräuchert. Die Bewohner verschiedener Regionen bevorzugen unterschiedliche Fischarten und bereiten sie auf verschiedene Weise zu. Jukola wird zum Beispiel aus Edelfischarten zubereitet, aber in den Gegenden, wo es keinen Edelfisch gibt, nimmt man Hecht. Fische aus Fließgewässern werden von den Ewenen normalerweise gekocht.

Besucht man ein Sommerlager der Rentierzüchter, wird man mit der traditionellen Lieblingsspeise aller Völker des Nordens bewirtet, mit gefrorenem Fisch, zudem mit Suppe und einem Dessert aus Tundrabeeren. Ein besonderes Vergnügen bei einem solchen Besuch ist eine Fahrt im Rentierschlitten. Da werden Erinnerungen an die Kindheit wach, und wenn man beobachtet, wie geschickt die Hunde der Rentierzüchter die großen Herden zusammenhalten, kennt die Begeisterung keine Grenzen. Ich jedenfalls ließ mich begeistern und kaufte mir bei so einem Besuch die traditionelle Fellkleidung der Ewenen, die Maliza, sie gefiel mir sehr. Sie war ziemlich teuer. Ich habe sie bis heute allerdings nicht ein einziges Mal getragen. Gekauft habe ich sie auf einem Festival der indigenen Völker des Nordens in Salechard. Die traditionellen Tänze in den schönen Kostümen waren wunderbar. Meine euphorische Stimmung wurde vielleicht auch von einem Starkgetränk, einer Art Punsch, unterstützt, das auf diesem Festival in einer ganz besonderen Form angeboten wurde. Und zwar in einem Hirtenstab. In dessen Hohlraum war eine alkoholhaltige Flüssigkeit gefüllt, mit einem Korken am oberen Ende. Und nun stellen Sie sich vor, durch Salechard zu spazieren, buchstäblich auf Alkohol gestützt. Aber wie soll man sonst auch durchhalten und sogar tanzen bei minus 27 Grad?

Ich besuchte eine ewenische Sippe am Ufer des Flusses Kenkeme, 45 Kilometer vom Wiljusinsker Trakt entfernt. Dort wurde der Nationalfeiertag Bakaldyn begangen. Er ist der Erneuerung der Natur nach dem langen Winter gewidmet. Die Festteilnehmer verabschiedeten das alte Jahr und zelebrierten einige Bräuche: die Begegnung der Sonne mit dem Neuen Jahr und die Speisung des Feuergeistes, der für das Jagdglück zuständig ist. Dort sah ich zum ersten Mal einen Wettbewerb im ewenischen Fußball: statt der Tore sind da Holzpfosten aufgestellt, die mit dem Ball umgestoßen werden müssen. Und nach dem Spiel gab es Tanz, Lieder und ein Festessen.

Hol nicht alle Fische aus dem See, denk an deine Nachkommen.

Sprichwort der Ewenen

Nekitsche (Luftgetrocknete Wildente)

Die Ente rupfen, dabei am Hals beginnen, möglichst die Haut nicht verletzen. Dann sorgfältig die Federkiele entfernen. Vorsichtig ausnehmen, die Blutklumpen an der Innenseite auswaschen. Den Vogelkörper längs zur Brust in zwei Teile schneiden, die großen Knochen entfernen. Den Körper umdrehen und zum Trocknen mit kleinen Stäben feststecken. Lufttrocknen gelingt am besten in der warmen Jahreszeit und an einem Ort, der von allen Seiten Luftzufuhr hat. Die Ente nicht salzen, denn Salz bindet Flüssigkeit, was die Qualität des Produkts beeinträchtigt. Die luftgetrocknete Ente muss an einem kühlen, trockenen Ort aufbewahrt werden. Zum Essen in Stücke hacken, in stark gesalzenes kochendes Wasser legen und einige Minuten kochen. Das ist ein sehr schmackhaftes Gericht, man kann es mit Salzgurken oder anderen scharfen Beilagen servieren. Auf diese Art kann man übrigens diverses Wildgeflügel zubereiten und haltbar machen.

Tschonku (Rentierknochenmark)

Das Knochenmark von Rentier und Elch wird als Delikatesse geschätzt. Fleisch, Sehnen und Hautreste entfernen, den Röhrenknochen vorsichtig mit dem Beil von einer oder beiden Seiten spalten. Das Knochenmark tritt heraus. In Ringe schneiden, mit Salz, Pfeffer und geschnittenem Zwiebellauch bestreuen, auf kleine Teller legen und mit Chatarba (ewenischer Fladen) oder mit gekochtem und in Scheiben geschnittenem Rentierfleisch servieren.

Chatarba (Ewenischer Fladen)

Für dieses traditionelle Gericht wird ein Teig mit gesalzenem Wasser wie für Nudeln geknetet und dünn in eine runde Form ausgerollt. Dann den Teig mit einem spitzen Stäbchen oder Messer einstechen und in einer Pfanne auf einem speziellen Kochgestell, dem Tagan, backen. Den Tagan mit glühenden Kohlen vorheizen. Die Fladen von beiden Seiten backen. Früher buk man die Fladen unterwegs, indem man sie schräg ans Lagerfeuer stellte. Die Ewenen essen Fladen mit zerlassener Butter oder Schmalz, manchmal auch mit ausgelassenem Rentierfett.

Balyk Chaana (Fischblut in Nelmamagen gekocht)

Große Fische wie Nelma und Taimen haben nicht wenig Blut in ihrem Körper. Frisches Fischblut gilt als nahrhaft und extrem schmackhaft. Gleich nach dem Fang wird das Blut beim Ausnehmen des Fisches in einem Gefäß aufgefangen und sorgfältig aufgeschlagen, dabei nach Belieben gewürzt und gesalzen. Dann wird damit ein sauberer Fischmagen oder die Schwimmblase gefüllt. Mit einem Faden zusammengeschnürt, wird es bei leichter Hitze in Wasser gekocht. Balyk Chaana wird heiß gegessen.

СТРУГАНИНА

Große Fische wie Nelma lebten früher in allen großen Flüssen Jakutiens. Nelma ist vielseitig verwendbar. Aus Nelma wird Bouillon zubereitet, die Fleischstücke werden gebraten, gekocht oder am Spieß gegrillt. Auch wurde Stroganina aus dem Fleisch zubereitet. Der Magen wird ebenfalls verzehrt, im Hohen Norden wird er mit einer Füllung versehen gekocht, eine Delikatesse.

Gefüllter Nelmamagen

Zutaten:
1 Magen eines großen Nelma • 130 Gramm Leber • 300 Gramm Därme
140 Gramm Blut • 100 Gramm Fischfett • 150 Gramm Zwiebeln • Salz
Pfeffer nach Geschmack • Wasser

Zubereitung:
Das Blut des Nelma wird sorgfältig mit einem Löffel in ein Gefäß gegeben, die Leber wird fein geschnitten, die Därme werden geputzt und gewaschen, mit einem Messer zerkleinert, gesalzen und gepfeffert, dann wird alles mit fein geschnittenen Zwiebeln gemischt. Die Masse wird im Bauchfett von Fischen ausgebraten und mit etwas Ucha (klarer Fischbouillon) gestreckt. Dann wird der gut gesäuberte Nelmamagen damit gefüllt und in Salzwasser gar gekocht. Gefüllter Magen wird als Beilage zu anderen Fischgerichten gereicht, aber man kann ihn auch als Hauptgericht servieren.

**Wenn Du nichts auf der Jagd erlegt hast,
tadele nicht den Ort und den Boden, wo du gejagt hast. Der Geist
der Jagd hört dich und wird dich für lange Zeit verlassen.**

Sprichwort der Ewenen

Tschylkaan (Fischkascha)

Zutaten:
480 Gramm frischer Fisch • Wasser • 400 Gramm Moltebeeren • Salz

Zubereitung:
Den geschuppten und ausgenommenen Fisch waschen, in heißes Salzwasser geben und auf kleiner Flamme kochen, bis er gar ist. Die Gräten entfernen, dann den Fisch klein schneiden und abkühlen lassen. Mit den gewaschenen, abgeseihten Moltebeeren vermischen, mit einem Holzlöffel zerdrücken, bis eine breiartige Masse entstanden ist. Diese warm servieren.

Oladi aus Geflügelleber

Zutaten:
1 Kilogramm Geflügelleber • 150 Gramm Grieß • 2 Zwiebel • 1 Ei
2 Esslöffel Öl • 5 Knoblauchzehen • gemahlener Schwarzer Pfeffer
Salz nach Geschmack • Smetana (Schmand)

Zubereitung:
Die rohe Geflügelleber mit den klein gehackten und in etwas Öl angebratenen Zwiebeln durch den Fleischwolf drehen. Das rohe Ei, den Grieß, Salz, Pfeffer, Knoblauch hinzugeben, alles gut mischen und wie gewöhnliche Oladi in einer Pfanne ausbacken. Mit Smetana servieren.

Kascha mit Bohnen und Zedernkernen

Zutaten:
200 Gramm Reis • 1 Zwiebel • 3 Knoblauchzehen • Wasser • 1 rote Paprika
450 Gramm Rote Bohnen (Dose) • 4 Esslöffel Pflanzenöl • 225 Gramm Pilze
• 50 Gramm Zedernkerne • Salz • Petersilie und Kräuter nach Geschmack

Bylaabyt (Gefüllter Nalimmagen)

Jukola klein schneiden und mit Fischfett verrühren. Jukola nimmt viel Fett auf, deshalb gleich ausreichend Fett verwenden, sie muss im Fett schwimmen. Nach Geschmack salzen und den gesäuberten Nalimmagen damit füllen. An einem kühlen trockenen Ort lagern. Im Winter in Ringe schneiden und als Vorspeise servieren. Dieses Gericht kann auch wie folgt zubereitet werden: Kopf und Schwanz vom Nalim abtrennen, dann die Haut wie einen Strumpf abziehen. Ein Ende mit festem Garn zubinden und die Haut mit Kaviar aus Jukola füllen, das andere Ende zubinden und für den Winter lagern. Vor dem Servieren in Scheiben schneiden und mit gekochten Kartoffeln garnieren.

Zubereitung:

Etwas Öl in einer Pfanne erhitzen, die fein gehackte Zwiebel darin 5 Minuten glasig braten. Den Reis und einen Teil des zerdrückten Knoblauchs hinzugeben, unter Rühren 2 Minuten weiter anbraten. Mit heißem Wasser ablöschen, Salz hinzufügen und zum Kochen bringen. Mit einem Deckel bedeckt auf kleinem Feuer 35 bis 40 Minuten köcheln lassen, bis das Wasser verkocht und der Reis weich ist. Etwas Öl erhitzen, die gesäuberte und in Würfel geschnittene Paprika hinzugeben und 5 Minuten anbraten. Die in Scheiben geschnittenen Pilze mit dem restlichen Knoblauch mischen, 3 Minuten braten. Dann mit dem gekochten Reis, den abgetropften Bohnen, der fein gehackten Petersilie und einem Teil der Zedernkerne verrühren. Weiter braten, bis die Bohnen warm sind. Mit gehackten Kräutern und Zedernkernen dekorieren.

Agaran (Gesäuerter Fisch)

Säuern ist bei Ewenen und Jakuten, die in der Nähe von Seen mit reichem Fischbestand leben, eine uralte Methode, um Fisch haltbar zu machen. Im Frühsommer wird eine Grube ausgehoben, die mindestens 1 Meter tief sein sollte. In der Regel ist die Grube rund, ihr Umfang wird von der Fischmenge bestimmt, die man erwartet, im Sommer einzuholen. Der Grund und die Seitenwände der Grube werden mit Lärchenrinde ausgelegt. Der Fisch wird sortiert, geputzt und in großen Kesseln in Wasser gekocht. Kurz bevor er gar ist, wird der Kessel vom Feuer genommen und das Kochwasser abgegossen, der Fisch kühlt ab und kommt dann in die Erdgrube. Er wird mit Lärchenrinde bedeckt, dann häuft man Erde über die Grube, so dass kein Regenwasser eindringen kann. Agaran dient im Winter als Grundlage für eine Ucha.

Gericht aus Rentierinnereien

Kutteln, Lunge, Herz und Pansen vom Rentier werden gesäubert, sorgfältig gewaschen und gar gekocht, anschließend in kleine Stücke geschnitten und mit Salz, Pfeffer und anderen Gewürzen nach Belieben abgeschmeckt. Die Masse wird mit dem nach dem Kochen zerkleinerter Rentierknochen abgeschöpften Knochenfett übergossen. Innereien werden als Hauptgericht serviert.

Urgachta

Früher wurde dieses Gericht häufig zubereitet. Luftgetrocknetes Fleisch ist ein unersetzliches Erzeugnis für die Rentierzüchter, die mit der Herde durch die Tundra ziehen. Es ist leicht zu transportieren, unverderblich und überaus sättigend. Frisches Rentierfleisch ohne Knochen wird in kaltem Wasser gewaschen. Dann wird das Fleisch in feine, längliche Scheiben geschnitten und auf Sehnenfäden gefädelt auf ein spezielles Gestell gehängt, auf dem es in der Sonne trocknet. Heute reicht man es als Knabberzeug zum Tee.

Nomadentee

Zutaten:
1 Teelöffel Tee (trockene Blätter) • 2 Esslöffel Milch • 1 Teelöffel Zucker
Zubereitung:
Den Tee in Porzellan- oder emaillierten Metallkannen aufgießen, dabei frisch gekochtes Wasser verwenden. Vor dem Aufgießen die Kanne anwärmen, dann die Teeblätter für die vorgesehene Anzahl von Gläsern hineingeben, mit kochendem Wasser zu etwa einem Drittel des Fassungsvermögens aufgießen. 5 bis 10 Minuten ziehen lassen. Dann die volle Menge Wasser aufgießen. Der Tee wird in Schalen gegossen und mit Milch und Zucker nach Geschmack getrunken.

HOMCY
5613

Die Küche der Ewenken

Ewenken leben nicht nur im Norden, sondern auch im Nordwesten und im Süden Jakutiens. Von den nach Angaben der Volkszählung von 2010 37 131 in der Russischen Föderation lebenden Ewenken, siedeln 20 782 Menschen gerade in Jakutien. Sie leben zudem in den Gebieten Krasnojarsk, Chabarowsk, Amur und Irkutsk sowie in der Republik Burjatien. Früher wurden sie Tungusen genannt. Sie sind Rentierzüchter, Fischer und Jäger, halten aber auch Milchvieh.

Auf ihrem Speiseplan wechselte sich Fleisch mit Fisch oder pflanzlicher Nahrung ab. Wie alle indigenen Völker des Nordens jagten die Ewenken nie mehr, als sie gerade benötigten. Sie legten keine großen Vorräte an, sondern bevorzugten stets frische Produkte. Das raue Klima zwang sie jedoch, einen Vorrat an luftgetrocknetem Fleisch und Fisch bereitzuhalten. Darauf griffen sie in der zweiten Winterhälfte zurück, wenn die Jagd auf Wildtiere unmöglich war.

„Tujun" heißt in der Sprache der Ewenken „Bewirtung des Gastes". Was wurde dabei serviert?

In erster Linie natürlich Stroganina. Die Ewenken haben dafür einen eigenen Namen Talaka. Talaka werden nicht nur die Gerichte aus rohem Fisch, sondern auch die aus rohem Fleisch genannt. Talaka aus edlen Fischsorten ist besonders schmackhaft. Vom gefrorenen Fisch wird die Haut mitsamt den Schuppen entfernt, mit einem besonderen Messer, Purta genannt, werden dann lange dünne Späne längs des Rückens abgeschnitten, die sich wie Hobelspäne rollen. Auch der Fischrogen wird in gefrorenem Zustand verwendet, manchmal wird er beim Essen in eine scharfe Sauce oder in Salz gestippt, oder in eine Salz-Pfeffermischung.

Ich habe dieses Gericht viele Male und in verschiedenen Situationen gegessen. Ein junger Wissenschaftler aus Moskau ist mir gut in Erinnerung geblieben. Er aß zum ersten Mal Stroganina und sagte mir: „Sigmund Freud hat Glück als ein starkes Gefühl des Vergnügens definiert. Das bedeutet, Stroganina ist Glück."

Er war Mikrobiologe und arbeitete in Jakutien an seiner Dissertation über die Darmflora der Angehörigen indigener Völker. Insbesondere die Ewenken besitzen eine besondere Darmflora mit nützlichen Bakterienstämmen, die bei den von der Zivilisation „verdorbenen" Völkern in dieser Form nicht entstehen können. Es ist genau diese „bakterielle Vielfalt", die die Völker vor Diabetes und anderen Zivilisationskrankheiten schützt. Der junge Wissenschaftler forderte mich auf, ihn auf seiner Reise zu den Ewenken zu begleiten. Ich erinnere mich gut daran, wie wir mit dem Hubschrauber zu einem Lager der Ewenken am Fluss Nischnaja Tunguska gelangten. Die Ewenken schlachteten zu unseren Ehren ein Rentier, und wir durften dabei sein. Der Körper wurde ausgenommen und in Stücke geteilt. Um das Blut von den Fingern zu entfernen, tauchten die Ewenken die Finger in den Mageninhalt des Rentiers. Das Blut gerann sofort, und die festen Gerinsel ließen sich leicht mit Schnee abputzen. Kurz darauf ließen wir uns alle das gebratene Fleisch schmecken, und die Ewenken leckten sich genussvoll die Finger ab.

Was vom Standpunkt des Europäers unhygienisch scheint, ist im Hohen Norden die Norm. Der Organismus reichert nützliche Bakterien an, die die Widerstandsfähigkeit der Menschen erhöhen. Und die Mikroflora des Magens der Menschen des Hohen Nordens ist absolut gesund. Das zeigten die Analysen und Studien, die der junge Wissenschaftler bei den Ewenken durchführte.

Lange gejagt, schnell aufgegessen.

Sprichwort der Ewenken

Trotz des spärlichen Angebots an essbaren Naturprodukten bereiten die Ewenken vielfältige Speisen zu. Sie verstehen sehr gut, Wildtiere auszunehmen und die einzelnen Teile so zuzubereiten, dass ihre Vorzüge zur Geltung kommen. Tyngen, das Bruststück, Eptele, die Rippen, und Kuntuki, das Hinterteil, gelten traditionell als Delikatessen.

Ewenken verwenden in ihrer Nahrung alle Teile der Tiere: Fleisch, Knochen, Blut, Kopf, Füße, Magen. Dem Fleisch domestizierter Rentiere ziehen die Ewenken grundsätzlich das Fleisch von wilden Tieren vor, besonders, wenn sie jung und gut genährt sind.

Ewenken lieben Speck – sie nennen ihn Imukse – und essen ihn in beachtlichen Mengen. Zu den traditionellen Gerichten der Ewenken gehört seit alters her Fett. Um es zu gewinnen, wurden Knochen in einem Kessel ausgekocht. Das abgeschöpfte Fett wurde dann zusammen mit getrocknetem und zerstoßenem Fleisch verwendet, Teli genannt. Als Lieblingsgericht vieler galt das mit Hirn vermischte und in Fett gebratene fein gehackte Fleisch eines jungen Wildtieres. Mit dem Fleisch zusammen wurden auch die Därme, Mägen und Leber von erbeuteten Tieren gekocht. Mewan (Herz), Bochotko (Nieren) und Ewtsche (Lungen) wurden gebraten.

Die Ewenken kochten, brieten und räucherten auch Fisch. Ein Ethnologe, der in der zweiten Hälfte des 19. Jahrhunderts den Alltag der Tungusen erforschte, stellte fest, dass im Sommer Taimen, Hecht, Zander und Nalim in großer Zahl gefangen wurde. Den überschüssigen Fisch trockneten die Tungusen, ohne ihn zuvor zu salzen, in der Sonne. Damit er schneller trocknete, wurde der Fisch in die obere Öffnung des Zeltes gehängt, so dass das stets brennende Feuer den schnellen Räucherprozess begünstigte. Die Tungusen nannten den auf die Art hergestellten Räucherfisch Gaptschana.

Mit Milch des zahmen Rentiers reicherten die Ewenken ihren Tee an, und sie stellten daraus Dickmilch her, so genannte Mokoldo. Milch, mit Beerensaft vermischt wird Monty genannt. Dieses Getränk galt als optimale Nahrung während des Sommers. Ich erinnere mich gut an meine erste Kostprobe von Monty in der Ewenkensiedlung Wanawary im Gebiet Krasnojarsk. Dieser Besuch blieb mir auch dank der schmackhaften Fischsuppe und den ungewöhnlichen Umständen der ganzen Reise in Erinnerung.

Meine Freundin aus dem Ural hatte mir vorgeschlagen, im Urlaub an einer Expedition zum Einschlagort des Tungussker Meteoriten teilzunehmen. Ich war Feuer und Flamme. Eine Reise an den Rand der Welt! In die Taiga! Teilhaben an der Enträtselung eines Jahrhundertgeheimnisses! Leben auf Reisen! Lieder am Lagerfeuer! Nun, es kam alles ganz anders.

Am Anfang lief noch alles gut: Zügiger Flug nach Krasnojarsk, Durchstreifen der alten russischen Stadt und Besuch der berühmten Stolby. Dann ein Flug über 800 Kilometer nach Keschema. Von Keschema aus ging es weiter mit einem Propellerflugzeug, das in Sibirien liebevoll „Annuschka" genannt wird.

Doch als das stolze „Aeroplan" in Luftlöcher sackte, das gesamte Reisegepäck der Passagiere – Säcke, Bündel, Koffer, Rucksäcke – auf dem Boden herumrollte, schwand meine Begeisterung. Den ganzen Flug über krümmte ich mich auf dem Boden der Kabine zusammen, mitten in der durcheinanderwirbelnden Fracht und zu Füßen der gedrängt sitzenden Passagiere. Das mit Gras bewachsene Flugfeld der Ewenkensiedlung Wanawary betrat ich grau im Gesicht und ohne einen Blick auf die Welt um mich herum zu werfen oder auf die tröstende Worte meiner Reisebegleiterin zu hören.

In der Ewenkensiedlung wurden wir mit besagtem Monty bewirtet. Ein wundertätiges Getränk! Schnell kam ich wieder zu mir. Die eigentliche Exkursion

---

Ist der Fischer wacker, ist die Karausche lecker.

Tust du Hecht und Stör zusammen, stirbt ein Kind.

Sprichworte der Ewenken

ПОДЗЕМНЫЙ МИР ОЛ...РЕБ...ВЕ...Б...ЖИЗНЬ

РИТУАЛЬНОЕ ДЕРЕВО СПРИВЯЗАНОЙ ЖЕРТВОЙ ОЛЕНЕМ РИСУНОК СЕЛЬКУПСКОГО ШАМАНА ЭТО ЛИЧНОЕ ДЕРЕВО ИЗ ЖИЗНИ ШАМАНА БЛАГОДАРЯ КОТОРОМУ ОН ПУТЕШЕСТВОВАЛ НА НЕВ...

auf dem berühmten Kulik-Pfad stand bevor. Der Rucksack, der mir zu Anfang gar nicht schwer vorgekommen war, zog mit der Zeit immer mehr. Die Riemen schnitten tief in die Schulter. Und dann die Mücken! Vor ihnen gab es keine Rettung! Unter dem Mückenschutzumhang wurde es heißer und heißer, und das vielgelobte „Mittel gegen Mücken" zerfloss einfach.

Am Abend des dritten Tages teilte sich die Gruppe, die den Kulik-Pfad bisher gemeinsam bezwungen hatte. Jede Kleingruppe hatte, ausgestattet mit Karte, Kompass und Lebensmitteln für zwei Wochen, den Auftrag, alle zwei Kilometer eine Torfprobe zu entnehmen, und davon ein Stück ins Reagenzglas und ein Stück in den Plastikbeutel zu geben. All das musste auch noch geschleppt werden.

Bald waren wir vom Pfad abgekommen. Wir gingen weiter und hielten die Richtung mit Karte und Kompass, hatten uns aber real verirrt. Wir schlugen uns durchs Dickicht, im ständigen Kampf mit den gnadenlos gegen unsere Beine schlagenden Zweigen der Zwergbirke. Die wunden Füße schmerzten. Mücken, Fliegen und Spinnweben juckten am ganzen Körper. Die Sonne übergoss die Taiga mit einer trockenen Hitze, wir hatten Durst. Rings um uns dehnten sich Torffelder und Sümpfe aus, irgendwann schlugen wir unser Nachtlager auf.

Am nächsten Tag kletterten wir weiter über schräg liegende Baumstämme, die uns wie Schlagbäume den Weg versperrten. Mir riss die Geduld: „Hör auf, Proben zu sammeln! Wir müssen schauen, wie wir hier rauskommen, aber du stopfst unseren Rucksack mit diesen Proben voll! Ich sehe das Bild schon vor meinen Augen: Da liegen zwei hübsche Skelette und rings herum Plastikbeutel mit Torfproben!"

Meine Freundin ging nicht darauf ein, sie schickte mich los, einen Wasserlauf zu suchen. Also legte ich den Rucksack ab, holte die Trinkflaschen heraus und bewegte mich über das weiche Moos auf einen Strauch zu. Da hörte ich ein leises Glucksen. Frisch und klar wie ein klingendes Glöckchen. Ich bewegte mich auf das Geräusch zu. Es war ein kleiner Waldsee. Ich vergaß die Trink-flasche, legte mich auf den Bauch und trank gierig. Dann rief ich laut die Freundin. Als wir Wasser in die Trinkflaschen füllten, bemerkte ich, wie ein al-ter Baumstamm im Wasser plötzlich zu leben begann. Was war das? Ein Wunder? Nein! Zwei Schritte von mir entfernt stand ein halbmeterlanger Fisch im Wasser und plätscherte mit den Flossen. Sein Rücken war dunkel, die Seiten glänzten wie Silber, und die feinen grünen Punkte auf der Rückenflos-se schienen zu fluoreszieren. Ich habe nie in meinem Leben geangelt, aber in dieser abgelegenen Wildnis erwachte in mir der Anglerinstinkt. „Wo sind un-sere Angelhaken?" Die Freundin schnitt mit dem Messer den Ast einer jungen Lärche ab und entrindete ihn schnell. Sie band die Rolle mit der Angelschnur an den Ast und befestigte einen Haken an der Schnur. Auf den Haken spießte sie eine dicke Schmeißfliege, die sie gerade auf ihrem Oberarm erschlagen hatte. Und schon hing die Angel im Wasser. Aber der Fisch hatte es nicht ei-lig, er war in Nachdenken versunken. Da warf ich eine zweite Schmeißfliege ins Wasser. Der Fisch verschluckte sie sofort. Es gab eine schnelle Bewegung, die Angel glitt mir aus den Händen. Im letzten Moment bekam ich sie wieder zu fassen. Das Wasser wirbelte und spritzte. Ich zog und zog die Angelschnur auf, bis der Fisch zu meinen Füßen lag. Eine Äsche, eine echte Äsche! Nicht ganz so groß, wie sie im Wasser ausgesehen hatte.

Wir stellten unser kleines Zelt auf, fachten Feuer an und kochten eine Ucha. Dann benutzten wir den umgedrehten Topfdeckel als Pfanne und buken da-rin kleine Oladi, weil wir keine Lust mehr auf trockenen Zwieback hatten. Und zum Schluss kochten wir einen dicken Fruchtsaft aus den Heidelbeeren, die ringsum wuchsen, und ließen ihn im See abkühlen.

Eine Ucha aus frisch gefangenem Fisch lässt sich nicht beschreiben wie auch nicht der feine Duft der wilden Rhododendren in der Taiga, die Frische des Wassers des See, das Knacken der Scheite im Lagerfeuer. Das muss man ein-fach erlebt haben. Es ist ein großer Luxus, einen Fisch fangen und gleich zubereiten zu können. Wenn Sie das erlebt haben, werden Sie auch verstehen, warum die Ucha an diesem See für mich die schmackhafteste Ucha auf der ganzen Welt gewesen ist.

Doch zurück zur Küche der Ewenken. Ein ungewöhnliches Rezept verbinde ich damit. Als ich in Jakutien lebte, wurde ich bei einer Ewenkenfamilie mit einem jüdischen Gericht bewirtet. Das war in der Siedlung Olenjok des ewenkischen nationalen Rayons Olenjok. Es war das jüdische Vorschmack, leicht abgeändert. Wie es dahin kam? In Jakutsk findet regelmäßig ein Festival der kleinen Völker des Hohen Nordens und des Fernen Ostens statt. Es waren auch Gäste aus dem benachbarten Gebiet Chabarowsk eingeladen. Darunter waren Vertreter des Jüdischen Autonomen Gebiets, das unter Stalin 1934 in Sibirien gebildet worden war. Die Hauptstadt des Jüdischen Autonomen Gebiets heißt Birobidschan. Zum Festival gehörte natürlich auch ein kulinarischer Wettbewerb. Zu einem der besten traditionellen Gerichte wurde der jüdische Vorschmack gewählt. Den teilnehmenden Ewenken mundete diese Speise so gut, dass sie das Rezept übernahmen. Seither ist Vorschmack in Jakutien sehr beliebt.

Ein fremdes Feuer wärmt nicht, ein fremder Tschum ist kein Zuhause.

Der Mensch lehrt den Menschen, der Hund den Hund.

Ein Ren erkennt man am Gespann, den Menschen an seinen Taten.

Die Taiga ist für den schwachen Menschen schlimmer als ein wildes Tier.

Sprichworte der Ewenken

Akin

Von der rohen Rentierleber die Haut entfernen, die Leber in dünne Streifen schneiden, auf eine saubere Alufolie legen und nach draußen in den Frost tragen. Akin wird in gefrorenem Zustand mit Salz und Pfeffer bestreut gegessen.

Duktemi

Das ist ein delikates Gericht auf dem Festtagstisch der Ewenken oder für die Bewirtung besonders geschätzter Gäste. Fisch wird entlang des Rückens zerteilt, die Wirbelgräte und der Kopf sowie die Kiemen werden entfernt. Das Fleisch wird auf Spieße gezogen und dicht am Feuer getrocknet. Die Gräten werden mit Hilfe eines flachen Steins, Dire genannt, zerkleinert und dann zu Mehl weiterverarbeitet. Vor dem Servieren wird das Fischfleisch mit Fischfett verfeinert und nach Belieben gesalzen.

Demjanowa-Ucha

Stücke von kleinen Maränen werden in Wasser gekocht. Den gekochten Fisch aus der Bouillon holen und auf einen Teller legen, dann in die Bouillon in Pflanzenöl angeschwitzte Möhren und Zwiebeln geben und köcheln lassen. Den Fisch mit der Bouillon übergießen und mit frischen Kräutern und Zitronenscheiben servieren.

Tychemin (Fischsuppe)

Dies ist eine Fischsuppe auf der Basis von Fischrogen. Der Rogen wird zerdrückt und dann zu einer glatten Masse zerrieben. Traditionell wurde das in einem kleinen Holztrog mit einem speziellen Holzlöffel gemacht. Die entstandene Masse wird in kochende Fischbouillon hineingegeben, dann kommt nach und nach das Fischfleisch hinzu. Salzen, weitere Gewürze kann man nach Belieben hinzufügen. Gut umrühren und aufkochen lassen.

Kololi (Luftgetrockneter Fischrogen)

Vom Rogen die Haut und den Schleim entfernen, in einer dünnen Schicht auf einem sauberen Holzbrettchen ausbreiten und zum Trocknen an einen sonnigen, gut belüfteten Ort stellen. Am Herdfeuer im Tschum wird das Trocknen vollendet. Kololi wird im Winter gegessen.

Schaschlik nach Art der Ewenken

Rentierfleisch aus dem Rückenstück in flache, handtellergroße Stücke schneiden, mit Salz bestreuen und auf einen Spieß aufziehen. Die Spieße werden rings um das Feuer in die Erde gesteckt, sie werden von Zeit zu Zeit gedreht, wobei darauf geachtet wird, dass nichts anbrennt oder zu stark räuchert. Meist sind die oberen Stücke zuerst fertig, sie werden auf einen großen Teller gelegt. Die Röhrenknochen des Rentiers werden von Fleisch und Sehnen gesäubert, zerhackt und das Mark herausgeholt. Stücke des Marks werden zum heißen Fleisch auf den Teller gelegt, leicht gesalzen und gleich serviert.

Fladen nach Art der Ewenken

Einen Teig aus kaltem Wasser, Salz, Soda und Mehl zubereiten, sorgfältig kneten, er soll so fest sein wie für einen Nudelteig. Dann einen runden Fladen ausrollen, mit der Gabel mehrfach einstechen, mit Mehl bestäuben, damit die Oberfläche schön trocken ist. Warme Asche kreisförmig verteilen, ein wenig mit den Handflächen klopfen, darauf den Teig legen, oben mit warmer Asche abdecken, dann heiße Kohlen darüber schütten. Vor dem Servieren die Asche abschaben, den Fladen in zwei Hälften zerbrechen und mit Kortschak, dem nahrhaften Rentiermilchschaum, zum Tee reichen. Oder aber Rentierbauchspeck sehr klein schneiden, in einer Pfanne auslassen, in Pialen gießen, dann die warmen Fladenstücke in das Fett tunken.

Jukola nach Ewenken-Art

Den Fisch putzen, Kopf und Schwanz abtrennen, Hauptgräte entfernen und das Fleisch in lange flache Scheiben schneiden. An der Innenseite des Fleischs Einschnitte in Form eines Tannenbaums anbringen und auf einem speziellen Räuchergestell am offenen Feuer leicht räuchern. Die angeräucherten Scheiben werden in der Sonne luftgetrocknet.

Silawun aus Edelfisch

Man verwendet lange Stöcke, die bei Bedarf an den Enden gespalten werden. Den Fisch putzen, dann in einen Spalt an dem einen Stockende den Schwanz, in den am anderen Ende den Kopf klemmen und mit Zwirn festbinden. Mit zwei parallelen Stöcken den Fisch in seiner Länge abstützen und ebenfalls mit festem Garn fixieren. Über glühenden Kohlen braten. In alten Zeiten, als es nur wenig Salz gab, aß man den gebratenen Fisch mit Tundrabeeren. Der süßsaure Geschmack der Beeren machte den Fisch pikant.

Saturan

Aus Rentiermilch erzeugte Butter zerlassen, dann mit Mehl und Salz vermischen, anbraten und anstelle von Zucker in den heißen Tee geben.

Vorschmack nach Ewenken-Art

Zutaten:

2 Heringe • 3 Eier • ½ Apfel • 1 mittelgroße Zwiebel • 2 Scheiben Weißbrot
100 Milliliter Milch • 4 Stängel Zwiebellauch zur Dekoration

Zubereitung:

Eier hart kochen, pellen, Eiweiß und Eigelb trennen. Hering putzen und filetieren. Entrindetes Brot in Milch einweichen. Äpfel schälen und das Kerngehäuse entfernen. Die Zwiebel schälen. Hering, Eiweiße und Brot sowie Zwiebel und Apfel durch den Fleischwolf drehen. Dann die Masse in einen Standmixer umfüllen und so lange zerkleinern, bis sie glatt ist. Auf einen Servierteller geben, großzügig mit Zwiebellauch bestreuen und mit Schwarzbrot
servieren.

Fischsalat „Tundra"

Zutaten:

1 Fisch (Lachsartig) • Kartoffeln • Möhren • Salzgurken • Grüne Erbsen
Zwiebeln • Weißwein • Mayonnaise • hart gekochtes Ei • frische Kräuter

Zubereitung:

Für diesen Salat nimmt man Fisch aus der Gattung der Lachsartigen. Kartof-
feln, Möhren und Fisch klein schneiden, gewürfelte Salzgurken und gekochte
Grüne Erbsen hinzufügen und mit einer Sauce aus in Weißwein gedünsteten
Zwiebeln und Mayonnaise würzen. Alles in einer Salatschüssel üppig anrich-

> **Hast du Glück, erlegst du ein Tier ohne Gewehr, hast du keines, hilft dir**
> **auch die beste Flinte nicht.**
>
> Sprichwort der Ewenken

ten, ziehen lassen, mit der übrigen Sauce übergießen und mit gehacktem Ei und frischen Kräutern bestreuen.

Lachs in Käse

Zutaten:
Lachsfilet • Ei • Käse • Salz • Öl
Zubereitung:
Lachs oder einen anderen rotfleischigen Fisch salzen und in dünne Streifen schneiden. Die Streifen in Ei und geriebenem Käse wenden und in Öl braten. Auf einen Servierteller legen und schön mit Garnelen, Räucherfisch und Butter garnieren. Dazu werden Salzgurken, Grüne Erbsen und Tomaten gereicht.

Gefüllte Karauschen

Zutaten für 1 Portion:
100 Gramm Karausche • 1 Esslöffel Reis • Kaviar • Leber • Zwiebel • Salz
Mehl • Pflanzenöl zum Braten
Zubereitung:
Fische schuppen, die Innereien und Kiemen entfernen, sorgfältig waschen. Von Rogen und Leber die Häute entfernen und in einer Schüssel schaumig schlagen. Reis kochen, glasig gebratene Zwiebel sowie die schaumig geschlagenen Rogen und Leber hinzugeben, salzen, sorgfältig verrühren und dann die Masse in die Fische füllen. Die Karauschen anschließend in leicht gesalzenem Mehl wenden und in einer gut erhitzten Pfanne in Pflanzenöl von beiden Seiten goldbraun braten. Den Fisch in einen Topf legen und dünsten, bis er gar ist.

Gebackene Eier

Die Ewenken, aber auch die jakutischen Rentierzüchter haben die Eier von Wildenten und Wildgänsen nicht nur gekocht und gebraten, sondern auch gebacken. Die Eier wurden in heiße Asche gelegt und von oben mit glühenden Kohlen bedeckt, die vom Lagerfeuer übrig geblieben waren. Die Eier buken ausgezeichnet. Sie wurden gepellt, auf einen kleinen Teller gelegt, halbiert und mit Öl beträufelt. Das war mit Fladenbrot und Tee eine hervorragende Vesper.

Kortschak (Rentiermilchschaum)

Rentiermilch hat einen sehr hohen Fettgehalt, deshalb kann Kortschak ohne jegliche Zusätze hergestellt werden. Die gekühlte Milch wird zu einem festen Schaum geschlagen und mit Fladen zum Tee gereicht.

Kurtschik

Ein in Wasser eingeweichtes Stück vom Labmagen wird als Starterkultur in Rentiermilch gegeben, die Milch dann schaumig geschlagen. Es entsteht ein luftiges und ungesäuertes Getränk, das an geschmolzenes Speiseeis erinnert. Kurtschik kann mit frischem Beerensaft gemischt werden. Zum Aromatisieren gibt man einige Blätter Iwan-Tee hinzu.

Ragout aus Fisch und Gemüse

Zutaten:

Kabeljaufilet • Kartoffeln • Zwiebel • Möhren • Petersilienwurzel • Salz
pürierte Tomaten • Weißkraut • Butter • Knoblauch • frische Kräuter

Zubereitung:

In Scheiben oder Würfel geschnittene Kartoffeln, Möhren und Petersilienwurzel leicht anbraten, die Zwiebel in etwas Butter glasig auslassen. Fein geschnittenes Weißkraut leicht andünsten. Kartoffeln, Möhren, Petersilienwurzeln und Zwiebeln mit pürierten Tomaten mischen und 10 bis 15 Minuten
dünsten. Das Weißkraut und das klein geschnittene Kabeljaufilet unterrühren, 15 bis 20 Minuten weiter dünsten. Zum Schluss geriebenen Knoblauch
hinzufügen und frische Kräuter darüber streuen.

Fisch, überbacken mit Milch und Kartoffeln

Zutaten:

1 Kilogramm Fisch • 5 bis 6 Kartoffeln • 750 Milliliter Milch
100 Gramm Butter • 2 bis 3 Eier
3 bis 4 Esslöffel klein geschnittenen Zwiebellauch
gemahlener Schwarzer Pfeffer • Salz nach Geschmack

Zubereitung:

Den vorbereiteten Fisch waschen, trocken tupfen, in Stücke schneiden und
gar kochen. Kartoffeln schälen, waschen, in Salzwasser kochen und in Scheiben schneiden. Fischstücke in Tontöpfchen legen, mit Kartoffelscheiben belegen und mit grünem Zwiebellauch bestreuen, dann mit einer Mischung aus
Milch, Butter und schaumig geschlagenen Eiern begießen. Im vorgeheizten
Backofen bei 160 bis 180° Celsius backen. Direkt in den Portionstöpfchen
servieren.

Porsa

Kleinfisch wird leicht angebraten und dann in eine Schüssel aus
Birkenrinde gelegt. Diese wird über ein Feuer aus feuchtem Holz
gestellt. Der angetrocknete und angeräucherte Fisch wird in kleine Krümel zerbrochen, das sind die Porsa. Sie werden bis zur weiteren Verwendung in Fischhautbeuteln oder Birkenrindegefäßen
aufbewahrt. Im Winter wird daraus mit etwas Mehl ein dicker
Brei zubereitet, auch Fladen werden aus den Fischbröseln gebacken.

Sulta (Getrocknete Fisch- und Rogenmasse)

Fisch kurz und in wenig Wasser kochen. Die Gräten entfernen.
Nun das Fleisch zusammen mit rohem Rogen zu Brei zerreiben.
Diese Masse wird in der Sonne getrocknet und mit auf die Jagd
genommen.

Menin

Frische Blaubeeren auslesen, mit kaltem Wasser abspülen, etwas
trocknen lassen. Dann die Beeren sorgfältig mit einem hölzernen
Stößel oder Holzlöffel zerdrücken, mit Rentiermilch begießen
und umrühren. In Gläser gießen und gleich trinken.

Fischroulade aus Renke

Zutaten:

Renke • Weißbrot • Zwiebel • Milch • getrocknete Pilze • Salz
Eier • Gewürze nach Geschmack • Butter • Knoblauch • frische Kräuter

Zubereitung:

Für diese Speise wird frisch gefrorene Renke benötigt. Den Fisch in Filets mit Haut teilen, alle Gräten entfernen, die obere Fleischschicht dabei abschneiden, darauf achten, dass die Haut nicht beschädigt wird. In Milch eingeweichtes Weißbrot, Zwiebeln und Fischfleisch durch den Fleischwolf drehen. In die Mischung die gekochten und klein geschnittenen Pilze, die Gewürze und die schaumig geschlagenen Eier geben. Die entstandene Masse auf die Fischhaut legen und die Ränder zusammenfügen. Im Backofen garen. Nach dem Abkühlen in Scheiben schneiden.

Pizza mit Zedernkernen nach Art der Ewenken

Zutaten:

500 Gramm Mehl • 20 Gramm Hefe • Wasser • 200 Gramm Butter
5 rohe Eier • 200 Gramm Puderzucker • Zitronenzesten • Zedernkerne
Rosinen • Zitronat • Salz

Vor einem guten Jäger nimmt das Wild nicht Reißaus.

Der Jäger braucht das Rentier wie der Auerhahn seine Flügel.

**Dem erfolgstrunkenen Jäger dünkt die schwere Jagdtasche
wie eine Daunenfeder.**

Sprichworte der Ewenken

Zubereitung:

In einer Keramikschüssel die Butter schaumig schlagen, ein Eigelb hinzufügen und weiter schlagen, bis das Eigelb vollständig mit der Butter vermischt ist. Nacheinander die übrigen Eigelb untermischen, es können insgesamt bis zu 5 Eigelb verwendet werden. In diese glatte Masse nach und nach den Puderzucker, die in etwas kaltem Wasser aufgelöste Hefe, Salz und das gut durchgesiebte Mehl geben. 5 Minuten rühren, dann die steif geschlagenen Eiweiße unterheben, etwas abgeriebene Zitronenschale hinzufügen und alles sorgfältig umrühren. Die entstandene Mischung in eine mit Butter eingefettete und mit Mehl ausgestreute Form geben, bei mäßiger Temperatur etwa 40 Minuten im Backofen backen. Nach 25 Minuten die Ofentür öffnen und schnell, damit nicht zu viel Hitze entweicht, die Zedernkerne, die Rosinen und das Zitronat auf die Pizza streuen. Backofentür wieder schließen. Die Pizza mit Puderzucker bestäuben.

Heidelbeermors

Zutaten:

4 Glas Wasser • 7 Glas Heidelbeeren • ½ Glas Zucker

Zubereitung:

Die Heidelbeeren auslesen, waschen, zerdrücken und den Saft auspressen. Den Saft in ein Einweckglas füllen, verschließen und an einen kühlen Ort stellen. Den Trester mit heißem Wasser auffüllen (3 Glas), aufkochen und 10 bis 12 Minuten kochen lassen, dann abseihen. Den Sud mit dem Saft mischen, Zuckersirup hinzugeben, der aus 1 Glas Wasser und ½ Glas Zucker zubereitet wurde. Das Mors kühl servieren.

ОБРЯД КОГДА ПОДБИРАЮТ ИМЯ НОВОРОЖДЕННОМУ ХАНТЫМАНСИ

Die Küche der Chanten und Mansen

19 068 Chanten und 10 917 Mansen siedeln nach Angaben der Volkszählung von 2010 im Autonomen Gebiet der Chanten und Mansen; zudem leben rund 10 000 Chanten auf der Halbinsel Jamal. Die einen sind mehrheitlich mit Fischfang beschäftigt, die anderen ziehen mit ihren Rentierherden durch die Weiten der Tundra.

Es war immer mein Traum, die Arktische Tundra zu sehen. Auf Jamal findet man drei Arten von Tundra: die Strauchtundra, weiter nördlich die Moostundra und noch nördlicher die Arktische Tundra. Die Arktische Tundra durfte ich im Sommer erleben, als der Islandmohn blühte. Die zartgelbe Blütenpracht war überwältigend. Im Sommer ist die Tundra von einem Blütenteppich bedeckt. Alles blüht, die Gräser, die Zwergsträucher, der Steinbrech.

Unser Fahrzeug hatte kurz vor der chantischen Siedlung, die wir erreichen wollten, eine Panne. So gingen wir zu Fuß weiter. Am Abend gelangten wir in die kleine Siedlung und baten im ersten Haus um ein Nachtlager. Eine alleinstehende alte Chantin ließ uns ein und entschied gleich, nachdem sie uns angehört hatte: „Da hat euch ein Geist Schaden gebracht!"

Die Geister der Chanten – nach ihrer eigenen Definition sind es „verborgene Bewohner" – bevölkern die Flüsse und Seen, die Felsen, das Feuer. Sie treten manchmal in menschlicher Gestalt in die Welt der Menschen ein und helfen, wofür sie um eine kleine Belohnung bitten. „Mir haben die verborgenen Bewohner immer geholfen", schloss die alte Chantin ihre Erzählung. „Und was haben sie dafür verlangt?" Wir waren neugierig. Doch sie lächelte nur und lud uns zu Tisch.

Ihr Geschirr beeindruckte mich. Sie besaß alte Gefäße, die in der Sprache der Chanten „Chuw-an" heißen, was soviel wie „längliche Schüssel" bedeutet. Sie werden aus Birkenholz gefertigt. Birkenholz ist weich und verbreitet anders als Nadelbaumholz keinen starken Harzgeruch. In der typischen Form eines

Bootes werden sie aus abgerundeten Scheiten gehauen, oft werden die Schüsseln mit Schnitzereien verziert. Die Festigkeit und Unzerstörbarkeit dieses Geschirrs, in dem gekochtes Fleisch oder Fisch serviert wird, erhöht sich noch dadurch, dass das Fett allmählich das Holz durchdringt. Es gibt Schüsseln dieser Art, die älter als hundert Jahre sind.

Zum Abendessen gab es bei der alten Chantin Kascha, aber keine einfache Getreidegrütze, wie sie überall serviert wird, sondern eine „Rak enk". Und wie die zubereitet wird, erklärte mir die alte Dame ganz genau. Der Rogen eines Hechts oder eines Nerflings wird in kochendes Wasser gegeben, kurz aufgekocht und vom Herd genommen. In diese Bouillon kommt nun ein wenig Salz und Mehl, alles wird sorgfältig eingerührt und wieder auf den Herd gesetzt. Das Mehl quillt auf und im Ergebnis haben wir einen relativ flüssigen Brei.

Dann bewirtete uns unsere Gastgeberin mit einem flachen Fisch, meiner Meinung nach war es Hering, der kalt geräuchert war. Dazu gab es kalte gekochte Kartoffeln. Wir ließen all die neuen Eindrücke auf uns wirken und unterhielten uns beim Essen.

Ich berichtete von meiner Reise nach Prag und von der Legende über den Golem, den Menschen, den Rabbi Judah Löw aus Lehm erschaffen hatte. Meiner verständigen Gastgeberin gefiel die Geschichte nicht. Aber die Geschichte von zwei hungrigen Rabbinern, die aus Lehm ein Kalb erschufen, ihm Leben einhauchten, es dann schlachteten und verzehrten, gefiel der alten Frau. Sie meinte: „Das ist ganz im Geist der Chanten!"

Am Morgen schien die Sonne, und das am Vorabend so finstere Ufer hatte sich gänzlich verändert. Entlang der Uferlinie lagen Reste von Walen, einzelne Wirbel oder Kieferknochen von zwei Metern Länge. Vögel hatten ihre Nester malerisch in die Klippen gebaut. Die Klippen wirkten wie vergrößerte Sandskulpturen, die man an südlichen Stränden findet, so plastisch und bizarr, dass man unweigerlich an verwunschene Burgen und Schlösser mit Toren, Brücken und Türmchen denken musste. Wir wanderten am Ufer entlang und beobachteten die Fischer, die einen großen Kabeljau aus ihrem Boot holten.

Meine zweite Reise zu den Chanten trat ich im Jahr darauf an. Wieder ging es nach Jamal. Es war Januar, und der Januar hat bei den Chanten einen besonderen Namen: „Wyli erda tylyschtsch", was so viel heißt wie „Monat, in dem die Rentiere gezählt werden". Ich reiste in ein chantisches Rentierlager, um eine Reportage über junge Rentierzüchter zu schreiben. Ein Erlebnis blieb mir bildhaft im Gedächtnis: Über eine verschneite Ebene, Wolken kalten, weißen Schneestaubs aufwirbelnd, jagt ein Rentiergespann. Auf dem Schlitten sitzt ein Mann im traditionellen Pelzmantel, seine Kapuze ist vom Kopf gerutscht, er schreit auf die Rentiere ein und wippt mit seiner langen Gerte. Das Gespann gleitet über Eis und Schnee dahin, dann windet es sich durch einzelne Kiefern und Tannen am Flussufer und gleitet dann wieder schwerelos durch die Weite der Tundra. Dem Rentierhirten ist heiß geworden, Schweißtropfen stehen auf seiner Stirn, die schwarzen Haare, vom Wind zerzaust, sind mit Reif bedeckt, selbst in den Augenbrauen hängen Reifkristalle. Mit verschmitzten Augen schaut er mich an: „Na, noch nicht erfroren?" Ich schüttle den Kopf. Wie sollte ich auch erfrieren, eingepackt in einen Pelzmantel, über den ich vor der Reise noch einen Überwurf aus Bärenfell gezogen hatte, mit der Fellseite nach außen.

Ich besuchte also eine Rentierzüchterbrigade, reiste zur „Herde", wie die chantischen Rentierzüchter sagen. Im Auftrag einer Zeitung sollte ich eine Reportage über erfolgreiche Rentierzüchter schreiben. Was also ist eine Rentierzüchterbrigade? Sieben Hirten und eine Frau, deren Beruf „Tschumwirtschafterin" genannt wird, leben weitab von jeder Zivilisation. Tschum ist die Bezeichnung für die traditionelle Zeltbehausung. Die Wirtschafterin bereitet das Essen zu und kümmert sich um den Haushalt. Die Hirten hüten die Herde, die weiterzieht, sobald ein Gebiet abgeweidet ist. Die Rentiere sind halb domestiziert, es ist die zierliche Rentierrasse des Nordens, bei denen sowohl die männlichen wie auch die weiblichen Tiere ein Geweih tragen. Es geschieht mitunter, dass Rentierkühe von einem Tchor, einem wilden Rentierbock, in eine wilde Herde entführt werden. Um das zu verhindern, haben die Hirten ihre Gewehre stets schussbereit. Ich erlebte, wie die Herde zusammengetrieben wird, wie mit einem Fangseil – die Bewohner des Nordens nennen es Tschautom – ein Rentier aus der Herde eingefangen wird, das zum Schlachten bestimmt ist, verfolgte, wie die Chanten das Rentier ausnehmen und aus den Knochen das begehrte Mark herausschlagen. Ich sah, wie das Fleisch auf dem offenen Feuer gekocht wird und sah mir an, wie das Fell abgezogen und verarbeitet wird. Im Norden bedeutet das Rentier alles: Es ist Transportmittel, sorgt für Nahrung, Kleidung, Fell für den Tschum, das Nachtlager.

Einer der Rentierzüchter war ein guter Erzähler und ich fragte ihn über sein Leben aus, über den Alltag und die Feste seines Volkes, über die „Bärenspiele" und andere Traditionen. Von ihm hörte ich zum ersten Mal etwas über die Krähe. Am siebten Tag im Monat der Krähe, „Wurna tylyschtsch", also am 7. April, werden die Figuren der Geister aus ihrer heiligen Narte, dem Rentierschlitten, geholt und mit Blut und Fett bewirtet. Das Fest ist der Torum Ewi gewidmet, der „Himmelsmutter", die die Gestalt einer Krähe hat. Für die Bewohner des Nordens ist die Krähe nicht einfach ein Vogel, sondern eine Gottheit. Die Krähen im Hohen Norden haben andere Gewohnheiten, als die in Europa. Sie sind furchtlos und bleiben in der Nähe der Wohnstätten. Krähen verstehen, wenn jemand auf die Jagd geht und begleiten den Jäger. Ein alter

Ein gutes Wort lässt auch den Hund lächeln.

Verhandelst du mit dem Wolf, lade das Gewehr.

Sprichworte der Chanten und Mansen

> **Ist das Fleisch weit, schmeckt auch der Knochen.**
>
> **Kleine Pflänzchen lieben warmen Boden.**
>
> Sprichworte der Chanten und Mansen

Jäger war überzeugt, die Krähe würde ihm die Beute zeigen. Ich habe das damals nicht geglaubt, aber erst vor kurzem las ich in einem wissenschaftlichen Aufsatz, dass es im Hohen Norden tatsächlich eine Symbiose von Vogel und Jäger gibt. Die Krähe sieht das Wild von weitem und fliegt zum Jäger zurück, um ihm die Richtung zu weisen.

Einmal hatte ich das Glück, in der Siedlung Owgort im Schuryschskarer Rayon auf Jamal – hier gibt es übrigens ein sehr gutes Heimatkundemuseum – an einer ungewöhnlichen Tafelrunde teilnehmen zu können. Davor wurde ein Ritual vollzogen, um einem Neugeborenen einen Namen zu geben. Die junge Mutter stellte die Birkenholzwiege – ein Auerhahn, der „Bewahrer des Schlafes", war darauf dargestellt – mit dem Säugling an den Herd, dann schob sie ein Messer unter die Wiege, bei jedem Anheben der Wiege nannte sie den Namen eines verstorbenen Verwandten. Wenn die Wiege „anklebte", das heißt, so schwer wurde, dass sie nur mit Mühe zurück wippte, bedeutete das, dass die Seele eines Verstorbenen darum bat, in den Körper des Neugeborenen einzutreten. Weinte das Kind, war die „auferstandene Seele" nicht richtig bestimmt, und das Ritual musste erneut vollzogen werden. Nun, das Kind erhielt den Namen Kescha, also Innokenti, der Unschuldige. Beim anschließenden Festmahl kamen traditionelle Gerichte auf den Tisch. Das mit Kartoffeln gedünstete Rentierfleisch und das Kalbfleisch in Milch waren viel schmackhafter, als am Vorabend im teuersten Restaurant von Salechard, der Hauptstadt von Jamal.

In der Kultur der Chanten und Mansen gibt es zahlreiche Gebote und Verbote, die die Zubereitung von Speisen regeln, das gilt insbesondere für Fisch, die Hauptnahrung der Chanten und Mansen. In den skandinavischen Ländern wird der Kabeljau am meisten geschätzt. Auf Jamal verhält man sich zum Nalim, dem nächsten Verwandten des Kabeljau, vergleichsweise gleichgültig. Der Grund ist einfach: es gibt genügend andere Fische, die schmackhafter sind. Einzig die Leber des Nalim wird gern verwendet, und sie ist tatsächlich so lecker, dass man davon nicht genug bekommen kann. Über ihre Fisch-Tabus reden die Chanten und Mansen nicht gerne, doch es gibt sie. Die meisten sind mit dem Fang und der Verarbeitung von Stör, Nalim und Hecht verbunden. Frauen ist es verboten, diese Fische auszunehmen oder roh zu essen. Nach einer Entbindung dürfen sie diese Fische auch nicht in gekochter Form verspeisen

In der Mythologie der Chanten gelten Fische als untereinander verwandt. Stör und Sterlet erweisen sich als Schwager, der Nelma ist der Neffe, Hecht und Muksun sind die Cousins des Nalims. Deshalb darf man den Onkel niemals im gleichen Topf mit den Brüdern oder Neffen kochen.

Auch existierte bei den Chanten die alte Tradition, auf die Hechtnase zu schwören, wenn man eine Aussage besonders unterstreichen will. Das Ornament der „Hechtzähne" diente nicht nur dem schönen Schmuck, sondern vor allem dem Schutz der Kleidung und der Einrichtungsgegenstände im Wohnraum. Die Darstellung eines gehörnten Hechts dagegen beschwor den Geist des Wassers, den Schutzgeist aller Jäger von Meeressäugetieren und aller Fischer.

Fisch war seit alters her die Nahrung der Chanten, dazu Rentierfleisch und Wildtiere, die in rohem, gekochtem, gebratenem und geräuchertem Zustand gegessen wurden. Als Delikatessen gelten Zunge, Stroganina und Wildbret. Die Chanten und Mansen schätzen Tee und gutes Brot (chantisch: Njan), das es in vielen Varianten gibt.

Traditionell wird es in einem Lehmofen, dem Njan Ker, im Hof gebacken. Der Ofen wird zuerst gut angeheizt, dann etwas Kohle und Asche herausgeholt und in den Teig gemischt. Außer dem chantischen Fladen wird auch Brot mit dem Zusatz von Fischrogen, mit Rentier- oder Elchblut gebacken. Sauerteigbrot wird Russisches Brot genannt. Der Teig wurde früher in der Regel auf der Basis von Fischbouillon zubereitet.

Fisch wird luftgetrocknet, gebraten, gekocht, geräuchert, er wird roh und gefroren gegessen, aus ihm wird Jukola und Porsa zubereitet. Aus den Innereien wird Fischöl geschmolzen, das pur oder mit Beeren gemischt verwendet wird. Eine Delikatesse ist in Fischfett ausgebratener Fischrogen. Es gibt viele Arten, Fisch zu braten. Die wichtigste heißt in der Sprache der Chanten Tortym sort. Dazu wird in der Regel Hecht verwendet, der in Stücke geschnitten und am Spieß am offenen Feuer gebraten wird. Kleinere Fische werden meist im Ganzen gebraten. Am Ob und Irtysch gibt es eine große Artenvielfalt an Fisch, darunter Hecht, Nerfling, Flussbarsch, Muksun, Sterlet, Nelma. In den Zuflüssen zu Irtysch und Ob werden Taimen, Tygyn, Äsche, Maräne und Renke gefangen.

Gebratenes aus Enteninnereien

Zutaten:
500 Gramm Enteninnereien (Leber, Magen) • 4 Entenhälse • 1 Tomate
1 Gelbe Paprika • 1 Zwiebel • 1 Knoblauchknolle • Salz • Öl zum Braten
Petersilie zum Garnieren
Zubereitung:
Die Entenhälse wässern, säubern, dann gut waschen. Entenmägen säubern, klein schneiden, Entenleber waschen. Entenhälse und Mägen in heißem Öl zehn Minuten braten, dann die Entenleber hinzugeben, weitere 5 Minuten braten. Knoblauch und Zwiebeln fein hacken, Tomate und Paprika in Würfel

schneiden, alles zu den Innereien hinzugeben, vorsichtig salzen, 20 Minuten mit geschlossenem Deckel dünsten lassen, ab und an umrühren.

Pochlebka (Milchsuppe) mit Nalimfrikadellen

Zutaten:
400 Gramm Nalimfilet • 100 Gramm Weißer Speck • 1 Ei • 1 Liter Milch
½ Glas Wasser • 50 Gramm Butter • 1 Zwiebel • 4 bis 5 Kartoffeln • Salz

Zubereitung:
Das Fischfilet zerteilen, zusammen mit dem Speck durch den Fleischwolf drehen, das rohe Ei in die Masse geben, salzen, gut vermengen. Aus der Masse kleine Fischfrikadellen formen. In einem Topf die Butter auslassen, darin die klein geschnittene Zwiebel glasig anbraten, dann die in Stifte geschnittenen Kartoffeln zugeben, Zwiebeln und Kartoffeln verrühren. Nun die Milch und das Wasser zugießen. Zum Kochen bringen, 10 Minuten kochen lassen, die Fischfrikadellen zugeben, weitere 10 Minuten kochen. Fischfrikadellen mit der Schaumkelle abschöpfen, in tiefe Teller geben, mit der Suppe übergießen.

Birkhuhnsuppe

Zutaten:
1 Birkhuhn (etwa 1 Kilogramm) • Wasser • 1 Zitrone • 200 Gramm Möhren
2 bis 3 mittelgroße Kartoffeln • 100 Gramm Zwiebeln • 1 Lorbeerblatt
Salz • Pfeffer • Gewürze nach Geschmack

Zubereitung:
Das Birkhuhn ausnehmen, waschen, in kleine Stücke zerlegen, in kaltem Wasser mit einem Löffel Zitronensaft, Pfeffer, Lorbeerblatt und Salz ansetzen, zum Kochen bringen, dann bei mäßiger Hitze rund 2 Stunden köcheln. Die Geflügel-

stücke aus der Bouillon nehmen, von Knochen befreien, in kleine Stücke schneiden. Die Bouillon abseihen, das Geflügelfleisch in den Sud geben, zudem die klein geschnittenen Kartoffeln, Zwiebeln und Möhren. 30 Minuten köcheln lassen. Nach Geschmack würzen.

Elchlippe, gekocht

Zutaten:

2 Elchlippen • 2 Lorbeerblätter • 10 bis 15 Körner Schwarzer Pfeffer
Wasser • 1 Zwiebel • 1 Möhre • Salz nach Geschmack

Zubereitung:

Den fleischigen Teil der oberen und unteren Lippe des Elchs im Ganzen abschneiden, die Haare abbrennen, das Fleisch waschen und in siedendem Salzwasser weichkochen. Zum Würzen Lorbeerblatt, Pfefferkörner, Zwiebeln und Möhren hinzufügen. Die gekochte Lippe kann sowohl warm wie auch in Scheiben geschnitten kalt gegessen werden. Als Beilage empfiehlt sich Kartoffelbrei mit Grünen Erbsen und Meerrettich. Elchlippe gilt als Delikatesse.

Gedünstetes Rehfleisch mit Reis

Zutaten:

600 Gramm Rehfleisch • 2 Esslöffel Fett • 1 Zwiebel • 2 Möhren
1 Petersilienwurzel • 1 Glas Reis • 3 bis 4 Gläser Bouillon
Salz • Paprika • Lorbeerblatt • frische Kräuter • 2 Esslöffel Tomatenpüree

Ein schönes Mädchen ist wie ein frisch gefrorener Fisch.

Sprichwort der Chanten und Mansen

Patanka

In der Sprache der Chanten heißt Stroganina Patanka, bei den Mansen Njarchul. Es ist frisch gefrorener Fisch (in der Regel Edelfisch wie Sterlet, Muksun und Nelma) oder das Fleisch des domestizierten oder wilden Rentiers, das zu dünnen Scheiben gehobelt wird. Beim Fisch werden Kopf, Schwanz, Flossen abgeschnitten, es werden Schnitte längs des Rückens und des Bauches angebracht, die Haut wird abgezogen. Der Fisch wird dann aufgerichtet auf eine Holzunterlage gestellt, das Fleisch mit einem scharfen Messer abgehobelt. Patanka wird mit Salz gegessen, neuerdings auch mit Pfeffer. Gefrorener Fisch gilt als Leckerbissen, mit dem bevorzugt Gäste bewirtet werden.

Jukola

Jukola ist in der Sonne getrockneter Fisch. Es ist in der Regel ein großer Fisch wie Hecht oder Renke, der vom Rücken aus aufgeschnitten, nicht ausgenommen und nicht gesalzen wird. Der Fisch wird am fleischigen Rücken quadratisch eingeschnitten. Unterhalb des Schwanzes wird ein kleiner Einschnitt gemacht und der Schwanz eines anderen Fischs hineingesteckt. Das verhindert, dass sich der Fisch beim Trocknen in der Sonne zusammendreht. Die Fische werden auf spezielle Gestelle gehängt. Traditionell wird ein großer Wintervorrat Jukola angelegt.

Zubereitung:

Fleisch von Haut und Sehnen befreien, waschen, in große Stücke schneiden, in Fett anbraten, dann gehackte Zwiebel, Möhren, Petersilienwurzel und To-matenpüree hinzugeben. Wenn alles gut angebraten ist, mit Bouillon ablö-schen, den Reis und die Gewürze hinzugeben und ohne Umrühren dünsten, bis der Reis gar ist. Manchmal wird der Reis später hinzugefügt, wenn das Fleisch bereits halbgar ist. Das fertige Gericht auf Teller verteilen und mit Sa-lat aus frischem Gemüse servieren.

Es heißt, man könne nicht von der Hauptstadt eines Landes auf das ganze Land schließen. Ich bin da anderer Meinung. Um ein Land oder ein Volk zu verstehen, muss man sich die Hauptstadt genau ansehen. Man stößt dabei auf vieles, was charakteristisch und von Bedeutung für das ganze Land ist. Salechard ist die Hauptstadt der Chanten und Mansen. Die Stadt am Fluss Ob wurde bereits 1595 gegründet. In der Stalinzeit entstanden pompöse Pracht-bauten. Wie in kaum einer anderen sibirischen Stadt trifft hier Altes und Neues in wilder Mischung aufeinander. Das wirkt bizarr und manchmal auch bedrückend. Doch die Restaurants in Salechard sind gut, darunter das „Ja-malka" und „Traktir na Jamalskoj". Die Verbindung von Neuem und Altherge-brachten in der Küche kann zu positiven Überraschungen führen. Mir gefie-len die „Sibirischen Sushi" und die Spaghetti nach Art des Nordens. Zwei Bei-spiele, die zeigen, wie man hier internationale Trends einfallsreich interpre-tiert.

Sibirische Sushi

Zutaten:
6 Kartoffeln • Wasser • Salz • 1 Hering • 50 Milliliter Milch
100 Gramm Butter • 1 Stange Porree • ½ Teelöffel gemahlene Muskatnuss

Rentierfleisch

Charakteristisch für die Völker am Ob ist die Verwendung von rohem Rentierfleisch und Blut. Als Hochgenuss gilt das Fleisch eines eben erlegten Rentiers. Die Fleischstücke werden in das noch warme Blut getaucht, zwischen die Zähne genommen und mit einer schnellen Bewegung des Messers haarscharf vor den Lippen abgeschnitten. Das rohe Fleisch und das noch warme Blut enthalten viel Vitamin C und waren ein bewährtes Mittel gegen Skorbut.

Zubereitung:

Kartoffeln schälen, kochen, unter Zugabe von heißer Milch, Butter und Muskatnuss pürieren. (Die Zugabe einer reichlichen Buttermenge verleiht dem Kartoffelpüree nach dem Abkühlen Festigkeit, ohne das es seine Zartheit verliert. Das ist wichtig, um später die Röllchen daraus zu schneiden.) Abkühlen lassen. Den Hering filetieren und in Streifen schneiden. Den grünen Teil der Porreestange blanchieren, jedes Blatt in zwei Teile teilen. Auf einer Küchenfolie die vorbereiteten Porreeblätter kreuzweise anordnen. Auf die Mitte das Kartoffelpüree geben und gleichmäßig verteilen. Darauf ein oder zwei Strei-

**Was du während der Aussaat nicht gesagt hast,
kannst du während der Ernte nicht mehr hinzufügen.**

Sprichwort der Chanten und Mansen

fen Heringsfilet legen. Aufrollen, in Küchenfolie wickeln, im Kühlschrank aufbewahren. Vor dem Servieren die Folie entfernen und die Rolle in Scheiben aufschneiden.

Mit Erlaubnis des Chefkochs des Restaurants „Juribej" in Salechard verrate ich hier sein ungewöhnliches Spaghetti-Rezept. Zum Abschied schärfte er mir ein: „Merken Sie sich die Zahl 100! So viele Gramm Teigwaren braucht es für jeden Erwachsenen beim Pasta-Essen." Das müsste ich bei allen Nudelgerichten im Kopf behalten, damit nichts übrig bleibt.

Spaghetti nach Art des Nordens

Zutaten
400 Gramm Spaghetti • 500 Gramm Zucchini • 2 Zwiebeln
100 Milliliter Sonnenblumenöl • 3 Eier • 100 Gramm Hartkäse
Schwarzer Pfeffer nach Geschmack • Wasser • Salz
Zubereitung:
Die Zwiebeln schälen, in breite Ringe, die Zucchini in dicke Scheiben schneiden. Die Zwiebeln in Öl glasig anbraten. Zucchini hinzufügen und so lange anbraten, bis sie langsam ihre Form verlieren. Inzwischen die Spaghetti in reichlich Salzwasser kochen. Die Eier leicht schaumig schlagen, den geriebenen Käse dazugeben und diese Mischung zusammen mit dem Gemüse in die eben abgegossenen, sehr heißen Spaghetti gießen. Alles gut umrühren und zum Schluss mit zerstoßenem Schwarzen Pfeffer würzen.

Die Küche der Tschuktschen

Die Beringstraße trennt die Halbinsel Tschukotka von den USA. Im Autonomen Gebiet der Tschuktschen leben 50 500 Menschen – Tschuktschen, Russen, Ewenen, Korjaken und Jukagiren. Die Tschuktschen zählen nach Angaben der Volkszählung von 2010 noch 15 908 Angehörige. Davon leben 12 772 im Autonomen Kreis der Tschuktschen. Im Winter gelangt man nur mit dem Flugzeug nach Tschukotka.

Von Moskau aus ging es in die tschuktschische Hauptstadt Anadyr, von dort flogen wir weiter mit einer alten AN 24. Der Flug bis zur Siedlung Egwekinot, 250 Kilometer von Anadyr entfernt, dauerte 45 Minuten. Von dort waren es mit dem Bus, der einen den Polarkreis symbolisierenden Bogen fuhr, noch einmal vier Stunden bis in das Dorf Amgujom. Hier, am Ufer des Polarmeeres befinden sich die Orte Wankarem und Billings. Hier gibt es so viele Eisbären – Umki auf Tschuktschisch –, dass die Bewohner eine „Bärenpatrouille" aufgestellt haben. Ab und zu spült die Meeresströmung einen toten Wal an. Die Schwertwale (Orca), die immer wieder Jagd auf andere Wale machen, haben ihrer Beute oft nur ihr Lieblingsstück entrissen: die Zunge. Wird der tote Wal nicht entsorgt, zieht er in Menge Eisbären an.

In Wankarem, einer Siedlung nomadisierender Jäger, drehten wir, eine Gruppe Moskauer Dokumentarfilmer, einen Film über die 1936 eingerichtete Internatsschule und über deren Schüler, die Kinder der Tschuktschen, die aus den Nomadenlagern in der Tundra zur Schule kommen. Am Abend waren wir bei einer Lehrerin dieser Schule eingeladen. Ihr Mann arbeitete in der örtlichen Genossenschaft der Meerestierjäger. Wir wurden mit ausgezeichnetem Räucherfisch und geräuchertem Rentierfleisch bewirtet. Wodka wird auf Tschukotka mit Wacholderbeeren angesetzt. In den Niederlanden, aus dem der Wacholderschnaps ursprünglich stammt, heißt das Destillat Jenever, in Belgien Genever. Wacholderschnaps gilt als Vorläufer von Gin. Der sibirische

Gin aus heimischer Produktion passt ideal zu geräuchertem Fisch. In jenem Herbst habe ich mich am Ufer des Tschukotka-Meeres an Fisch satt gegessen und verschiedene Sorten selbstgemachten Wodka gekostet. Im winzigen Dorf Nutepelmen mit seinen etwas mehr als hundert Einwohnern blieben wir drei Tage. Auch dort wurden wir herzlich aufgenommen und bewirtet. Zwei Gerichte sind mir bleibend in Erinnerung geblieben. Das Dorf befindet sich unweit der Koljutschin-Bucht am Tschukotka-Meer. Mit den ersten warmen Tagen des Jahres siedeln sich dort riesige Vogelkolonien an. Unterhalb der Klippen haben die Seehunde ihre Lager, und die Menschen sammeln an den Steilhängen die Eier der Vögel. Daraus wird dann ein wunderbares gefülltes Omelett zubereitet. Dazu braucht es ein wenig Geschick. Urteilen Sie selbst: Auf einen kleinen flachen Teller werden vorsichtig die Wildvogeleier für das Omelett aufgeschlagen, darauf wird ein dünner Fladen aus rohem Hackfleisch gelegt, der zur Hälfte aus Schweine- und Rinderhack besteht. Den Inhalt des Tellers lässt man dann in das heiße Öl in einer Pfanne gleiten, so dass die Eier unten und das Hackfleisch oben zu liegen kommen. Wenn der Eierteil angebraten ist, wird das Stück gewendet und das Hackfleisch angebraten. Aus der Pfanne nehmen und zu einer Roulade rollen. Es war wirklich das schmackhafteste gefüllte Omelett, das ich je gegessen habe, und es bleibt unvergesslich.

Doch das exotischste Gericht, das ich dort kosten durfte, war ein Essen aus verdorbenem Hai. Die Haiart, die im Nördlichen Eismeer vorkommt, ist nicht

Je mehr Schüsse, je mehr Fleisch.

Ohne gute Waffe ist ein Jäger kein Mensch.

Sprichworte der Tschuktschen

sofort zum Verzehr geeignet. Wie alle Plattenkiemer reichert der Eismeerhai Harnstoff in seinem Körper an. Bis der Harnstoff im Körper eines toten Hais abgebaut ist, vergehen Monate, und dabei werden große Mengen Ammoniak freigesetzt. Nach dem Fang wird der Hai zerlegt, dann zersetzt sich das Fleisch, anschließend wird es „gelüftet" und zum Schluss ist eine Delikatesse des Polargebiets daraus geworden. Doch ein leichter Hauch von Ammoniak bleibt, der sich nur mit einem Gläschen Wodka herunterspülen lässt.

Im Gedächtnis geblieben sind mir die Erzählungen unseres gastfreundlichen Hausherrn über den Appetit der Eisbären auf Seehundfleisch, aber noch mehr, so sagte er, steht ihnen der Sinn nach Robben ...

Tschukotka ist überwältigend schön. Hier herrscht eine besondere Harmonie der Elementargewalten, und die Klänge sind durch den Frost und die Trockenheit ganz rein.

Die Tschuktschen selbst sind gutmütig und offenherzig. Zu Sowjetzeiten waren die Tschuktschen das Volk, über das man die lustigsten Witze erzählte. Hier ist einer davon:

„Eine Tschuktschin sitzt im Restaurant: ‚Herr Kellner, es reicht! Ich habe Zedernkerne bestellt. Das ist doch kein kompliziertes Essen, dass es so lange dauern muss!' Der Kellner antwortet: ‚Sie sind schon gesät, bald ernten wir sie!'"

Es hat sich ergeben, dass ich die beiden berühmtesten Tschuktschen persönlich kennenlernen durfte. Einer davon war der Schriftsteller Juri Rytchëu, der andere war Iwan Rultetegin. Letzterer lebte im Dorf Werchnije Pachatschi auf Kamtschatka. Rultetegin war vollständig blind, aber in Werchnije Pachatschi galt er als der Meister der Handwerker. Er schnitzte Messer, fertigte Schlitten und Stiefel an, und seine Erzeugnisse wurden auf Kamtschatka sehr geschätzt. Er hatte eine besondere Gabe, sich in der Tundra zu orientieren. In seiner Jugend arbeitete er als Führer eines Hundegespanns und brachte Zeitungen und Kinofilme zu den Rentierbrigaden.

Die Dorfbewohner erzählten mir, dass Iwan bei langen Unwettern, wenn weder die Rentiere noch die Hunde dazu zu bewegen waren, den Schlitten zu ziehen, zu Fuß die dringendsten Besorgungen machte und die Lasten von der Versorgungsstation am Meeresufer in die Siedlung brachte. Die Entfernung beträgt siebzig Kilometer! Rutelegin war damals schon über fünfzig Jahre, aber er war stark und kräftig. Zudem war er ein leidenschaftlicher Ringer, es war noch niemandem gelungen, ihn bei einem Wettkampf zu bezwingen. Und er tanzte besser als alle anderen! Und noch eine Fähigkeit hatte er: Er konnte eine Spur mit den Fingern ertasten und wusste sofort, ob sie ein Hund, ein Rentier oder ein Fuchs hinterlassen hatte und ob es eine frische oder eine alte Spur war ...

Als ich mich von ihm und seiner Familie, er hatte sechs Kinder, verabschiedete, überreichte er mir ein Geschenk: ein großes Bündel luftgetrockneten Fisch, geputzt und in Stücke zerteilt. Es war Kabeljau. Ich kaute darauf herum, während ich weiter Kamtschatka bereiste. Und wenn es gelang, etwas Butter aufzutreiben, schmeckte es umso besser.

Juri Rytchëu lernte ich auf der Leipziger Buchmesse kennen. Er war Autor zahlreicher Romane über das Leben auf Tschukotka im 20. Jahrhundert: „Menschen von unserem Gestade", „Traum im Polarnebel", „Der letzte Schamane", „Alphabet meines Lebens" und viele andere entsprangen seiner Feder. Uns verband neben der Literatur auch die Liebe zu Tschukotka und zur Küche der Tschuktschen. Als wir auf die berühmte tschuktschische Lachssuppe zu sprechen kamen, gab Rytchëu zu bedenken: „Ich besuchte in Norwegen private Fischfarmen, in denen Lachse gezüchtet wurden. Jedes Mal, wenn ich einen Lachs sehe, denke ich, dass die Domestizierung der Fische wohl eines der wichtigsten Ereignisse des 20. Jahrhunderts war. Der Mensch hat vor 10 000 Jahren das Getreide domestiziert, vor 6 000 Jahren das Pferd, aber die Fische als Haustiere zu nutzen, darauf ist man erst vor kurzem gekommen. Nun halten wir Austern und Langusten vor der Haustür, und der norwegische Lachs wird nicht mehr im Kampf mit den Naturgewalten erbeutet, sondern in Farmen ,geerntet'. Aber es gibt einen kleinen Fisch, den Stint, ,Osmerus eperlanus', wie er in der wissenschaftlichen Klassifizierung heißt, er kommt überall vor, von Deutschland bis Japan, in Flüssen und Meeren, und er lässt sich nicht züchten! Aber der, dem es gelingt, diesen Fisch das ganze Jahr über auf den Markt zu bringen, verdient die Dankbarkeit aller Fischliebhaber der Welt, denn es gibt keinen feineren Fisch."

In Sankt-Petersburg, wo Rytchëu in seiner zweiten Lebenshälfte lebte, „zieht" der Stint im März und April. Dann lockt der Stint die halbe Stadt zum Fischfest. Der Stint kommt unter dem Eis aus dem Ladoga- und dem Onegasee die Newa herab und kann direkt an der Peter-und-Paul-Festung aus den Eislöchern gezogen werden. Vor jeder zweiten Lokalität in der Newastadt locken die Aushängeschilder: „Stint! Frischer Stint!"

Ich erzählte Rytchëu, dass meine kleine Tochter in Jakutien mit Stint großgezogen worden war. Und dass ich ein Rezept habe, wie man Stint auf sibirische Art mariniert ... Rytchëu ging ganz auf das Thema ein: „Ich bin sicher, dass das Rezept auch im Petersburger Restaurant ,Stint' an der Peter-und-Paul-Festung auf der Speisekarte steht. In der Zeit der Stintzüge gibt es den Fisch in zehn verschiedenen Arten, geräuchert mit Spänen von Olchon, gesalzen, gebacken in Eiersauce mit Nüssen ..." So verriet ich ihm mein jakutisches

Wer keinen Durst hat, dem ist auch ein naher Fluss zu weit.

Ein leeres Gespräch führen ist dasselbe wie Schnee essen.

**Einen Lügner anzuhören ist wie warmes Wasser trinken –
es löscht den Durst nicht.**

Sprichworte der Tschuktschen

Rezept, und es stellte sich heraus, dass auch diese Art Stint im „Stint" angeboten wird ... Außenstehende, die uns im Gespräch vertieft sahen, dachten bestimmt, dass wir über Literatur sprachen, doch wir unterhielten uns über Fisch ...

Das originellste Zeugnis über die tschuktschische Küche erhielt ich von einem Ethnografen, der jeden Sommer in den Siedlungen der Tschuktschen unterwegs war. Er erzählte mir von einem Gericht, das Kopalgyn heißt. Ein erbeuteter Seehund wird in Stücke zerteilt und in eine mit Walfett gefüllte Grube gelegt. Nun wartet man einige Wochen, bis das Fleisch beginnt, sich zu zersetzen. Dann wird es in die Kälte gebracht. Wenn das Fleisch gefroren ist, ist es fertig zum Verzehr. Der Ethnograf schätzte die Vorzüge dieser Fleischzubereitung sehr positiv ein. Das Fleisch durchläuft einen Prozess der Fermentierung, bei dem es nicht nur alle Nährstoffe bewahrt, sondern auch, gelobt seien die Mikroorganismen, mit Vitaminen angereichert wird. Mit der Zubereitung von Kopalgyn, wie auch der meisten anderen Speisen der Tschuktschen, sind die Frauen betraut.

Rentier-Schurpa ist in Sibirien sehr beliebt. Diese Suppe wird gewöhnlich in großer Menge für Gäste gekocht, die sich zu einem nationalen Feiertag oder bei einem Festival versammeln. Anadyr, die Hauptstadt Tschukotkas, ist im Allgemeinen ein kalter und verschneiter Ort. Wenn Sie aber zu einem der regelmäßigen Arktis-Festivals nach Taimyr oder auf die Tschukotka-Halbinsel reisen, werden sie von der Farbenpracht der Darbietungen überwältigt sein. Mit einer heißen nahrhaften Schurpa genießen Sie die Musik und Tanzdarbietungen umso fröhlicher. Und es gibt einige schmackhafte Mitbringsel von diesem Fest auf dem 66. Längengrad, dazu zählen Muksun, Tundrabeeren, Zedernkerne, roter Kaviar und eine besondere Schokolade, die zur Zeit im Hohen Norden in Mode ist. Sie wird mit Algen zubereitet. Hergestellt wird sie in Wladiwostok.

Prerem

Prerem ist eine tschuktschische Wurst aus gekochtem Fleisch und ausgelassenem Fett. Das Rentierfleisch kochen und durch den Fleischwolf drehen. Das Fett separat durch den Fleischwolf drehen und auslassen. Fleisch und Fett vermengen, fein gehackte Zwiebeln und Salz nach Geschmack sowie 50 Gramm ausgelassenes Fett eines Meeressäugetieres hinzugeben, alles gut zu einer zähen Masse rühren. Die Masse zu einer dünnen Wurst rollen, an einem kühlen Ort lagern, von Zeit zu Zeit drehen, damit die Wurst gut durchtrocknet. Prerem ist kalorienreich, die Rentierzüchter und Jäger nehmen die Wurst als Wegzehrung mit.

Schurpa aus Rentierfleisch

Zutaten:
600 Gramm Rentierfleisch • 2 Liter Wasser • 500 Gramm Kartoffeln
40 Gramm rote Paprika • 80 Gramm Zwiebeln • 100 Gramm Möhren
2 Knoblauchzehen • 3 Gramm gemahlener Schwarzer Pfeffer
3 Gramm Paprikapulver • 40 Gramm Tomaten oder 200 Gramm
Tomatensauce • 5 Gramm frische Petersilie • Salz • Lorbeerblatt

Zubereitung:
Das Rentierfleisch waschen, mit 2 Litern Wasser ansetzen und so lange kochen, bis es gar ist. Das Fleisch herausholen und in große Stücke schneiden. Das Gemüse putzen. Die Paprikaschote und die Zwiebeln in Stifte, die Möhren in Scheiben schneiden. Alles mit dem Fleisch in die Bouillon geben. Die

möglichst kleinen Kartoffeln schälen, halbieren und in die Brühe geben. Die Suppe salzen, pfeffern und kochen, bis die Kartoffeln weich sind. 5 Minuten vor Fertigstellung enthäutete und zerdrückte Tomaten oder Tomatensauce, zerstoßenen Knoblauch und Lorbeerblatt hinzugeben. Die Schurpa mit frischer Petersilie bestreuen und in tiefen Schalen servieren.

Stäbchen aus Rentierfleisch

Zutaten:
100 Gramm Rentierfleisch • 2 Gramm Eipulver • 5 Gramm Trockenmilch
50 Gramm Schweine- oder Rentierspeck • 10 Gramm Margarine
Zubereitung:
Rentierfleisch durch den Fleischwolf drehen, Salz hinzugeben und 24 Stunden bei einer Temperatur von 2 bis 3° Celsius ziehen lassen. Dann Trockenmilch und Eipulver zu der Masse geben, mit dem Schweine- oder Rentierspeck noch einmal durch den Fleischwolf drehen und sorgfältig vermengen. Mit Hilfe einer Tortenspritze die Masse in Form von Stäbchen auf ein gefettetes Backblech spritzen und im Ofen backen.

Walfleisch-Schaschlik

Zutaten:
1 Kilogramm Walfleisch • 250 Gramm Speck • 2 Zwiebeln • 1 Zitrone
Essig • Pfeffer • Salz • frische Petersilie
Zubereitung:
Walfleisch in Stücke schneiden, in einen emaillierten Topf legen, salzen, pfeffern, fein geschnittene Zwiebeln, frische Petersilie, Essig oder Zitrone hinzugeben und umrühren. Den Topf mit einem Deckel verschließen und 4 Stunden an einem kühlen Ort ziehen lassen. Die marinierten Fleischstücke ab-

Juneut (Rosenwurz)

Der Rosenwurz aus der Familie der Dickblattgewächse wird bei vielen Völkern des Nordens als Vitaminlieferant in der Küche verwendet. Er wird Juni bis Anfang Juli geerntet. Die Pflanze hat zu diesem Zeitpunkt noch nicht zu blühen begonnen, der Stiel ist weich, zart. Man muss sich mit dem Ernten ein wenig beeilen, ehe die Pflanzenstängel zu hart wird. Die Stängel müssen sorgfältig gesäubert, dann gewaschen und darauf gut mit den Händen weich geknetet werden. In ein Gefäß legen, das zuvor über Dampf sterilisiert wurde. Nun mit einem schweren Gegenstand stampfen, so dass die Stängel dicht aneinandergedrückt sind. Obendrauf einen Stein zum Beschweren legen und das Gefäß verschließen. Das Gefäß bei Zimmertemperatur stehen lassen, bis der Inhalt fermentiert ist. Dann kalt stellen. Bei Anbruch der kalten Jahreszeit wird der Sud abgegossen, das Gericht ist fertig. Vor dem Essen wird etwas Zucker und frisch ausgelassenes Robbenfett hinzugefügt. Und bitte lassen Sie sich das Kraut munden.

Nuwkurak

Walfleisch wird mit einer speziellen Methode getrocknet, so dass nur die obere Schicht hart wie Rinde ist. Innen bleibt das Fleisch roh. Dann wird es in Wasser in großen Kesseln gekocht und in Fässer mit ausgelassenem Seehundfett konserviert. Auf diese Weise war es lange haltbar. Nuwkurak wird nur im Winter verzehrt.

wechselnd mit in Scheiben geschnittenen Speck auf einen Metallspieß ziehen. Den Schaschlik in einer Pfanne braten, den Spieß von Zeit zu Zeit drehen, damit das Fleisch gleichmäßig braun wird. Mit marinierten Früchten, Zwiebellauch und Zitronenscheiben servieren.

Pjaruj Njan (Brot in Asche)

Zutaten:
1 Kilogramm Mehl • Wasser • Soda • Salz
Zubereitung:
Ein Kilogramm Mehl mit Wasser, Soda und Salz zu einem Teig verkneten. Daraus runde Fladen mit einem Durchmesser von 20 bis 30 Zentimetern und einer Dicke von 5 bis 7 Zentimetern formen. Die Fladen werden in den heißen Sand unter dem Lagerfeuer vergraben und von oben mit glühenden Kohlen bedeckt. Nach einiger Zeit werden die Fladen aus dem Sand geholt und auf einem Rost abgekühlt. Sobald das Brot kalt ist, wird der Sand mit einem Messer abgeschabt und dann leicht mit Wasser abgewaschen. Dann wieder auf dem Rost trocknen lassen. Das Pjaruj Njan ist fertig.

Marinierte Stroganina aus Kalbfleisch

Zutaten:
1 Kilogramm gefrorenes Kalbfleisch • 1 Esslöffel Essig • 1 Glas Pflanzenöl
1 Glas Tomatensauce • 400 Gramm Zwiebeln • 1 Esslöffel gemahlener
Schwarzer Pfeffer • Lorbeerblatt • Salz nach Geschmack
Zubereitung:
Das gefrorene, leicht angetaute Fleisch ohne Sehnen und Häute in lange dünne Scheiben schneiden, etwa 3 bis 4 Zentimeter lang und 3 bis 4 Millimeter dick. Dann das Fleisch in ein Gefäß legen und mit Essig bedecken. 2 bis 3

Wilmulimul (Gefüllter Rentiermagen auf Vorrat)

Rentierblut wird in einen gut gereinigten Magen gegossen. Dazu kommen gekochte Nieren, Leber, Ohren, gebratene Hufe (ohne Horn) und Lippen. Beeren und Sauerampfer werden dazugegeben. Der gefüllte Magen wird sorgfältig zugebunden und in den Ketyrgan, den natürlichen Eisschrank, gelegt. Im Winter lagert es im kalten Teil der Jaranga. Der Rentiermagen fermentiert im Winter. Man isst ihn im Frühjahr, dann ist ein kalorien- und vitaminreiches Nahrungsmittel entstanden. Viele indigene Völker im Hohen Norden bereiten ein solches Gericht zu.

Kuwychsi

Der obere Stängel und die Blätter der dreiflügeligen Wiesenraute wurden gesammelt, bevor die Pflanze zu blühen beginnt. Sie gehörte zum Wintervorrat. Um sie haltbar zu machen, wurde das Kraut abgekocht, der Sud abgegossen, die Masse gut ausgedrückt und abgekühlt. Dann in ein Gefäß gelegt, das fest verschlossen und an einem kalten Ort oder draußen aufbewahrt wurde. Es wurde im Winter zu getrocknetem, fein gehacktem Robbenfleisch gereicht und allen anderen traditionellen Gerichte beigegeben.

Stunden ziehen lassen. Das Pflanzenöl erhitzen und alle anderen Zutaten hineingeben: die Tomatensauce, Zwiebel, Pfeffer, Lorbeerblatt, Salz. Mit der kochenden Sauce das Essigfleisch begießen, sorgfältig umrühren. 24 Stunden an einen kühlen Ort stellen. Im Kühlschrank aufbewahren.

Fisch, im Backofen zubereitet

Zutaten:
1 Kilogramm frischen Fisch • 4 bis 6 Esslöffel Öl • 150 Gramm Zwiebeln
1 Scheibe Sellerieknolle • 100 bis 200 g Möhren • ½ Zitrone • 3 Tomaten
3 bis 4 Knoblauchzehen • 1 Lorbeerblatt • 2 bis 3 Schwarze Pfefferkörner
Salz • Petersilie nach Geschmack

Zubereitung:
Den vorbereiteten Fisch mit Zitronensaft beträufeln, 30 Minuten ziehen lassen. Die Zwiebeln in Ringe schneiden und im größten Teil des Pflanzenöls an-

Gericht aus Wurzelkräutern

Die gesäuberten und gewaschenen Wurzeln und Stängel essbarer Gräser klein schneiden und in eine glatte Masse zerstampfen, dann mit klein geschnittene Rentierfleisch und Seehundfett mischen. Diese gestampfte Masse kann als Hauptgericht oder als Beilage gegessen werden.

schwitzen. Die in Stifte geschnittenen Möhren und Sellerie hinzugeben, nochmals leicht anbraten, dann die geschnittenen Tomaten, den Knoblauch und die Gewürze unterrühren. Das Gemüse in eine Auflaufform geben, den Fisch darauf legen, mit dem restlichen Öl beträufeln und backen. Vor dem Servieren mit gehackter Petersilie bestreuen.

Salat nach Art der Tschuktschen

Zutaten:
1 Dose Tomaten im eigenen Saft • 1 Dose Grüne Erbsen • 1 Zwiebel
2 Esslöffel Pflanzenöl • 600 bis 750 Gramm leicht gesalzene Gurken • Salz
Pfeffer nach Geschmack

Zubereitung:
Die Tomaten enthäuten und in Stücke schneiden, die Grünen Erbsen abgießen, die Salzgurken in Würfel schneiden. Alles in eine Salatschüssel geben, dann mit dem Saft der Tomaten übergießen, salzen und nach Geschmack pfeffern, mit Pflanzenöl beträufeln, vorsichtig untermischen.

Dessert aus Tundrabeeren

Zutaten:

500 Milliliter Sahne • ½ Glas Puderzucker • 4 Teelöffel Gelatine
Vanillezucker nach Geschmack • 300 Gramm Beeren aus der Tundra:
Moltebeeren, Preiselbeeren, Heidelbeeren oder Moosbeeren,
frisch oder tiefgefroren • ½ Glas Zucker

Zubereitung:

Gelatine in kaltem Wasser einweichen. In die Sahne Zucker und Vanillin einrühren und bei kleiner Hitze auf ein Drittel des Volumens reduzieren. Nachdem die Zuckersahne leicht abgekühlt ist, die gequollene Gelatine unterrühren. Gut rühren, in Förmchen füllen, auf Zimmertemperatur abkühlen lassen
und erst dann zum Gelieren in den Kühlschrank stellen. Die Tundrabeeren (eine beliebige Sorte je nachdem, was in der Tundra zu finden war), im Mixer
mit dem Zucker zerkleinern, dann durch ein Sieb passieren. Die entstandene
Sauce über die gelierte Sahne gießen.

Wegzehrung ist keine Last.

Gehst du für einen Tag, nimm Wegzehrung für eine Woche mit.

Solange Rauch aus einer Jaranga aufsteigt, ist Leben darin.

Bist du eine Frau, isst du was übrig bleibt.

Sprichworte der Tschuktschen

Tee nach Art der Tschuktschen

Zutaten:

Grüner Tee • Schwarzer Pfeffer • Salz • geriebene Muskatnuss
½ Glas heiße Milch • Lorbeerblatt • Butter

Zubereitung:

1 Esslöffel Grünen Tee mit 1 Glas kaltem Wasser ansetzen, zum Kochen bringen und 5 Minuten auf kleiner Flamme kochen. Weiter fügen Sie 1 Prise Schwarzen Pfeffer, ein wenig Salz und 1 Prise geriebene Muskatnuss hinzu. Auch ein Lorbeerblatt geben Sie hinzu. Alles 5 Minuten ziehen lassen, dann ½ Glas heiße Milch und ein kleines Stück Butter hinzugeben. Noch 20 Minuten ziehen lassen und Gäste zum Tee einladen.

Wer erst an seinen Schlitten denkt, wenn Schnee fällt,
ist ein schlechter Gastgeber.

Je mehr Rentierfelle in der Jaranga, desto fröhlicher das Herz.

Sprichwort der Tschuktschen

Die Küche der Eskimos

Auf der Halbinsel Tschukotka und der Wrangel-Insel leben nach Angaben der Volkszählung des Jahres 2010 1 738 Eskimos. Sie bezeichnen sich selbst als Inuit. Über kein anderes Volk in Russland existieren so viele Klischees wie über die Eskimos. Sie können sich mit jedem Russen unterhalten, er wird Ihnen versichern, dass das Lieblingseis der gesamten Bevölkerung zu Ehren der Eskimos „Eskimo" genannt wurde. Vermutlich wird man Ihnen auch erzählen, dass die Eskimos irgendwo im Norden leben, mit Hundege-spannen fahren, jagen und fischen, Fleisch essen, indem sie die Jagdbeute Stück für Stück direkt vor den Lippen abschneiden und dass sie sich nicht mit Handschlag begrüßen, sondern ihre Nasen aneinander reiben. Was da-von der Wahrheit entspricht und was nicht, erfährt man am ehesten aus ethnologischen Studien. Die russischen Wissenschaftler Sergej Artjunow und Dmitri Sergejew lebten viele Monate unter den Eskimos und verfassten zwei grundlegende Bücher „Alte Kulturen der asiatischen Eskimos" und „Ethnohistorische Probleme der Beringmeerregion" (1975, in russischer Sprache). Sie forschten über die Herkunft der Eskimos, suchten archäologi-sche Hinweise, erkundeten ihren Alltag und ihre Feste und stellten fest, wie sich die sibirischen Eskimos von den in Kanada, in den USA und auf Grön-land lebenden Eskimos unterscheiden.

Artjunow und Sergijew behaupteten, dass sich trotz aller Erleichterungen, die die Zivilisation in den Alltag der Eskimos gebracht hat – Motoren, motorge-triebene Schlitten und Boote, Satellitenantennen – die Kultur und der Alltag der Eskimos in ihren Werten nicht wesentlich verändert haben. In ihrer wis-senschaftlichen Arbeit interessierte mich das Kapitel „Der Speisezettel". Da-nach haben die Eskimos keinen streng geregelten „Tagesablauf" im europäi-schen Sinn. Die Nahrungsaufnahme war stets davon abhängig, wann der Jä-ger die Beute brachte und wann ein Hungergefühl eintritt.

Heute können die Eskimos fast alle Lebensmittel kaufen, doch zu industriell hergestellten Erzeugnisse haben sie eine zwiespältige Haltung. Der Ethnologe Hans Erpf dokumentiert die Aussagen von Eskimos: „Das Essen des weißen Mannes hilft uns, wir brauchen nicht mehr zu hungern. Aber wenn wir es gegessen haben, verspüren wir noch immer Hunger nach dem Fleisch unserer Jagdtiere."

Abends stellt die Hausfrau einen Kessel auf das Herdfeuer und kocht frisches Fleisch. Wenn es kein frisches Fleisch gibt, bereitet sie gefrorenes Fleisch zu, das in kleine Stücke gehobelt wird, oder holt „ein Stück Fleisch vom Trockengestell".

Die Nachbarn der Eskimos, die Tschuktschen, nannten das Volk früher „Rohfleischesser". Der Verzehr rohen Fleischs und Fischs ist bis heute üblich. Doch nur im Winter kommt Stroganina auf den Tisch, wenn es die Außentemperaturen erlauben, das Fleisch sofort einzufrieren und dann gefroren aufzubewahren. Daneben gibt es auch Suppen, „Haferbrei", und andere Gerichte auf pflanzlicher Basis.

Von den Küchengeräten und Werkzeugen ist das Ulu besonders erwähnenswert, so nennen die Eskimos ein spezielles „Frauenmesser" in Form eines Halbmondes. Mit diesem Messer kann man ebenso leicht einen Seehund ausnehmen wie in der Küche das Fleisch in kleine Stücke schneiden. Welche Arten von Fleisch bevorzugen die Eskimos? Im Wesentlichen das Fleisch „von Meeressäugern wie Seehund, Walross und Wal". Rentierfleisch essen vor allem die Eskimos, die weiter im Landesinneren, in der Tundra, leben. Fisch spielt eine große Rolle in der Ernährung, sowohl Salzwasser- wie auch Süßwasserfisch. Außerdem wird das Fleisch der Zugvögel geschätzt. Eine besondere Delikatesse ist die Haut des Wals, frisch oder eingesalzen, Muktuk genannt. Von alters her diente das Fett der Meeressäuger sowohl als Gewürz für verschiedene Gerichte wie auch als Konservierungsmittel. Die Frauen buken mit Walfett Brot. Erst im letzten Jahrhundert gewöhnten sich die Eskimos an die neuen Nahrungsmittel: an Salz, Kaffee, Zucker und Milch. Früher kamen alle Spurenelemente aus frischen Fisch- und Fleischerzeugnissen. Ihre Ernährungsweise galt als ideal für den Hohen Norden.

Tschukotka ist eine ethnografische Schatzkammer. Keine museale Schatzkammer, sondern eine lebendige. Jedes Land würde Wissenschaftler über Wissenschaftler hierher entsenden, um die Geheimnisse des Lebens im Hohen Norden zu erforschen. Allein das Phänomen der physischen und seelischen Gesundheit der Eskimos würde eine aufmerksame Betrachtung lohnen.

Einmal reiste ich mit der Transsibirischen Eisenbahn nach Osten. Im gleichen Waggon fuhren die Musiker und Tänzer des berühmten, 1968 gegründeten Tschuktschen- und Eskimotanzensembles „Ergyron" nach Wladiwostok. Ich teilte das Coupé mit zwei Eskimo-Frauen und einer Tschuktschin. Während der langen Zugfahrt fragte ich meine sympathischen Reisegefährtinnen alles, was mir in den Sinn kam, auch über die Authentizität des Eskimo-Tanzes. Gibt es ihn noch, oder ist er längst verloren? Eines der Eskimo-Mädchen lachte: „Während die Wissenschaftler die Wahrheit suchen, tanzen die Eskimos!" Später hatte ich Gelegenheit, einen ihrer berühmtesten Tänze, den „Tanz der Möwen", zu bewundern.

Wir reisten mehrere Tage lang gemeinsam vom Baikalsee bis zur Endstation der Bahnlinie in Wladiwostok. Beim gemächlichen Zuckeln des Zuges unterhielten wir uns prächtig. Auch über das Kochen. Die Mädchen erzählten mir, dass sie besonders gern Bärentatzen essen, wobei sie gleich hinzufügten: „Vom Bären stammt da nur der Name, es ist nur eine Erinnerung daran, dass

Gib dem Menschen Fisch, du machst ihn für einen Tag satt, lehre ihn zu angeln, du ernährst ihn für ein ganzes Leben.

Sprichwort der Eskimos

unsere Vorfahren Bären jagten". Und sie berichteten, dass in alter Zeit die Eskimo-Jungen erst heiraten durften, wenn sie bei der Jagd einen Bären erlegt hatten. Damit stellten sie ihre Männlichkeit unter Beweis. Als Zeichen der Zuneigung schickte der Bräutigam seiner Auserwählten eine gebratene Bärentatze. „Heute verstehen wir unter einer Bärentatze eine große Frikadelle aus Rentierfleisch, und die Krallen werden mit Zwiebackbröseln nachgebildet. Die Bärentatze lässt sich einfach zubereiten. Leber und Fleisch werden zusammen mit einer Zwiebel durch den Fleischwolf gedreht. In diese Mischung kommen dann Eier, Salz und Pfeffer. Daraus formt man große flache Frikadellen. Sie werden in Semmelbröseln aus Weißbrot gewendet und in der Pfanne von beiden Seiten so lange gebraten, bis sie eine schöne braune Kruste haben. Für die Krallen wird Weißbrot in längliche Stücke geschnitten und im Backofen getrocknet. Mit diesen Brotstücken werden die Frikadellen dekoriert. Ein wenig künstlerischer Wille gehört schon dazu." In der modernen Küche der Eskimos werden heute auch frisches Gemüse und gekochte Kartoffeln verwendet. Die junge Tschuktschin merkte an: „Bei Bärentatzen verwende ich Möhren". Und die zweite junge Eskimo-Frau erklärte: „Ich war in Nowosibirsk bei Sibirjaken eingeladen, und dort haben sie die Frikadellen mit Knoblauch gemacht. Das war auch lecker." In diesem Moment erinnerte ich mich an die besten Frikadellen meines Lebens. Ich aß sie in einem Studentencafé in Sankt-Petersburg, direkt am Kanal Gribojedowa. Das Lokal hieß „Frikadelka". Ich wollte unbedingt wissen, wie sie so unglaublich schmackhafte und zarte Frikadellen hinbekamen. Als ich mir Zugang zur Küche verschafft hatte, erfuhr ich, dass sie der Fleischmasse frische Gurken zusetzen.

Als wir auf die traditionelle Eskimo-Küche zu sprechen kamen und Worte fielen wie Muktuk, gesäuerte Lachsköpfe oder Palgyn, stellte sich heraus, dass diese Gerichte auch heute noch gern gegessen werden. Tschukotka hat seine für uns exotisch wirkenden Ernährungstraditionen bewahrt. Besonders exotisch ist das Haltbarmachen von Fisch durch Säuern in Erdgruben oder durch

Trocknen an der Luft. Auch Fleisch von erbeuteten Tieren wurde haltbar gemacht, indem es mit dem Fett von Meeressäugern über den Winter in Erdgruben eingelegt wurde. Das zeitige Frühjahr war nahrungstechnisch immer die größte Herausforderung, denn nach dem langen Winter waren die meisten Ressourcen aufgebraucht und neue noch nicht vorhanden. Die Tundrabewohner unter den Eskimos ernährten sich hauptsächlich von Rentierfleisch. Mehl wurde grundsätzlich aus fernen Gegenden bezogen, und die Einwohner von Tschukotka nutzten es, um ihre regionalen Erzeugnisse abzuwandeln oder bekömmlicher zu machen. Sie bereiteten Mehlgrütze mit Rentier- oder Seehundblut zu und reicherten gekochten Reis mit dem Fett von Meeressäugern oder Rentieren an. Fleisch wurde häufig mit Pflanzenzusätzen verarbeitet: mit den jungen Blättern der Zwergweide oder mit essbaren Wurzeln, das machte es abwechslungsreicher und aromatischer. Aus Beeren, die im Sommer in großer Vielfalt in der Tundra reiften, bereitete man Desserts zu: Schlehe, Blaubeere, Preiselbeere und die durstlöschende, leicht saure Krähenbeere. Besonders beliebt ist das Fleisch von Seehunden, das nach einem traditionellen Rezept zubereitet wird. Das Gericht heißt Kopalgyn-Kymgyt. Eine meiner jungen Reisegefährtinnen erzählte mir, dass ihre Familie dieses Gericht zubereitet hatte, als sie einmal zu Besuch nach Hause kam. Sie war nicht allein, sondern kam mit ihrem Freund, den sie ihrer Familie vorstellen wollte. Doch die Familie fand keinen Gefallen an dem jungen Mann. Warum? „Mein Großvater sagte, dass mein Gefährte viel Bestätigung sucht und deshalb zu viel redet." Zurückhaltung, Umsicht, Ehrlichkeit, Fleiß und Zuverlässigkeit, das sind die Tugenden, die die Eskimos hoch schätzen. Schwatzhafte Menschen sind im Norden nicht beliebt.

Das Tanzensemble „Ergyron" hat bereits die ganze Welt bereist. 2008 feierte man das 40-jährige Jubiläum, 2018 wird das Ensemble ein halbes Jahrhundert alt, davon existiert es dann bereits 40 Jahre als Staatliches Musik- und Tanzensemble. Ich fragte die Eskimo-Mädchen, welches Essen ihnen im Aus-

Kopalgyn–Kymgyt (Seehundfleisch)

Aus dem Rücken und den Seitenteilen eines Seehunds werden Fleischstücke mit Speck und Haut herausgeschnitten. Die Fleischstücke werden mit Leber und anderen Innereien gefüllt. Dann näht man die Ränder mit der Haut nach außen zusammen. Es entsteht eine Roulade. Wenn es kälter wird, werden die Ränder noch enger zusammen gezogen, um zu verhindern, dass der Inhalt zu stark gesäuert wird.

Muktuk

Die Eskimos verwenden wie auch die Tschuktschen das Fleisch und die Haut des Wals in großer Menge. Die Walhaut mit dem darunter liegenden Speck wird roh oder gekocht verzehrt. Sie wird gekocht auch als Vorrat angelegt. Um die Haut für den Wintervorrat zuzubereiten, wird sie in ein Fass mit einer dicken Schicht aus Iwan-Tee-Blättern gelegt. Das Fass wird mit Wasser gefüllt. Iwan-Tee verleihen der Walhaut einen angenehmen Geruch und konserviert sie. Sobald im Herbst die ersten langen Fröste hereinbrechen, wird die frische Haut mit Speck in die Eisgrube gebracht. Hier hält sie sich bis zum Frühling. Im Winter wird Muktuk (oder Itgilgyn) in gefrorenem Zustand gegessen. Gekocht wird sie mit einer breiförmigen Masse gegessen, die aus zerstoßenen Kräutern besteht. Sie heißt in der Sprache der Eskimos Kyjugak.

Ueuechty (Iwan-Tee)

Die Blätter und die Stängel der Pflanze werden im Juni gesammelt, wenn das Kraut noch jung ist. Die gesammelten Kräuter werden gut gesäubert und in einem großen Gefäß mit Wasser zum Kochen angesetzt. Wenn das Wasser kocht, den Topf vom Herd nehmen und abkühlen lassen. Dann in ein sauberes kleines Fass umlegen und mit den Händen feststampfen. Gute Hausfrauen geben noch gekochte Seehundflossen dazu. Von oben mit einem Gewicht beschweren. Sobald der Frost eintritt, wird das Gewicht abgenommen. Kukunak kommt in gefrorenem Zustand auf den Tisch. Erst wird er in kleine Stücke zerbrochen, dann wird Seehund- oder Walfett sowie die Leber von Meeressäugern hineingeschnitten. Dieses Gericht wird sehr wertgeschätzt, weil es viele Vitamine enthält. Es gilt als heilkräftig und findet bei Magenbeschwerden Verwendung. Iwan-Tee wird vielfältig als Würze eingesetzt.

Kuwechkarak mit gesäuertem Salkak

Der Rosenbrech, der für diese Speise verwendet wird, wird im Juni oder Anfang Juli gesammelt. Zu dieser Zeit blüht er noch nicht. Der Stängel ist weich und zart. Die Stängel sorgfältig putzen, waschen, gut mit den Händen kneten, dann die Masse in ein mit Wasserdampf sterilisiertes Gefäß geben. Fest andrücken, die Masse muss dicht gepresst werden. Von oben mit einem Gewicht beschweren, bei Zimmertemperatur aufbewahren, bis der Säuerungsprozess eingesetzt hat. Dann wird das Gefäß in die kalte Vorratskammer gebracht. Bei Anbruch der kalten Tage wird das Gewicht abgenommen, der Sud abgegossen, und dann können Sie sich das gesäuerte Kraut, das ungemein gesund ist, munden lassen. Vor dem Essen wird noch ein bisschen Zucker und frisch ausgelassenes Robbenfett hinzugefügt.

Siwugak gewürzt mit Siknak

Steinbrech ist eine Würzpflanze, die von den Eskimos im Juli und August gesammelt wird. In dieser Zeit ist der Wuchs des Steinbrechs fest und kräftig. Man pflückt nur die Blätter. Die Blätter werden gewaschen und im Fett eines Meeressäugers eingelegt. Das heißt Siknak. Dazu kommt nun getrocknetes oder luftgetrocknetes Robben- oder Walfleisch. Das entstandene Gericht heißt Siwugak.

Gesäuerte Lachsköpfe

Über die Zubereitungsmethoden der Eskimo-Küche könnte man ein eigenes Buch schreiben. Es ist eine über Jahrhunderte erprobte Küche zum Überleben unter rauen Bedingungen. Sie ist originell, eigenständig, schmackhaft und letztlich ungemein gesund. Besonders bemerkenswert ist jedoch, dass wie bei anderen indigenen Völkern auch keine Ausgangsprodukte verschwendet oder weggeworfen werden. Selbst aus den Köpfen der Lachse bereiten die Eskimos ein erstaunliches Gericht mit eigenartigem Geschmack zu. In der Mitte des Sommers, zur Zeit des ersten Lachszuges, werden die Köpfe der Lachse mit einem speziellen Fermentierungsverfahren gesäuert. Zunächst wird eine kleine Grube ausgehoben, die Humusschicht wird dabei abgetragen. Die Größe der Grube richtet sich nach der Menge der vorhandenen Köpfe. Der Boden der Grube wird mit Zwergweidenzweigen oder mit dem abgehobenen Humus ausgelegt. Darauf werden die Mittelgräten der Lachse geschichtet und darauf die Köpfe. Diese werden dann wieder mit einer Schicht Gräten bedeckt und darauf kommt wieder Humus. Über dem Naturkühlschrank Erde anhäufen und leicht festklopfen. Wenn der kleine Erdhügel einsinkt, werden die Lachsköpfe aus der Grube geholt. Der Säuerungsprozess wird zeitlich so angesetzt, dass die Köpfe im September zum Verzehr bereit sind.

Du wirst nicht von dem Bären getötet, den du siehst.

Ohne Fisch ist schlimmer als ohne Brot.

Sprichworte der Eskimos

land besonders geschmeckt hätte. In Deutschland, zum Beispiel, gefielen ihnen Königsberger Klopse: „Die sind wirklich originell!"

Lachssuppe

Zutaten:
130 Gramm Lachs • 50 Gramm Zwiebeln • 20 Gramm Möhren
7 Gramm Butter • 10 Gramm Zitrone • 400 Milliliter Fischbouillon
10 Gramm frischer Dill • Salz nach Geschmack

Zubereitung:
Lachs filetieren, mit heißer Bouillon bedecken, salzen und kochen. Den Fisch aus der Bouillon herausholen und in Stücke schneiden. Zwiebeln schälen und fein hacken. Möhren putzen, grob reiben, in Butter anbraten und in die abgeseihte Bouillon geben. Die Fischstücke in tiefe Teller legen, mit Zitronensaft beträufeln und mit der Bouillon begießen, mit Dill bestreuen. Wer mag, fügt der Suppe Kartoffeln hinzu.

Auch die Eskimos essen natürlich Ucha. Einst wurde diese reichhaltige Fischsuppe in der Variante mit fetter Sahne nur zu Ehren von ausgesprochen geschätzten Gästen gekocht. Heute ist Ucha mit Sahne ein Alltagsessen. Für ihre Zubereitung wird ausschließlich Fisch aus Binnengewässern verwendet.

Ucha mit Sahne nach Art der Eskimos

Zutaten:
1 großer Fisch (Lachs oder Forelle) • 2 Zwiebeln • 2 Möhren • 4 Kartoffeln
1 Esslöffel Weizenmehl • 50 Gramm Butter • 3 Esslöffel Pflanzenöl
300 Milliliter Sahne • Salz • Schwarzer Pfeffer • Lorbeerblatt

Zubereitung:

Den Fisch ausnehmen, dabei die Filets von der Haut und den Gräten lösen. Filets beiseite stellen. Alles andere, einschließlich Schwanz und Kopf, mit kaltem Wasser ansetzen und auf kleiner Flamme zum Kochen bringen. Inzwischen 1 fein gehackte Zwiebel und die geriebenen Möhren in etwas Pflanzenöl anbraten. Nach dem Aufkochen Lorbeerblatt, Pfeffer und 1 ganze Zwiebel in die Bouillon geben. 15 Minuten köcheln lassen, abseihen. Jetzt die Bouillon salzen und die in mittelgroße Würfel geschnittenen Kartoffeln hineingeben. Die Fischsuppe auf kleiner Flamme noch 10 Minuten kochen lassen. Inzwischen in einer heißen Pfanne die Butter zerlassen, Mehl hinein sieben und unter ständigem Rühren bräunen lassen. Einige Löffel der heißen Bouillon hinzufügen. Wenn die Kartoffeln fast gar sind, die Mehl- und die Gemüsesauce in den Topf geben. Es folgt das Fischfilet, das etwas größer gewürfelt ist, als die Kartoffeln. Zuletzt die Sahne hinzugießen. Aufkochen lassen und vom Herd nehmen, sofort servieren.

НЦЫВЕРЯТ ЧТО ЗФИГУРКЕ ИЗ ДЕРЕВА ОБЫ
ЛАВЫ СЕМЬЫ И ПОЧИТАЛИ КУКЛУ ОСОБЫМ УВАЖ

Die Küche der Nenzen

Die Urbevölkerung der Halbinsel Jamal sind die Nenzen. Sie gelten als ein großes Volk unter den kleinen indigenen Völkern des Hohen Nordens. Nach den Daten der Volkszählung von 2010 gab es 44 649 Nenzen. Ursprünglich kommen die Nenzen aus Südsibirien. Von dort sind sie in die Polarregion gewandert. Sie waren die ersten, die wilde Rentiere zähmten und als Haustiere nutzten. Auf Jamal lebt die größte Rentierherde der Welt, sie zählt 670 000 Tiere.

Einmal hatte ich in dem Dorf Aksarka, unweit von Salechard, die Gelegenheit, einem besonderen, rituellen Abendessen beizuwohnen. Ich wusste bereits, dass die Nenzen von Jamal ihre alten Traditionen bis in die Gegenwart bewahrt haben. An diesem Abend erlebte ich es selbst. Wenn ein Familienoberhaupt gestorben ist, fertigen die Nenzen eine Totenfigur an, eine Puppe, die Ngetarma genannt wird. In diese zieht nach Überzeugung der Nenzen die Seele des Verstorbenen ein. Die Figur wird über viele Generationen im Tschum (dem Nomadenzelt) aufbewahrt. Die Ngetarma wird aus Holz gefertigt und vollständig mit Fellkleidung bekleidet. An besonderen Tagen wird sie neu eingekleidet und bewirtet. Zu diesem Anlass spricht man mit ihr wie mit einem Menschen. Gerade an einem solchen Tag durfte ich beim Familienessen mit der Ngetarma dabei sein. Was gab es zu essen? Gefrorenen Fisch, Stroganina aus Muksun, eine gehaltvolle Schurpa, also Suppe aus Rentierfleisch, und Tundrabeeren.

Die Nenzen erzählten mir von ihren Ritualen und von den verschiedenen Verboten, die beim Essen beachtet werden müssen. Da geht es auch um den Verzehr einiger Fische oder von bestimmten Fischteilen. Ein Mensch, der kürzlich einen Angehörigen verloren hat, darf zum Beispiel auf keinen Fall den Kopf eines Hechts essen. Es muss erst eine besondere Zeremonie vollzogen werden, mit der die Seele des Verstorbenen in die andere Welt begleitet wird.

Ein Nenze hat zu einem Fisch, den er lebendig gesehen hat, den er selbst gefangen, zerlegt und zubereitet hat, ein besonderes Verhältnis. Er will ihn nicht unnötig belästigen. Fisch wird hier so oft wie möglich roh gegessen, in seiner natürlichen Konsistenz. Das hat den Vorteil, dass die Nenzen nicht unter Jodmangel leiden. Es treten auch kaum Diabetes und Allergien auf.

Der Nalim wird von den Nenzen nicht als Speisefisch betrachtet, er gilt als Hundefutter. Aus der Haut des Nalims werden Oberbekleidungen gefertigt, auch Schuhe und Hosen für Männer. Die Kleidung hat eine hervorragende wasserabweisende Funktion, für die Nomaden, die den ganze Sommer über am Wasser arbeiten, ist das sehr wichtig. Kunstreiche Meisterinnen nähen aus Nalimhaut Säcke, Regenmäntel und sogar Segel.

Neben den Tabus mit Blick auf Nahrungsmittel und den Verboten, die mit der Verarbeitung von Fisch verbunden sind, gibt es weitere Regeln. So ist es verboten, auf die Schuppen jeder Art von Fisch zu treten, Fischgräten zu zertreten und über Fischfanggerät zu steigen.

Auch zu Bären haben die Nenzen ein besonderes Verhältnis. Falls ein Bär erlegt wurde, wird er weit entfernt vom Lager ausgeweidet, denn auf keinen Fall darf eine Frau aus Versehen auf einen Tropfen Bärenblut treten, das bringt Unglück. Außerdem darf eine Frau Bärenfleisch nicht mit den Händen anfassen, nur mit Stäbchen. Kosten darf sie nur die Hinterteile des Bären, die in einem speziellen Kessel gekocht werden. Wird dieses Verbot missachtet und eine Frau nimmt absichtlich oder aus Versehen etwas vom Kopfteil des Bären zu sich, so verliert sie nach der Vorstellung der Nenzen den Verstand. Nun gilt jedoch ausgelassenes Bärenfett als die beste Delikatesse der Nenzen überhaupt, und Kopf- und Rumpfteil lassen sich hier nicht unterscheiden. Um davon essen zu können, wenden die Frauen eine List an: Sie malen sich mit Ruß einen Schnurbart und einen Bart.

Die Nenzen, die ich in der Siedlung Aksarka kennengelernt hatte, traf ich einige Jahre später am Jenissei wieder. In Dudinka, der „Hauptstadt der Arktis", fand das Festival „Faszination Taimyr" statt. Am Ufer des Jenissei waren fünf Festzelte aufgestellt, jedes davon einem indigenen Volk des Nordens gewidmet. Es gab je ein Zelt der Nenzen, der Dolganen, der Nganasanen, der Enzen und der Ewenken. Bewirtet wurden die Besucher in jedem Zelt mit den kulinarischen Delikatessen des jeweiligen Volkes, und man erfreute die Besucher mit traditionellen Tänzen und Musik.

Unter den Zuschauern entdeckte ich meine Nenzenfamilie: „Hast du schon das ‚Sereku' gesehen?" fragten sie. „Nein, dann geh und schau es dir an und vor allem, berühre es, das bringt Glück!" Sereku heißt bei den Nenzen ein weißes Rentier, dem magische Kräfte zugeschrieben wird. Man hatte das Tier extra zu diesem Fest aus der Tucharsker Tundra nach Dudinka gebracht, es sind über 120 Kilometer, zwei Tagesreisen.

Es war wirklich ein großartiges Fest! Die Speisen waren köstlich, und ich notierte mir damals viele Rezepte aus der Küche des Hohen Nordens.

In diesem Kapitel führe ich Rezepte alter Gerichte der Nenzen an, die auch heute noch so zubereitet werden, und moderne Rezepte, die ich mir in Salechard notiert habe. Ich verstehe, dass die Vorstellung der einfachen Gerichte dieser Küche ein wenig Tristesse aufkommen lässt, aber ich bitte mir zu glauben: es schmeckt! Hinter den Rezepten steht eine jahrhundertealte Tradition. Sie sicherte das Überleben der Menschen in dieser abgelegenen Region. Extreme Bedingungen verlangen extreme Lösungen, so auch hier.

Ein Mensch mit wenig Verstand ähnelt einem Küken.

Ein wohlbestellter Mensch ist der, der gute Kleidung hat.

Sprichworte der Nenzen

Ein altes Rezept für Kerdiljak (Trockenfisch)

Das ist ein luftgetrockneter und angeräucherter Fisch. Eigentlich ist es eine Methode, Fisch ohne Salz haltbar zu machen. Für diese Methode eignet sich mittelgroßer bis großer Fisch. Üblicherweise nimmt man Tschir oder Muksun. Der Fisch wird geschuppt und auf ein Brett zum Zerteilen gelegt. Dann wird mit einer kreisförmigen Bewegung des Messers die Bauchflosse abgetrennt, nun folgt ein Längsschnitt durch den Bauchraum und die Entfernung der Eingeweide. Dann werden von beiden Seiten die Bauchteile abgetrennt. Dann wird an einer Seite des Kopfes ein Schnitt ausgeführt, von dem aus die Seiten als Scheiben beinahe bis zur Schwanzflosse abgeschnitten werden. Das Messer soll durch die Rippengräten fahren, ohne sie zu verletzen. Das gleiche geschieht auf der anderen Seite des Fischkörpers. Vom Schwanzende aus wird die Hauptgräte entfernt. Jetzt ist der Fisch in zwei Hälften geteilt: der eigentliche Kerdiljak mit den Seitenfleischteilen und der Schwanzflosse und die Hauptgräte mit den Rippen, dem Rückenfleisch und dem Kopf. Die Seitenteile werden mit dem Fleisch nach oben gewendet, und, ohne die Haut zu verletzen, werden darauf parallele Querschnitte in einem Abstand von 5 bis 7 Millimeter angebracht. Dann werden sie der Reihe nach leicht auseinander gezogen. Die flachen Stücke werden jeweils paarweise auf ein Trockengestell gehängt, mit der Fleischseite nach innen. Bei gutem Wetter trocknet der Fisch in 2 bis 3 Tagen. Der angetrocknete Fisch wird im Tschum zur Räucherung aufgehängt. Ist der Fisch fertig, kommt er zur Aufbewahrung in Ledersäcke. Darin ist er sehr lange haltbar. Er schimmelt nicht und trocknet nicht zu stark aus.

Knochenfett

Beim Kochen der Rentierknochen entsteht Knochenfett. Wenn es abkühlt, wird es als Brotaufstrich verwendet. Es wird auch mit gekochtem oder luftgetrocknetem Fleisch gegessen.

Stroganina aus Leber und Nieren

Die Nenzen schätzen die Innereien der Rentiere sehr. Sie bereiten Stroganina aus gefrorener Leber oder gefrorenen Nieren zu. Mit Hilfe eines Messers werden Späne abgeschnitten und mit Salz verzehrt.

Stroganina aus Renken

Den gefrorenen Fisch schuppen, die Haut abziehen und in Späne schneiden. Mit Salz und gemahlenem Schwarzen Pfeffer essen.

Knochenmarkringe

Das ist eine nationale Delikatesse, die aus dem Knochenmark von Rentieren oder Elchen zubereitet wird. Die von Fleisch, Sehnen und Häutchen gereinigten Röhrenknochen werden vorsichtig in zwei Hälften zerhauen. Das Knochenmark fällt heraus. Es wird in Ringe geschnitten und mit Salz, Pfeffer und Zwiebellauch gegessen, gern reicht man es zu Fladen oder gekochtem Rentierfleisch.

Jukola aus Rentier

Das ist eine sehr kalorienreiche Speise. Luftgetrocknetes Rentier-fleisch ist ein unersetzliches Nahrungsmittel für den Rentierzüch-ter. Das frische Rentierfleisch wird gesäubert, in kaltem Wasser ge-waschen und in sehr dünne längliche Scheiben geschnitten. Diese werden auf Sehnen gefädelt und auf ein spezielles Gestell gehängt, so dass das Fleisch in der Sonne trocknen kann. In den Geschäften von Norilsk und Dudinka kann man diese Spezialität käuflich er-werben.

Jukola aus Fisch

Dieses Gericht wird aus den besten Fischsorten (Nelma, Tschir, Taimen) zubereitet. Der Fisch wird gesäubert, Kopf und Hauptgräte entfernt, dann wird er in lange Streifen zerschnitten. Auf ihnen werden Schnit-te in Form eines „Tannenbaums" angebracht,. Die Fischstreifen wer-den auf einem speziell gefertigtem Rauchabzug unter einem Vordach geräuchert. Die leicht angeräucherten Streifen werden dann in der Sonne getrocknet. Mitunter wird Jukola fein gesalzen und gewürzt, bevor es in die Sonne zum Trocknen kommt.

Stroganina aus jungem Rentierfleisch

Gefrorenes Rentierfleisch eines jungen Tieres wird in kleine Schnitzel geschnitten und mit Salz und gemahlenen Schwarzem Pfeffer serviert.

Blutwurst

Zutaten:

600 Milliliter Rentierblut • 500 Gramm Graupenkörner • 2 Zwiebeln
100 Gramm Speck • Schweinedärme • gemahlener Schwarzer Pfeffer • Salz

Zubereitung:

Die Graupen in Wasser kochen, bis sie halbgar sind, abkühlen lassen und mit dem Blut, den Gewürzen, der fein gehackten und mit Speckwürfeln gebratenen Zwiebel vermischen. Därme reinigen, waschen, trocknen und mit der Masse füllen, anschließend fest zubinden. Die vorbereiteten Würste in kochendes Salzwasser legen und 10 bis 15 Minuten leicht köcheln lassen, dann auf ein mit Speck gefettetes Backblech legen und im vorgeheizten Backofen dünsten. Mit Bratkartoffeln und einem Salat aus Roter Bete servieren.

Blini mit Blut

Zutaten:

60 Milliliter Wasser • 60 Milliliter Blut • 75 Gramm Mehl
5 Gramm Butter • Salz

Zubereitung:

Frisches Rentierblut im Verhältnis von 1:1 mit Wasser mischen, Salz und Mehl hinzufügen und zu einem Teig wie für Blini verkneten. In Butter ausbacken und mit Butter beträufelt servieren.

> **Ohne scharfes Auge, ohne lange Arme, ohne kräftige Beine ist es in der Tundra schwer.**
>
> Sprichwort der Nenzen

Fisch nach Art der Nenzen

Zutaten:

2 Kilogramm frischer Fisch (Barsch, Hecht) • ½ Esslöffel gemahlener Schwarzer Pfeffer • ½ Esslöffel gemahlenes Paprikapulver • ½ Esslöffel Salz 1 bis 2 Zwiebeln • 1 Esslöffel Essig

Zubereitung:

Den Fisch putzen, ausnehmen, die Haut entfernen, die Hauptgräte herauslösen, Kopf und Gräten entfernen. Sie erhalten rund 1 Kilogramm Filet. Das Filet in 2 Zentimeter breite Würfel schneiden, in eine Schüssel legen, gemahlenen Schwarzen Pfeffer und Paprikapulver hinzugeben, dann Salz, in Ringe geschnittene Zwiebeln und Essig hinzufügen. Gut verrühren und 10 Minuten ruhen lassen, der Fisch sollte Saft abgeben. Im Laufe von 45 Minuten, nachdem der Essig hinzugegeben wurde, mehrere Male sorgfältig umrühren. Das Essen ist fertig.

Gefüllter Muksun, überbacken

Zutaten:

1 Muksun • ½ Glas Buchweizen • Wasser • 5 Eier • Zwiebackbrösel
3 Esslöffel Butter • Salz • Pflanzenöl • 2 Esslöffel Wasser

Zubereitung:

Den Fisch ausnehmen, sorgfältig waschen, salzen und für 1 Stunde an einem kühlen Ort ruhen lassen. 4 Eier kochen, pellen und hacken. Eine lockere Buchweizengrütze kochen. Mit den gehackten Eiern mischen, das rohe Ei untermischen, Butter und Salz hinzugeben. Die Füllung in den Bauch des Fisches geben, mit Küchengarn verschließen. Den Fisch in Zwiebackbröseln wenden, auf ein mit Butter gefettetes Backblech legen. Mit Pflanzenöl beträufeln, auf das Backblech 2 Esslöffel heißes Wasser geben. Den Fisch im

Graugans nach Art der Nenzen

Die Nenzen sind ausgezeichnete Jäger. Im Herbst fangen sie mit ihren Netzen in großen Mengen Graugänse. Um diese wertvolle Beute haltbar zu machen, werden die Körper der Gänse zunächst in eine Salzlösung getaucht und dann luftgetrocknet oder geräuchert. Es gab noch eine andere Konservierungsmethode: In eine ausgenommene Gans wurde das Fleisch einiger kleiner Vögel gestopft, dann wurde die Bauchhöhle zugenäht. Die Gänse wurden in speziell angelegten Kältegruben im Permafrostboden aufbewahrt.

Fisch nach Art des Nordens

Portionsstücke von Fisch (quer geschnittene Scheiben) oder den ganzen Fisch salzen, in einen Tiegel legen, mit einer Milch-Eiermischung bedecken und dünsten. Das besondere ist, dass die Mischung aus Trockenmilch und Eipulver zubereitet wird, denn im Hohen Norden sind Milch und Eier nur selten frisch erhältlich.

Sülze nach Art der Nenzen

Beim Zerlegen eines Rentiers legt man die Knochen in einen speziellen Sack. Wenn viele Knochen gesammelt sind, werden sie zerkleinert und in einen großen Kessel gegeben. Hier hinein kommen auch Fleischreste, Sehnen und etwas Fleisch. Dann wird alles mit Wasser bedeckt und auf den Herd gestellt. Nun 7 bis 8 Stunden kochen. Dabei wird von Zeit zu Zeit das Fett abgeschöpft. Vor der Fertigstellung wird die Bouillon mit Salz abgeschmeckt. Die Fleischstücke und die mürben Knochen werden herausgenommen und in tiefe Schüsseln gelegt. Sie werden mit der dicken Bouillon angegossen. Abkühlen lassen. Die Sülze ist nun fertig zum Verzehr.

Fischzubereitung nach alter Methode

Den Fisch schuppen, die Innereien entfernen. Nun den Fisch filetieren. Dafür wird von innen ein Schnitt längs des Rückens angebracht, das Fleisch wird fast bis auf die Gräte aufgeschnitten, der Kopf wird abgeschnitten. Nun wird die Hauptgräte entfernt, indem zunächst vorn und hinten ein Schnitt angebracht wird. Die Hauptgräte in die Hand nehmen und ziehen, dabei in Richtung Schwanz immer wieder nachschneiden, zum Schluss die Schwanzflosse abschlagen. Hier nun einen durchgehenden Schnitt ausführen. Die entstandenen flachen Stücke salzen und mit der Haut nach oben in Fässer legen. Am nächsten Tag das Salz abwaschen und die Stücke zum Trocknen auf ein Gestell hängen. Der Fisch ist lange haltbar, er bewahrt seinen Geschmack und seine Nährstoffe.

Backofen bei 180° Celsius etwa 20 Minuten überbacken, dabei von Zeit zu Zeit mit der austretenden Flüssigkeit begießen. In dem Gefäß, in dem er gezogen hat, servieren.

Vinaigrette mit Seetang

Zutaten:
120 Gramm gekochtes Sauerkraut • 150 Gramm Seetang
(gekocht oder aus der Konserve) • 1 Möhre • 1 Rote Bete • 2 Kartoffeln
Wasser • 2 Salzgurken • 1 Zwiebel • 80 Gramm Grüne Erbsen
2 Esslöffel Öl • Salz • Gewürze nach Geschmack
Zubereitung:
Den Seetang mit dem Sauerkraut mischen, die Möhre, die Kartoffeln und die Rote Bete kochen und in Würfel schneiden, die Salzgurken und die Zwiebel ebenfalls würfeln, mit den Erbsen vermischen und hinzugeben, mit Öl beträufeln, mit Salz und Gewürzen nach Geschmack abschmecken, alles gut umrühren.

Salat aus gekochter Rentierzunge

Zutaten:
1 Rentierzunge • Wasser • 300 Gramm nicht zu fetter Kochschinken
2 bis 3 Möhren • 3 bis 4 Esslöffel Mayonnaise • 1 Kopf Blattsalat
gemahlener Schwarzer Pfeffer • Salz
Zubereitung:
Die Zunge sorgfältig waschen, gar kochen und sofort die Haut entfernen. Die Zunge in dünne Streifen schneiden und mit dem in Würfel geschnittenen Kochschinken mischen. Die Möhre gut waschen, kochen und erst dann putzen, grob reiben und mit dem Schinken und der Zunge vermischen. Blattsalat

zerpflücken, sorgfältig in kaltem Wasser waschen, trocken schleudern und in feine Streifen schneiden. Vorsichtig mit den anderen Zutaten vermischen. Salzen und pfeffern, mit Mayonnaise würzen und gleich servieren.

Rentierhirn in Weißer Sauce

Zutaten:

500 Gramm Rentierhirn • Wasser • 1 Möhre • 1 Zwiebel
1 Petersilienwurzel • 150 bis 200 Gramm beliebige frische Pilze
2 bis 3 Esslöffel Öl • 2 bis 3 Esslöffel Weizenmehl • 2 hart gekochte Eier
1 Esslöffel Speiseessig • 50 Milliliter trockener Weißwein • frische Petersilie
Salz nach Geschmack

Zubereitung:

Das Hirn für 2 Stunden in Essigwasser einweichen. Dann mit frischem, wenig gesalzenem Wasser ansetzen und mit großen Möhrenstücken, der Petersilienwurzel und der geschälten Zwiebel etwa 15 bis 20 Minuten kochen, vom Feuer nehmen. Das Gemüse aus der Bouillon herausnehmen, abtropfen lassen, zerkleinern und mit den geschnittenen Pilzen in Wein dünsten, bis die Pilze gar sind, Öl, Pfeffer und Salz nach Geschmack hinzugeben. Das Hirn aus der Bouillon nehmen, die Haut abziehen, nun das Hirn in dünne Scheiben schneiden. Die Bouillon abseihen. Mehl in etwas Butter anschwitzen, bis es goldbraun ist, mit Bouillon ablöschen. Nach Geschmack salzen und pfeffern, noch einmal aufkochen lassen, vom Herd nehmen. Das gedünstete Gemüse

Der Ruhelose ist wie ein Rentier ohne Lager, wie ein Fisch ohne Wasser.

Den Tod holt auch das schnellste Rentier nicht ein.

Sprichworte der Nenzen

Rentierhirn

Rentierhirn gilt ebenfalls als Delikatesse. Die Schädeldecke des Rentiers wird geöffnet, das Hirn herausgeholt. Es wird gesalzen und roh gegessen. Seltener bewahrt man es in gefrorenem Zustand auf. Dann wird es bei Bedarf aufgetaut, in Späne geschnitten und mit Salz gegessen.

und die Pilze auf Teller legen, darauf kommen die Scheiben des Hirns. Mit der heißen Weißen Sauce begießen.

Rentiersuppe

Zutaten für 1 Portion:
80 Gramm Rentierfleisch • Wasser • 20 Gramm Roggenmehl • 20 Gramm Zwiebeln • gemahlener Schwarzer Pfeffer • Salz

Zubereitung:
Fleisch am Knochen (Schulter oder hohe Rippe) in Stücke hacken, in einen Topf mit kaltem Wasser ansetzen, zum Kochen bringen, dabei den Schaum immer wieder abschöpfen. Wenn das Fleisch gar ist, wird zuvor in kaltem Wasser aufgelöstes Roggenmehl (flüssig) in die Suppe gerührt. Aufkochen lassen, Salz, gemahlenen Schwarzen Pfeffer hinzufügen. Das Fleisch wird unbedingt mit Knochen serviert. Dazu werden klein gehackte rohe Zwiebeln gegessen.

Rebhuhnbouillon

Zutaten:
1 Rebhuhn • Wasser • 30 Gramm Zwiebeln • Schwarzer Pfeffer • Salz

Zubereitung:
Ein ausgeweidetes Rebhuhn wird in zwei Hälften geteilt, gründlich gewaschen, in einem Topf mit kaltem Wasser angesetzt und gekocht, bis das Fleisch weich ist. Dazu werden gehackte Zwiebeln, Salz und Schwarzer Pfeffer gereicht.

Zubereitung von Fischfett

Fischköpfe, Mägen und Därme in einen Kessel legen, mit kaltem Wasser ansetzen und unter Rühren kochen, bis das Fett austritt und auf der Oberfläche schwimmt. Das Fett mit einem speziellen flachen Löffel vorsichtig abschöpfen und in ein Gefäß geben. Nachdem es sich abgesetzt hat, wird es in einen gusseisernen Topf umgefüllt und gekocht, bis es eine bernsteinrote Färbung angenommen hat. Während des Siedens immer wieder den Schaum abschöpfen. Das fertige Fett in Gefäße füllen, nach dem Abkühlen die Gläser fest verschließen. Fischfett wird zum Backen von Fladen verwendet, es gilt als Heilmittel bei Lungenerkrankungen.

Fisch in Aspik

Zutaten für 6 Portionen:
200 Gramm Zanderfilet • 200 Gramm Lachsfilet • 300 Gramm Hechtfilet
Zitronenscheiben • Dill • Petersilie
Für die Geliermasse:
1 Liter Fischbouillon • 2 Esslöffel Gelatine • Salz • 1 Glas Mayonnaise

Zubereitung:

Das Lachs- und Zanderfilet in Würfel schneiden, in Fischbouillon leicht ankochen, herausholen. Das Hechtfilet kochen, bis es gar ist. Aus dem Topf nehmen. Die Gelatine in etwas Wasser einweichen, bis sie durchsichtig wird. Leicht ausdrücken, die Bouillon mit der Gelatine mischen, salzen und so lange erwärmen, bis sich die Gelatine vollständig aufgelöst hat. Die Flüssigkeit darf dabei nicht kochen. Es sollen zwei Drittel durchsichtige und ein Drittel weiße Geliermasse zubereitet werden. Für die weiße Geliermasse die Mayonnaise unter einen Teil der Gelatineflüssigkeit mischen. Etwas von der durchsichtigen Geliermasse in die Form gießen, abkühlen lassen, dann das Zanderfilet hineinlegen, mit Geliermasse begießen und abkühlen lassen. Nun eine dünne Schicht der weißen Geliermasse in die Form füllen, abkühlen lassen, darauf das Lachsfilet legen. Mit einer Schicht durchsichtiger Geliermasse begießen, abkühlen lassen. Zum Schluss das Hechtfilet in die Form legen, mit der weißen Geliermasse begießen und abkühlen lassen. Dekorieren Sie die Oberfläche nach Belieben und gießen Sie noch eine Schicht durchsichtige Geliermasse darüber. Wieder abkühlen lassen. Beim Servieren auf einen flachen Teller stürzen, dazu die Form vorher für 2 bis 3 Sekunden in heißes Wasser tauchen. Mit Zitronenscheiben, frischem Dill und Petersilie garnieren. Zubereitungszeit: 3 Stunden.

Wo man dich bewirtet, verweile nicht neun Tage.

Wohin du gehst, verweile nicht zu oft am Wegesrand.

Wer sich entschließt zu gehen, kommt auch über das Wasser.

Sprichworte der Nenzen

Bratfisch in Teig

Zutaten für 8 Portionen:

700 Gramm Fischfilet • Mehl • 1,5 Kilogramm Hefeteig • 1 Ei

3 Esslöffel Pflanzenöl • gemahlener Schwarzer Pfeffer • Salz

Zubereitung:

Das Filet in Stücke schneiden, salzen und pfeffern, in Mehl wenden und in etwas Fett anbraten, bis sich eine braune Kruste bildet. Den Hefeteig in 2 Kugeln teilen und rund ausrollen. In die Mitte jedes Kreises angebratene Fischstücke legen, den Teig zusammenklappen, so dass oben eine Naht entsteht. 5 bis 10 Minuten ruhen lassen, dann mit verrührtem Ei bestreichen. Bei 200 bis 220° Celsius backen, bis der Teig goldbraun ist. Zubereitungszeit: 1 Stunde.

Fisch, überbacken mit Pilzen und Kartoffeln

Zutaten:

600 Gramm Fischfilet • 60 Gramm frische Pilze • 3 gekochte Kartoffeln

1 Zwiebel • 20 Gramm frischer Dill • 1 Esslöffel Weizenmehl

4 bis 5 Teelöffel zerlassene Butter • 1 Esslöffel Butter • 2 Eier

2 Esslöffel geriebener Käse • 1 Glas Smetanasauce • Salz • Dill

Zubereitung:

Fischfilet in Portionsstücke schneiden, salzen, in Mehl wenden und von beiden Seiten in zerlassener Butter anbraten, bis die Oberfläche schön goldgelb ist. Die Pilze in Scheiben, die Zwiebel in Würfel schneiden und in zerlassener Butter anbraten. Die Eier kochen und in Scheiben schneiden. Etwas Smetana-

Ein Fischer wird nicht reich, auch wenn sein Netz nie trocknet.

Sprichwort der Nenzen

sauce in eine Pfanne geben, den gebratenen Fisch hineinlegen und um ihn herum gekochte Kartoffelscheiben anrichten. Die angebratenen Pilze und Zwiebeln auf den Fisch legen, dazu die Eischeiben, und alles mit Smetanasauce begießen. Dann mit geriebenem Käse bestreuen, mit geschmolzener Butter beträufeln und im Ofen überbacken. Mit frischem Dill servieren.

Auflauf aus Geflügelinnereien

Zutaten:
500 Gramm Geflügelinnereien • 150 Gramm Speck • 2 Möhren
1 Petersilienwurzel • 2 Zwiebeln • 2 Eier • 100 Gramm gemahlener Zwieback
50 Gramm Käse • gemahlener Schwarzer Pfeffer • Salz nach Geschmack
Für die Sauce:
1 Esslöffel getrocknetes Weißbrot • 1 Esslöffel Öl • ½ Glas Saft, der
beim Schmoren der Innereien und des Gemüses ausgetreten ist,
2 Esslöffel Smetana (Schmand)

Zubereitung:
Geflügelleber, Mägen, Herzen, Flügel und Hälse in einen Topf legen, mit Wasser bedecken, den Speck und das Wurzelgemüse hinzugeben und bei geschlossenem Deckel schmoren. Dann abkühlen lassen und die Innereien zusammen mit dem Speck, dem Gemüse und dem Käse durch den Fleischwolf drehen. Zwiebackbrösel, Eier, gemahlenen Schwarzen Pfeffer und Salz zu der Masse hinzufügen, alles gut vermischen und bei Bedarf mit etwas Bouillon verdünnen. In eine gefettete und mit Zwiebackbrösel ausgestreute Auflaufform geben, im Ofen backen. Dazu Kartoffelbrei und eine Smetanasauce servieren. Für die Sauce Zwiebackbrösel in Butter goldbraun anbraten, mit dem Bratensaft ablöschen, der beim Schmoren des Fleischs und Gemüses entstanden ist. Smetana hinzugeben und noch einmal kurz aufkochen lassen.

Wildenten

Das Fleisch von Wildenten galt bei den Nenzen von alters her als Delikatesse. Jedoch bereiten sie niemals eine Ente im Ganzen zu, sie halten das für das „Begräbnis" der Ente. Die modernen Koch-künstler der Nenzen bereiten auch heute noch Brust und Keulen der Ente einzeln zu. Im ersten Fall nutzen sie das Entenfett sozu-sagen als Sicherheitskissen, das das magere zarte Brustfleisch der Ente vor dem Austrocknen schützt. Im zweiten Fall nutzen sie das Fett zur gleichmäßigen Wärmeausbreitung. Mit anderen Worten, die Brust wird vorzugsweise auf dem Fett, die Keulen im Fett zubereitet. „Das ist das Beste, was den Entenkeulen passie-ren kann. Und auch dem, der sie isst", erklärte mir der Koch eines Restaurants in Salechard.

Wildentenkeulen

Zutaten:
6 Entenkeulen • 1 Esslöffel zerlassene Butter oder Entenfett
4 Thymianzweige • 2 Knoblauchzehen • 1 Sternanis • Salz
Pfeffer nach Geschmack

Zubereitung:
Butter oder Fett in einem geräumigen Tiegel bis zu einer Temperatur von 85 bis 90° Celsius erhitzen, mit den Knoblauchzehen würzen (man kann sie auch ungeschält verwenden, dann ein wenig zerdrücken), Thymian, Sternanis und

eine Prise Salz dazugeben. Die Keulen in einen Topf legen und im Fett 3 bis 4 Stunden sieden lassen. Vor dem Servieren unter dem Grill goldbraun braten.

Rentierfleisch im eigenen Saft

Zutaten pro Portion:
170 Gramm Rentierlende • 10 Gramm Fett • Gewürze • Salz
Zubereitung:
Aus dem Lendenstück für jeden eine Portionsscheibe schneiden, salzen, pfeffern und von beiden Seiten in Fett anbraten. Beim Servieren mit dem Fleischsaft beträufeln, der beim Braten ausgetreten ist.

Pferdefleisch mit Geflügelmousse

Zutaten:

600 Gramm Pferdefleisch (am besten Filet) • 1 Teelöffel Sojasauce
5 Gramm frischer Dill • gemahlener Schwarzer Pfeffer
Für das Geflügelmousse:
400 Gramm Hähnchenfilet • 4 Eier • 1 Teelöffel Zedernkerne
1 Esslöffel Rosinen • 2 Teelöffel Öl • Salz
Für die Sauce:
2 Glas Weißwein • 200 Gramm dicke Sahne • 2 Esslöffel Zedernkerne
1 Prise gemahlener Safran

Zubereitung:

Schneiden Sie für das Mousse einen Teil des Hähnchenfilets in dünne Scheiben und zerkleinern Sie das Fleisch im Mixer unter Zugabe von Öl, Eiern, Rosinen, Zedernkernen und Salz. Das restliche Filet in Wasser einweichen und leicht klopfen. Das Pferdefleisch längs der Fasern in Scheiben schneiden. Klopfen, salzen, pfeffern, mit Sojasauce beträufeln und 15 Minuten ruhen lassen. Jetzt in jede Scheibe des Pferdefleischs einen Schlitz schneiden. In diesen Schlitz ein Stückchen Hähnchenfilet stecken und die Geflügelmousse

---

Erlegst du etwas in der Tundra – lobe dich nicht,
erlegst du nichts – gräm dich nicht.

Was Wurzeln hat, kann schwanken, was Beine hat, stolpern.

Wenn auch klapprig, doch ein Tschum;
wenn auch fleischlos, doch eine Suppe.

Sprichworte der Nenzen

darunter streichen. 30 Minuten im vorgeheizten Backofen bei einer Temperatur von 160° Celsius überbacken. Für die Sauce Wein in einem kleinen Topf auf die Hälfte reduzieren. Die Sahne hinzugeben, die Sauce zu einer dickflüssigen Konsistenz (wie Smetana) einkochen, dann den Safran und die Zedernkerne hinzugeben. Servieren sie das Fleisch mit Gemüse, mit der vorbereiteten Sauce und frischen Kräutern.

Lammrippenstück mit Moosbeerensauce

Zutaten für 4 Portionen:
700 Gramm Lammrippen (am Knochen) • 4 Esslöffel Semmelbrösel
6 Esslöffel Pflanzenöl
Für die Füllung:
2 Möhren • 2 Zwiebeln • 1 Sellerieknolle • 2 Porreestangen • 1 Aubergine
Rosmarin • Salz
Für die Sauce
2 Esslöffel Moosbeeren • 2 Esslöffel Zucker • 2 Esslöffel Fleischbouillon
gemahlener Schwarzer Pfeffer • Salz

Zubereitung:
Für die Füllung Möhren, Zwiebeln, Sellerieknolle, Aubergine und Porree in Würfel schneiden, Rosmarinblätter hinzufügen, salzen und alles gut vermischen. Die Lammrippen salzen und pfeffern, dann einen Einschnitt in Form einer Tasche anbringen. Die Tasche mit der Gemüsemischung füllen, das Fleischstück in Zwiebackbröseln wenden. In einem Tiegel mit dickem Boden das Öl erhitzen und das Rippenstück von beiden Seiten anbraten, bis eine goldbraune Kruste entsteht. Im Backofen bei 180° Celsius garen. Für die Sauce die Moosbeeren mit Zucker im Mixer zerkleinern, dann abseihen. Die Bouillon hinzugießen und auf die halbe Menge reduzieren, salzen und pfeffern. Die Zubereitungszeit beträgt 1 Stunde.

Buchweizenkascha mit Leber

Zutaten:

400 Gramm Rentierleber • Wasser • 2 Zwiebeln • 1 Möhre
1 Pastinakenwurzel • 4 Esslöffel Buchweizen • Butter oder Butterschmalz
Weiße Pfefferkörner • Lorbeerblatt • Salz nach Geschmack
Rote Bete • Eier • Grüne Erbsen zur Dekoration

Zubereitung:

Leber waschen, die Haut entfernen und in leicht gesalzenem Wasser mit grob geschnittener Zwiebel, Möhre, Pastinakenwurzel, Lorbeerblatt und Weißem Pfeffer kochen. Die fertige Leber mit dem gekochten Gemüse durch den Fleischwolf drehen. Aus den gewaschenen Buchweizenkörnern eine körnige Kascha bereiten. Mit der Lebermasse vermischen, gut vermengen und in Fladen teilen. Von beiden Seiten in heißer Butter oder Butterschmalz goldbraun braten. Mit in Würfel geschnittener gekochter Roter Bete und Grünen Erbsen oder Grünen Erbsen und gekochten Eiern dekorieren.

Schaschlik aus Leber und Speck

Zutaten:

700 Gramm Rentierleber • 300 Gramm Hähnchenbrust oder Speck (nach Belieben geräuchert) • 2 Zwiebeln • gekochter Reis • scharfer Ketchup Tomaten- oder Rote Sauce • gemahlener Schwarzer Pfeffer • Salz • Wasser

Jeder Fisch hat Gräten, jeder Mensch hat Fehler.

Er hat kein Hirn, sondern Moos im Kopf.

Sprichwörte der Nenzen

Die Leber waschen, trocken tupfen, die Haut entfernen. Dann in mundgerechte Stücke schneiden. Speck oder Hähnchenbrust in dünne Scheiben schneiden, abwechselnd mit der Leber auf einen Spieß ziehen. Den Schaschlik auf gut durchgeglühten Kohlen braten. 2 bis 3 Minuten vor der Fertigstellung mit einer starken Salzlösung begießen (10 Gramm Salz auf 100 Milliliter Wasser). Das Fleisch mit Zwiebelringen anrichten. Dazu gekochten Reis reichen, die Sauce und den Ketchup gesondert servieren.

Kalbfleischrouladen mit Hirn

Zutaten
750 Gramm Kalbfleisch (Filet) • 200 bis 250 Gramm gekochtes Kalbshirn
2 Eier • 2 grüne Gemüsepaprika • 2 Esslöffel ausgelassener Speck
3 Zwiebeln • 150 Gramm frische Steinpilze
100 bis 120 Gramm geräucherte Schweinebrust • Öl zum Braten
frische Petersilie • Paprikapulver • gemahlener Schwarzer Pfeffer • Salz
Zubereitung:
Vom Kalbfleisch Sehnen und Häutchen entfernen. Das Fleisch waschen, trocken tupfen und in dicke Scheiben schneiden. Gut klopfen, salzen und von beiden Seiten mit gemahlenem Schwarzem Pfeffer bestreuen. Die fein gehackten Zwiebeln, das zerkleinerte Kalbshirn und die in kleine Stücke geschnittene Schweinebrust miteinander vermengen und in einer heißen Pfanne mit etwas Öl anbraten. Paprikapulver hinzufügen, außerdem die in Stücke geschnittene grüne Paprika und die gehackte Petersilie hinzugeben. Nach 10 Minuten die mit Salz verquirlten Eier hinzufügen und unter Rühren alles noch einmal 2 bis 3 Minuten erhitzen. Dann die Pfanne vom Herd nehmen, die Füllung abkühlen lassen. Die Füllung auf die Kalbfleischscheiben legen, zu Rouladen aufrollen, mit Küchengarn zusammenbinden und in gut erhitztem

Öl in der Pfanne braten. Auf einen Servierteller legen und die geputzten, gewaschenen und in Scheiben geschnittenen Pilze anbraten. Von den Rouladen das Küchengarn entfernen und die gedünsteten Pilze zum Fleisch geben. Nach Geschmack Grüne Erbsen als Beilage servieren.

Überbackenes Hirn auf Sibirisch

Zutaten:
300 Gramm Rinderhirn • Wasser • 100 Gramm Butter
2 Esslöffel geriebener Käse • 1,5 bis 2 Esslöffel Weizenmehl
100 Gramm frische Pilze (Steinpilze oder Champignons) • 2 Esslöffel Sahne
2 Esslöffel Zitronensaft Bouillon • 1 Möhre • 1 kleine Zwiebel
1 Petersilienwurzel • 1,5 bis 2 Esslöffel Essig (3 Prozent)
Schwarze Pfefferkörner • Lorbeerblatt Salz nach Geschmack

Zubereitung:
Das Hirn waschen, für 1 bis 2 Stunden in kaltem Wasser einweichen, dann die Haut entfernen und in kochendes, leicht gesalzenes Essigwasser legen. Etwa 30 Minuten kochen, dann die grob geschnittenen Möhren, die Petersilienwurzeln, Zwiebel und Pfefferkörner sowie das Lorbeerblatt und Salz hinzufügen. Das Hirn herausnehmen, abkühlen lassen und in dünne Scheiben schneiden. Eine Weiße Sauce zubereiten. Dazu Mehl in einem Löffel zerlassener Butter goldbraun anschwitzen, mit Bouillon ablöschen und das zerkleinerte oder geriebene Gemüse hinzugeben. Bei kleiner Hitze 30 Minuten lang kochen lassen, dann abseihen, die heiße Sahne, 1 Esslöffel Butter und Zitronensaft hinzugeben, nach Geschmack salzen. Frische Pilze putzen, waschen und etwa 5 Minuten in Salzwasser kochen. Dann mit kaltem Wasser abschrecken, abtropfen lassen, in Scheiben schneiden und in der restlichen Butter braten. In ein tiefes feuerfestes Gefäß ein wenig von der zubereiteten Sauce gießen, das in Scheiben geschnittene Hirn darauf schichten und darüber die gebrate-

nen Pilze geben. Mit der restlichen Sauce bedecken, mit geriebenem Käse bestreuen, mit geschmolzener Butter beträufeln und in der vorgeheizten Backröhre backen, bis die Oberfläche goldbraun ist. Mit gekochtem oder gedünstetem Gemüse oder mit Kartoffelbrei und gekochten Grünen Erbsen servieren.

Gedünstete Haseninnereien

Zutaten:
600 Gramm Haseninnereien (Hals, Rippen, Leber, Herz)
60 Gramm geräucherter Speck • 1 Zwiebel • 2 Esslöffel Tomatenmark
1 Esslöffel Weizenmehl • 1 Esslöffel Smetana (Schmand) • Lorbeerblatt
Wacholderbeeren • Wasser • gemahlener Schwarzer Pfeffer • Salz
Zubereitung:
Den Speck in kleine Stücke schneiden und zusammen mit der gehackten Zwiebel anbraten. Dann die gewaschenen und zerkleinerten Haseninnereien hinzugeben, alles mischen, anbraten und mit heißem Wasser ablöschen, nun das Tomatenmark, Salz, Pfeffer, Lorbeerblatt und Wacholderbeeren hinzugeben und bei mittlerer Hitze schmoren lassen. Wenn die Innereien weich werden, das Mehl darüber stäuben, Smetana hinzugeben und alles zum Kochen bringen. Die fertigen Innereien in einer tiefen Schüssel anrichten. Mit Salzkartoffeln und marinierten Gurken servieren.

Die ursprüngliche Heimat ist die Mutter, die zweite die Stiefmutter.

Sprichwort der Nenzen

Moosbeerenmors

Zutaten:
1 Kilogramm Moosbeeren • 30 Gramm Rosinen • 1,2 Kilogramm Zucker
30 Gramm Hefe • 10 Liter Wasser

Zubereitung:
Die Moosbeeren waschen, die Beeren zerdrücken und mit warmem abge-
kochten Wasser (oder frischem Quellwasser) bedecken. Die Flüssigkeit abkühlen lassen, die zuvor mit Zucker verrührte Hefe hinzugeben und alles an einem warmen Ort 12 Stunden ziehen lassen. Anschließend in Flaschen abfüllen, in jede Flasche 2 bis 3 Rosinen geben. Die Flaschen mit einem Korken
verschließen und in horizontaler Lage an einem warmen Ort 2 Tage ziehen
lassen.

Von Juni bis August findet man überall auf den Wiesen, an den Waldrändern,
auch entlang der Straßen und Schluchten das lila blühende Weideröschen.
Im Volksmund ist diese Pflanze in Russland als Iwan-Tee bekannt, und der
wird nicht nur zum Würzen genommen, sondern man kann auch ein sehr ge-
sundes Getränk daraus zubereiten.

Getränk aus Iwan-Tee

Zutaten:
20 Gramm getrocknete Iwan-Tee-Blätter • Wasser

Zubereitung:
Den getrockneten Iwan-Tee in einem Holzmörser gut zerstoßen. Dann mit ei-
nem Glas gekochtem, aber nicht mehr sprudelnden Wasser aufgießen, 2
Stunden stehen lassen, abseihen und trinken.

БУБЕН

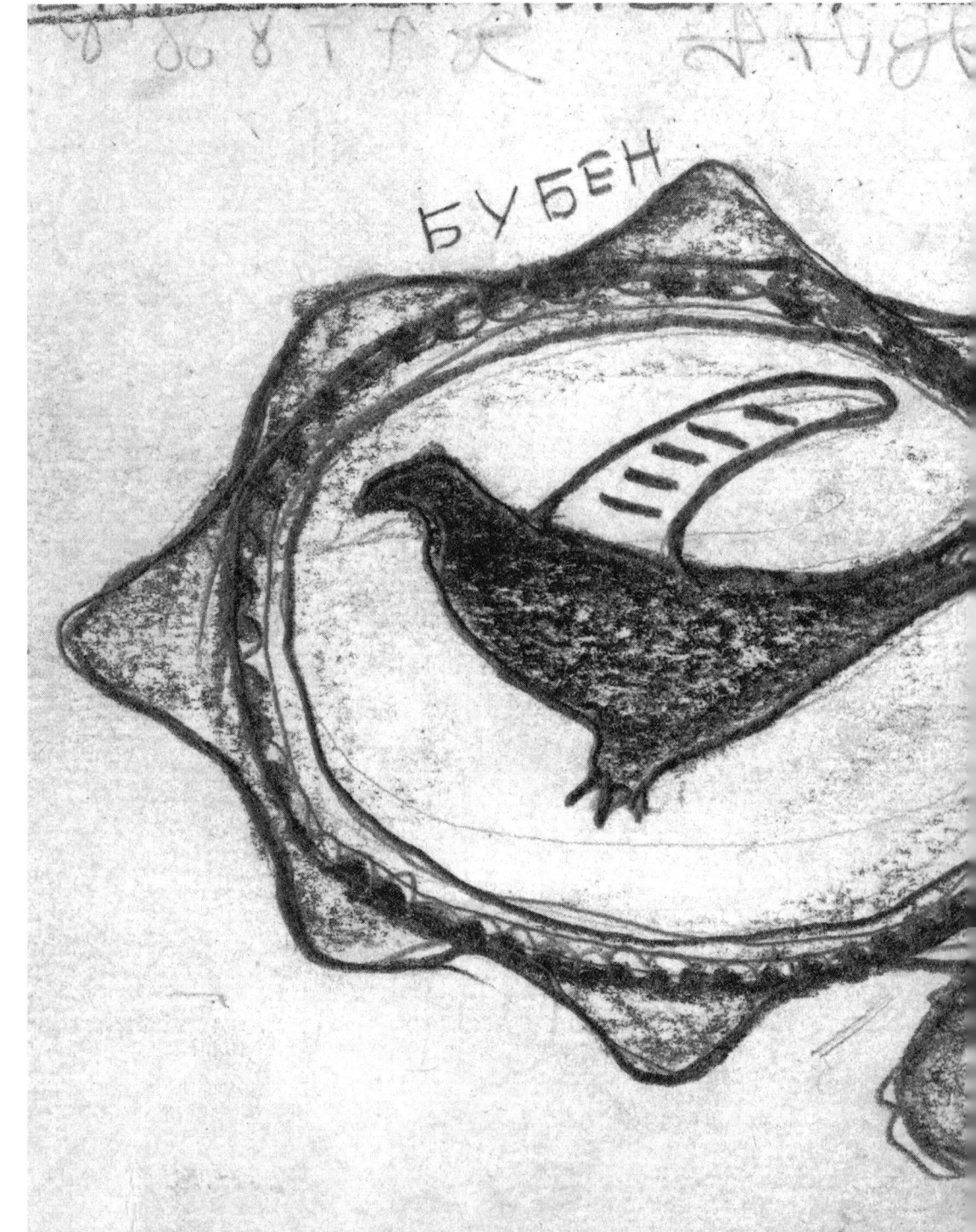

Die Küche der Selkupen

Die Selkupen sind eines der kleinsten indigenen Völker Sibiriens. Nach Daten der Volkszählung von 2010 gab es noch 3 649 Selkupen. Sie leben im östlichen Teil der Westsibirischen Ebene, die meisten von ihnen im Krasnoselkupischen Rayon des Autonomen Kreises der Jamal-Nenzen, im Gebiet Tjumen und im Kreis Turuchansk im Gebiet Krasnojarsk.

Die Mythen der Selkupen berichten von drei Helden, die gegen die Feinde kämpften. Als sie vor den Feinden fliehen mussten, verwandelten sie sich in Vögel. So entstanden die drei Selkupenstämme des Adlers, des Tannenhähers und des Auerhahns.

Die Selkupen glauben an „verborgene Bewohner", an Geister, die in den Felsen, Flüssen und Seen leben. Die Schamanen werden bei ihnen Tetypy genannt. Sie sind Heiler, Vorherseher der Zukunft, Anführer in Kriegszeiten und Richter bei Konflikten.

Die auf der Halbinsel Jamal lebenden Selkupen sind für Ethnologen besonders interessant, denn trotz der sozialen Umwälzungen des 20. Jahrhunderts haben sie ihre alten Traditionen bewahrt.

Bislang gibt es keine schlüssige Theorie, die die Herkunft der Nenzen, Selkupen und Chanten in den hohen Breitengraden des Nordens und das Geheimnis ihrer Kultur, die seit Jahrhunderten bewahrt wird, erklären könnte.

Einmal war unsere Gruppe Moskauer Dokumentarfilmer auf der Suche nach den alten Bräuchen und Festen der Selkupen. Im Museum der alten sibirischen Stadt Tobolsk konnten wir rituelle Kleidung der selkupischen Schamanen aufnehmen. Dann reisten wir weiter in die Siedlung Ratta auf Jamal, jenseits des Polarkreises. Dort wollten wir einen erstaunlichen und einzigartigen Brauch dokumentieren. Die Selkupen feiern die „Belebung" der Schamanentrommel. Die Zeremonie findet in der Zeit statt, in der die Zugvögel eintreffen. Während der Kamlanije, also der schamanischen Handlung, verwandelt

sich der Schamane unter Nutzung der Trommel in ein Rentier und läuft so-
gleich los in ein Land, „wo sieben Sonnen scheinen, wo der Fels bis zum Him-
mel reicht" ... Die erfolgreiche Reise des Schamanen endete in einem Volksfest mit reicher Bewirtung. Damals probierte ich zum ersten Mal die selkupi-
sche Küche.

Dabei ist mir ein Gericht in besonderer Erinnerung geblieben, Nalim-Tyram,
was so viel bedeutet wie mit Leber gefüllter Fischmagen. Dazu wird Nalim
verwendet. Es ist ein großer Fisch. In den sibirischen Flüssen und Seen kann
er bis zu 1,20 Meter heranwachsen und ein stattliches Gewicht von 18 bis 30
Kilogramm erreichen.

Und noch eine Besonderheit fiel mir bei den Selkupen auf. Das spirituelle Leben in Sibirien ist eklektisch. Es gibt in Sibirien christliche Kirchen, und alle
Selkupen sind getaufte Christen. Aber auch die Naturreligionen sind weit
verbreitet: hier ein Fest zu Ehren des Feuers, da ein Fest zu Ehren des Wassers,
Feste mit Schamanenritualen. Es ist falsch, die Naturreligionen als heidni-
sches Brauchtum zu bezeichnen. Es ist eine Verschmelzung mit der Natur und
Respekt vor ihren Gesetzen, wie sie älter nicht sein könnten. Ich habe an verschiedenen Orten in Sibirien bemerkt, dass die Eklektik das wahrhafte Zeichen für einen einfachen, klaren und festen Glauben ist, der sich vor nichts
fürchtet. In den orthodoxen Kirchen in Salechard und Nadym bin ich oft Selkupen begegnet, und in selkupischen Familien wurde ich mit Osterkuchen
und Weihnachtsgebäck bewirtet.

> **Bewegst du im Sommer die Beine langsam, musst du
> im Winter den Magen einziehen.**
>
> **Dem Faulen ist der Tag lang, dem Fleißigen die Nacht.**
>
> **Sprichworte der Selkupen**

Tyram aus Nalim

Den Nalim wie üblich ausnehmen und zerlegen. Die Bauchhöhle aufschneiden und alle Innereien, außer dem Magen und der Leber, wegwerfen. Den Magen umkrempeln, sorgfältig waschen und die Fischleber hineingeben. Damit sie nicht herausfällt, den Mageneingang anschließend mit Garn fest verschnüren. Einen Kessel mit Salzwasser auf den Herd stellen. Kocht das Wasser, den gefüllten Magen vorsichtig hineingeben, augenblicklich beginnt die Magenwand aufzuquellen. Das ist gefährlich, denn sie kann platzen, und die ganze Arbeit war umsonst. Deshalb sollte man sich bereits vor Beginn der Zubereitung spitze Birkenstäbchen bereit legen. Damit sticht man nun vorsichtig in den aufgeblasenen Magen und lässt die Luft heraus. Ist der Tyram gar gekocht, sollte man ihn in aller Ruhe abkühlen lassen. Dann wird der Tyram wie Wurst in feine Scheiben geschnitten. Die Magenwände sind übrigens sehr zart, so dass man sie nicht abpellen muss. Und der Inhalt, golden-glatte Fischleber, ist einfach ein Schmaus.

Brot nach Art der Selkupen

Wenn sie Brot probieren möchten, das nach einer uralten Methode gebacken wird, müssen sie nach Jamal zu den Selkupen reisen. Die Bewohner des Hohen Nordens benutzen selten Mehl, doch es hatte durchaus seinen Platz in der Ernährung. Eine wichtige Methode, im Alltag der Nomaden, Jäger und Fischer Brot zu backen, blieb seit Jahrhunderten unverändert. Die Selkupen verwenden dafür erhitzten Sand.

Um Aschebrot richtig zu backen, muss zunächst ein Teig zubereitet werden. Dafür wird Mehl mit etwas Wasser und Salz verknetet. Anstelle von Hefe wird gewöhnlich Soda verwendet. Für das Feuer wird nicht an Holz gespart. Die durchgeglühten Scheite und die Asche werden auseinander geschoben und in die Mitte des hitzeverströmenden Kreises kommt nun der Teig in Form eines großen Fladens und wird sofort mit einem Kissen aus Sand, Kohlen und Asche zugedeckt. Nach 20 Minuten den Teig mit einem spitzen Stock anstechen. Sollte die obere Kruste langsamer als die untere backen, dreht man den Fladen um. Nach einer halben Stunde ist das Brot fertig. Bevor es auf den Tisch kommt, die sandige Asche mit einem scharfen Messer abschaben.

Gesäuertes Rentierfleisch

In einen Sack aus Robben- oder Rentierfell, Tenegyn, werden abwechselnd Rentierfleisch und Rentierknochen geschichtet. Den Beutel fest zubinden. Im Sommer wird an einer Stelle, an der der Schnee nicht taut, ein Ketyran eingerichtet, eine Art Natureisschrank. In diesen wird der Tenegyn gelegt und oben mit Schnee bedeckt. Im Winter kann das konservierte Erzeugnis gegessen werden.

Wie alle indigenen Völker im Norden lieben die Selkupen Stroganina. Sie reichen dazu eine Tunke aus Tomatenpaste, klein geschnittenem Knoblauch, Salz, Pfeffer und Essig oder eine Mischung aus Smetana (Schmand), scharfen Gewürzen und Knoblauch.

Gedünstetes Bärenfleisch

Zutaten:

700 Gramm Bärenfleisch • Knochen • 400 Milliliter Marinade (Weinblätter und Weißwein • 50 Gramm Möhren • 40 Gramm Sellerie 40 Gramm Petersilienwurzel • 75 Gramm Zwiebeln • 25 Gramm Mehl • 1 Ei 40 Gramm Zwiebackbrösel • 90 Gramm ausgelassener Speck • Salz

Zubereitung:

Das Fleisch 4 Tage lang in der Marinade aufbewahren. Aus den Knochen eine Bouillon kochen, dafür in gleichen Mengen Wasser und die Marinade, in der das Fleisch eingelegt war, verwenden. Das Fleisch in dieser Bouillon unter Beigabe der angebratenen Gemüse und Zwiebeln 5 bis 6 Stunden dünsten. Das fertige Fleisch im Sud abkühlen lassen. Vor dem Servieren in Scheiben schneiden. In Mehl, dann in aufgeschlagenen Eiern und zum Schluss in Zwiebackbröseln wenden, dann braten. Zum Fleisch mariniertes Gemüse, Früchte oder Krautsalat reichen. Bärenfleisch lässt sich gut mit Weinblättern und Weißwein marinieren.

Pferdefleisch mit Nudeln

Zutaten:

300 Gramm Pferdefleisch • 60 Gramm Zwiebeln • Butter • 150 Gramm Nudeln • 1 Gramm Basilikum • 1 Lorbeerblatt • 1 Gramm Paprikapulver 1 Gramm gemahlener Schwarzer Pfeffer • Salz

Zubereitung:

Das Fleisch waschen, in kleine Stücke schneiden, anbraten, dann in einem Topf mit Butter zusammen mit den geputzten und geschnittenen Zwiebeln andünsten, Basilikum, die Gewürze und Salz hinzufügen und so lange dünsten, bis das Fleisch gar ist. Die Nudeln separat kochen und dann mit dem fertigen Fleisch vermischen. Heiß servieren.

Schangi (Teigküchlein) mit Kartoffeln

Zutaten:

Für den Teig:

250 Gramm Weizenmehl • 6 Gramm Zucker • 2 Gramm Hefe

100 Milliliter Milch oder Wasser • 10 Gramm Fett für das Backblech

20 Gramm Butter • Salz

Für die Füllung:

300 Gramm Kartoffeln • 50 Milliliter Milch • 30 Gramm Smetana (Schmand)

1 Ei • Gewürze nach Belieben • Salz

Zubereitung:

In warmer Milch oder warmem Wasser Trockenhefe auflösen, dann Mehl, Salz und Zucker hinzugeben, gut durchkneten. Den Teig einige Stunden an einem warmen Ort ruhen lassen. Wenn er anfängt zu gehen, noch einmal durchkneten, in Kugeln teilen und jede Kugel zu einem flachen Fladen ausrollen. Kartoffeln schälen, waschen, kochen, sorgfältig zerstampfen und mit heißer Milch mit Salz und den Gewürzen zu Püree verrühren. Ein Ei in eine Schüssel geben, Smetana hinzufügen und schaumig schlagen. In die Mitte eines jeden Fladens einen Löffel Kartoffelpüree geben, glätten und mit der Ei-Smetana-Mischung bestreichen. Die Teigküchlein auf ein gefettetes Backblech legen und im vorgeheizten Backofen bei 200 bis 220° Celsius backen. Vor dem Servieren mit Butter bestreichen.

Für den einen liegt Verstand in Worten, für den anderen in Taten.

**Was der Faulpelz mit den Händen nicht schafft,
bewältigt er mit der Zunge.**

Sprichworte der Selkupen

Kulebjaka nach Art von Jamal

Die Selkupen haben trotz ihrer nomadischen Lebensbedingungen gelernt, ihre Nahrung mit Mehlerzeugnissen – Blini und Teigtaschen, Brot und Piroggen – zu ergänzen. Die aus lockerem Teig gebackenen gefüllten Piroggen heißen bei ihnen Kulebjaka. Der Teig, der in einem Nomadenzelt zum Leben erweckt wird, unterscheidet sich in den Zutaten nicht von einem gewöhnlichen Teig. Dem Mehl wird Soda zugesetzt, Hefe, Zucker, und, wenn keine frische Kuhmilch vorhanden ist, Milchpulver. Da die Rede von der Arktischen Tundra auf Jamal ist, wo Temperaturen über Null selten vorkommen, sind die Bedingungen, unter denen der Teig „gehen" kann, nicht einfach zu schaffen. Der Teig wird in einem Topf neben den eisernen Ofen gestellt, manchmal wird er in Fell eingewickelt und dann noch zusätzlich mit einer warmen Decke zugedeckt.

Wie gelingt es der Hausfrau unter den Bedingungen des Hohen Nordens Backwaren herzustellen? Denn einen Backofen gibt es dort nicht. Zunächst einmal heizt sie den eisernen Ofen kräftig ein. Dann holt sie die vor Hitze zischenden Kohlen aus dem Ofen, legt sie auf ein Stahlblech und schiebt dieses unter den Boden des Ofens. Jetzt ist der improvisierte Backofen fertig. Von oben wird die Kulebjaka von der Hitze des heißen Ofens gebräunt, von unten dank der heißen Kohle auf dem Stahlblech gebacken.

Was die Fischkulebjaka angeht, so hat sie im Vergleich zur üblichen Fischpirogge zwei Besonderheiten. Der Fisch wird nicht mit dem Rücken nach unten, sondern nach oben auf den Teig gelegt. So kann das vom Rücken austretende Fett durch den ganzen Fisch und in die Kulebjaka verlaufen. Und die Kulebjaka wird oben nicht abgedeckt, so kann man besser kontrollieren, ob der Fisch bereits durchgebacken ist. Im Sommer halten sich die Frauen mit dem Backen zurück, weil das Backwerk leicht hart wird. Im Winter gibt es diese Sorge nicht. Man kann frische Backwaren direkt einfrieren und aufbacken, wenn sie gebraucht werden.

Schtschi mit Sauerampfer

Zutaten:
250 Gramm frischen Sauerampfer • 1 bis 1,5 Liter Bouillon oder Wasser
350 Gramm Kartoffeln • 10 Gramm Weizenmehl • 50 Gramm Zwiebeln
10 Gramm Fett • 30 Gramm Smetana (Schmand) • 5 Gramm frischer Dill
5 Gramm Zwiebellauch • Gewürze nach Belieben • Salz

Zubereitung:
Das Grün des Sauerampfers waschen, in feine Streifen schneiden und in kochende Bouillon oder Wasser geben, 10 bis 15 Minuten kochen. Dann die in kleine Stücke geschnittenen Kartoffeln hinzugeben, salzen und nach Geschmack würzen. Alles kochen, bis die Kartoffeln gar sind. 5 Minuten vor dem Servieren die Schtschi mit einer Mehlschwitze andicken. Dafür Mehl in einer trockenen Pfanne bräunen lassen, fein geschnittene und in Fett angebratene Zwiebel hinzugeben, dann langsam unter stetigem Rühren in die Suppe geben. Einen Löffel Smetana auf die in Teller geschöpfte Suppe geben, mit Zwiebellauch und frischem Dill garnieren. Für diese Suppe eignet sich junger Sauerampfer am besten.

Geriebener Rettich mit Möhren

Zutaten:

150 Gramm Rettich • 120 Gramm Möhren • 40 Gramm Smetana (Schmand)
5 Milliliter Speiseessig • 5 Gramm Zucker • 10 Gramm frische Gewürze
Salz • Petersilie

Zubereitung:

Rettich und Möhren schälen, waschen, auf einer groben Reibe reiben, salzen und nach Geschmack würzen, dann Zucker und Essig hinzufügen. Vor dem Servieren den Salat mit Smetana begießen, sorgfältig umrühren und mit Petersilie dekorieren.

Eine Rote-Zwiebel-Konfitüre kostete ich in der Siedlung Ratta im Rayon Krasnoselkupsk auf Jamal bei einer selkupischen Familie. Die junge Hausfrau reichte sie zu Käse. Der Käse glich geschmacklich dem norwegischen Mysost, den die alten Wikinger als Proviant bei ihren Seereisen dabei hatten. Mysost (Braunkäse) ist ein Molkenkäse aus Kuh-, Ziegen- oder Schafsmilch. Die junge Frau weihte mich in das Geheimnis der Zubereitung dieser ungewöhnlichen und sehr schmackhaften Konfitüre ein.

Rote-Zwiebel-Konfitüre

Zutaten:

8 rote Zwiebeln • 1 große Orange • 50 Gramm helle Rosinen
100 Gramm Zucker • 350 Milliliter Süßwein • Pflanzenöl • Meersalz
Schwarzer Pfeffer

Zubereitung:

Die Zwiebeln schälen und fein hacken. Von der Orangenschale in feinen Streifen Zesten abschneiden, dann den Saft in ein Glas auspressen. Etwas Öl in einem kleinen Topf mit dickem Boden erhitzen, die Hälfte des Zuckers hineinrieseln lassen und unter Rühren auflösen. Die Zwiebeln hinzugeben, mit einem Deckel bedeckt auf kleiner Flamme 20 Minuten dünsten, von Zeit zu Zeit rühren. Zu den Zwiebeln Salz und Zucker hinzugeben, den Wein zugießen und alles allmählich zum Kochen bringen. Den Orangensaft, die Zesten und die Rosinen hinzugeben, pfeffern, umrühren und unter Rühren ohne Deckel 20 bis 30 Minuten köcheln lassen. In Gläser füllen, abkühlen lassen und kühl lagern.

Der folgenden Verfeinerung von Wodka wird aphrodisierende Wirkung zugeschrieben. Das Aphrodisiakum dabei ist der Meerrettich, dessen einzigartige Eigenschaften die sibirischen Völker seit alters her kennen. Das Meerrettich-Honig-Getränk regt nicht nur den Appetit an, es steigert auch die Lebensenergie. Probieren Sie es aus, experimentieren Sie mit dem Verhältnis von Meerrettich und Honig.

Wodka mit Meerrettich und Honig

Zutaten:
½ Liter Wodka • 12 bis 15 Gramm Meerrettich
1 bis 2 Teelöffel Honig
Zubereitung:
Die Wodkaflasche öffnen und 12 bis 15 Gramm Meerrettich hineinlegen. Nicht immer ist im Hohen Norden eine Waage zur Hand, es sollte also so viel Meerrettich hineingelegt werden, wie Raum in der Flasche ist. Dann noch den Honig hinzugeben. Der Füllstand entspricht jetzt genau der Flaschenhöhe. Fest verschließen und an einen dunklen Ort stellen. Nach einer Woche können Sie das Getränk genießen.

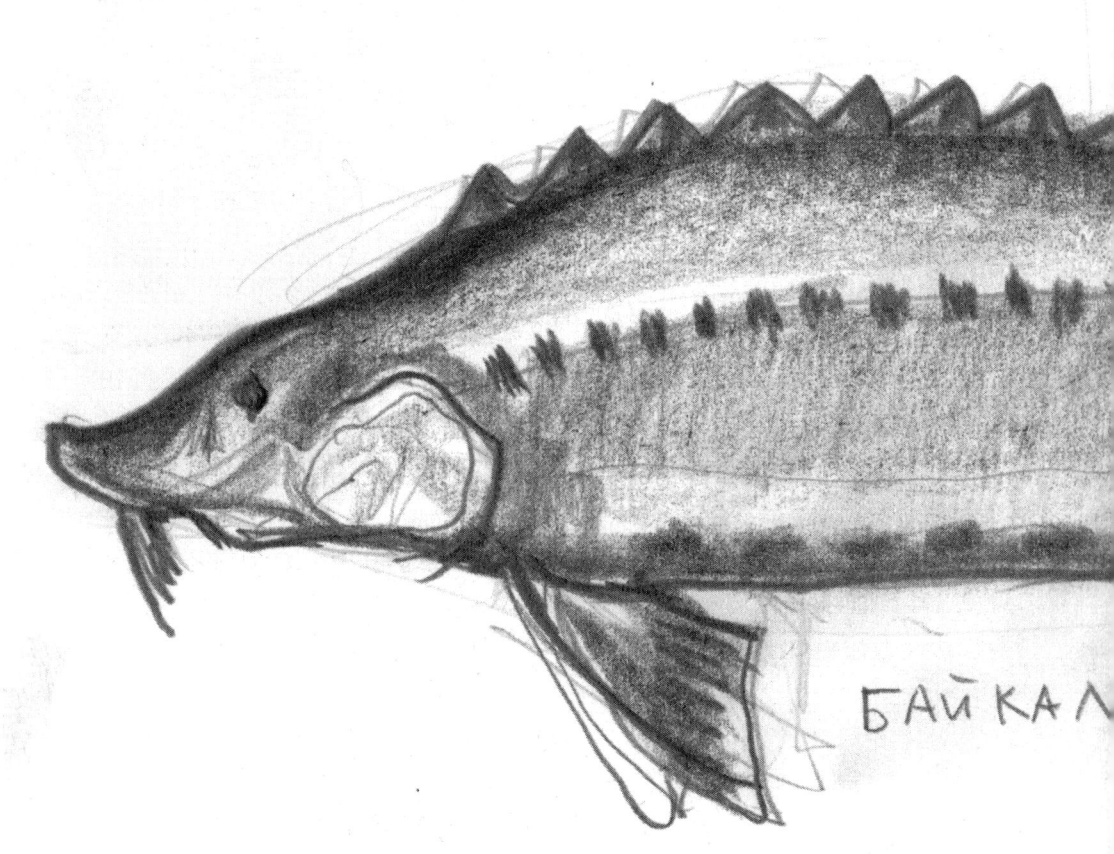

БАЙКАЛ

ий ОСЕТР

Die Küche am Baikal

In Sibirien gibt es alles in gewaltiger Zahl – Wälder, Flüsse, Fische, Bären. Und natürlich, der schönste und tiefste See unseres Planeten ist dort ebenfalls zu finden: der Baikalsee. Den besten Fisch meines Lebens habe ich am Baikal gegessen, bei Nikita Bentscharow auf der Insel Olchon im Dorf Chuschir. Ich finde, es ist das beste Restaurant am See, klein ist es und beinahe familiär. Bei jedem meiner Besuche versuchte ich, Nikita seine Küchengeheimnisse zu entlocken, ab und an lüftete er sie. Dann eilte ich nach Hause, um seine Ratschläge zu befolgen. Trotzdem sind mir die Speisen nie so schmackhaft gelungen, wie er sie in seinem Restaurant auf den Tisch brachte.

Ein stilechtes Abendessen nach Baikal-Art umfasst auch das warme Flackern eines offenen Feuers, ein sauberes Leintuch, mit dem der einfache Tisch gedeckt ist, einen verrußten Kessel mit gekochten Kartoffeln, ein Bündel Bärlauch und jede Menge fein gesalzener Baikal-Omul. Zu all dem passt hervorragend der Baikal-Wodka, der bei der Weltmeisterschaft der Spirituosen 1995 den 1. Preis gewonnen hat. Viele typische Gerichte vom Baikal wie Reh-Stroganina oder Raskolotka, die lediglich mit Gewürzen bestreut verzehrt werden, kann man nur im Winter probieren. Aber das Beste ist für mich immer noch der Baikal-Omul, leicht gesalzen, ein Gedicht.

Falls Sie planen, an den Baikalsee zu reisen, empfiehlt sich dafür der Hochsommer. Anfang August findet auf der Insel Olchon, die auch als energetisches Herz Sibiriens bezeichnet wird, in der Siedlung Chuschir das beeindruckendste Sommerfestival ganz Russlands statt. Es ist das Festival der Schamanen. Dazu reisen nicht nur die örtlichen Schamanen an, es kommen Heilkundige aus aller Welt, selbst „Kollegen" aus Afrika. Auf dem Programm stehen Heilung von Krankheiten, Übertragung schamanischer Energie und Harmonisierung von Familienbeziehungen, das wichtigste Ziel ist die „Reinigung des Bodens unseres Planeten". Interessanterweise dürfen während der Festivalzeit Frauen das Schamanenlager betreten, was zu anderen Zeiten strengstens verboten ist.

Wenn Sie sich an den Schamanenbräuchen satt oder besser hungrig gesehen haben, gehen Sie zum Essen in das kleine Restaurant von Nikita Bentscharow. Bei einem Gläschen Baikal-Wodka kommen Sie wieder zur Besinnung, und dann kosten Sie den berühmten fein gesalzenen Baikal-Omul. Lernen Sie die „kleinen Grusinier" nach dem Rezept des Wirts und andere Gerichte vom Baikal kennen. Und vergessen Sie nicht, dass Wodka in einem Zug getrunken wird. Zuvor tief ausatmen und am besten schon vorher üben.

Auf dem Rückweg vom Baikalsee sollten sie unbedingt im Baikalsee-Museum in der Siedlung Listwjanka vorbeischauen. Hier können Sie die Baikalfische Omul und Stör und die weiße Baikalrobbe in Aquarien beobachten, und für eine zusätzliche Gebühr begeben Sie sich auf eine „virtuelle Reise zum Grund Und so lief es ab. Ich saß auf einem runden, am Boden fixierten Hocker. Dann ging das Licht im Raum aus und vor dem Hintergrund einer Tonaufzeichnung („Periskop - ich bin Gamarus, ich bin auf dem Grund, ich bin in einer Tiefe von 1 637 Metern") sah ich auf einem Bildschirm, was aus einer echten Tiefseetauchkugel zu sehen wäre: langsame Flocken, die Schnee ähneln, Krebse von räuberischem Aussehen, die gleichzeitig Krevetten und Schmetterlingen ohne Flügel gleichen, sie spazieren in Scharen über den Grund. Ein beeindruckendes Erlebnis!

Als ich mein Buch über den Baikal schrieb, behauptete ich, die Insel Olchon hätte eine großartige touristische Zukunft. Daran besteht kein Zweifel. Aber bis jetzt ist es dort still und menschenleer. Ungestört und ohne Hektik kann man durch Chuschir laufen, zu Fuß in die Nachbarorte wandern, sich mit Valentin Chagdajew unterhalten, dem jüngsten, aber schon berühmten Schamanen, der eine Dissertation über das Schamanentum geschrieben hat ... Und am Abend, wenn man von der frischen Luft richtig Appetit bekommen hat, geht man zum Essen zu Nikita Bentscharow.

Und hier kommt wieder der Baikalsee ins Spiel: weit und glänzend liegt er da. Und die Geschmacksempfindungen sind umwerfend! Es ist recht kompliziert, die Baikalküche zu beschreiben. Es gibt das berühmte Gleichnis von den drei Blinden, die einen Elefanten ertasten wollen. Einer tastet den Rüssel ab, der andere die Beine, der dritte den Schwanz, und keiner kann erraten, um welches Tier es sich handelt. Ich versuche, die Küche am Baikalsee in ihren allgemeinen Merkmalen zu erfassen und beginne mit dem fein gesalzenen Omul und den berühmten „Baikal-Grusiniern" von Nikita Bentscharow.

Der Ruhm des unvergleichlich zarten Fleisch des feingesalzenen Baikal-Omuls hat sich längst über die Grenzen Sibiriens hinaus verbreitet.

Baikal-Omul

Der Omul wird mit kaltem Baikalwasser gewaschen, aufgeschnitten, die Kiemen entfernt, sorgfältig ausgeputzt und dann mit Salz eingerieben. Ein Löffel Salz wird zusätzlich in die Kopfhöhle und in den Bauchraum gestreut. Am Baikalsee gibt es einen Ort, der „Kleines Meer" genannt wird. Die Fischer, die dort leben, ziehen das grob gemahlene Salz vor, weil sich feines Salz zu schnell auflöst und auf der Außenfläche des Fischs stärker wirkt, als auf der Innenseite. Der Fisch sollte jedoch außen und innen gleichmäßig gesalzen sein.

Einem hölzernen Gefäß ist beim Salzen der Vorzug zu geben, ist keines vorhanden, kann auch ein emailliertes verwendet werden. In das hölzerne Gefäß wird der Omul dicht an dicht hineingelegt, jeweils immer Kopf an Schwanz,

Billiger Fisch ergibt eine schwache Ucha.
Teurer Fisch macht eine gute Ucha.

Sprichwort vom Baikalsee

Schwanz an Kopf, mit dem Bauch nach oben, damit die Salzlösung im Inneren des Fischs bleibt. Jede Schicht wird noch einmal zusätzlich gesalzen. Der Fisch wird von oben beschwert, damit sich mehr Saft bildet. Am besten sind Steine dafür geeignet, da sie von der Salzlösung nicht angegriffen werden. Nach 1 Tag bis 1,5 Tagen kann man den fein gesalzenen Omul bereits genießen. Am zweiten Tag nach dem Salzen gilt er als besonders schmackhaft.

Es werden zwei Arten des Salzens unterschieden: das Salzen auf Bauernart, dafür wird ausgenommener Fisch verwendet, und das sogenannte kultivierte Salzen, für das der Fisch nicht ausgenommen wird. Gourmets sind der Meinung, dass der kultiviert gesalzene Omul der feinere ist, denn die Innereien machen den Geschmack aromatischer. In Eiskammern kann der Fisch den ganzen Sommer über aufbewahrt werden.

Zum Lufttrocknen den zerteilten fein gesalzenen Omul über hölzerne Ruten spannen, wobei er quer durchbohrt wird. Dann an einem trockenen, gut durchlüfteten Ort aufhängen. Die hölzernen Ruten dürfen kein Harz enthalten, denn Harz verdirbt den Geschmack des Omuls.

Wollen Sie Baikal-Omul gern mit nach Hause nehmen, um Freunde und Bekannte damit zu bewirten, dann nehmen Sie kalt geräucherten Omul, am besten in Papier verpackt, auf keinen Fall dürfen Sie ihn in Plastiktüten transportieren, da er sonst „erstickt".

Fein gesalzener Baikal-Omul

Zutaten:
Omul (eine beliebige Menge) • extra gutes Salz
Zubereitung:
Nur frisch gefangener Omul eignet sich, frischen Omul erkennt man an seinem Duft nach frischen Gurken aus dem Garten. Und das stimmt wirklich. Den Fisch sorgfältig ausnehmen, nicht schuppen. Dann sorgfältig unter ei-

nem Strahl kaltem Wasser waschen. Papier ausbreiten, darauf eine 5 Millimeter hohe Schicht Salz in der Länge des Omul streuen. Den Omul an Kopf und Schwanz festhalten und im Salz wenden, dann an Kopf und Schwanz etwas anheben und das überschüssige Salz abschütteln. Den Omul mit den Rücken nach unten dicht an dicht in ein emailliertes Gefäß legen. Wenn es viel Fisch ist, eine zweite Schicht legen, ebenfalls mit dem Rücken nach unten. Das Gefäß mit einem passenden Teller bedecken und darauf ein Gewicht stellen, zum Beispiel ein mit Wasser gefülltes Literglas. Das Ganze für 24 Stunden in den Kühlschrank stellen. Nach 24 Stunden ist ein fein gesalzener Zustand erreicht, nach 48 Stunden ein stark gesalzener. Der auf diese Art gesalzene Omul ist besonders schmackhaft, zart und fest.

Gesalzener Omul mit Zwiebeln

Zutaten:
1 frischer Omul (1 bis 1,5 Kilogramm) • 2 Zwiebeln • Pflanzenöl
gemahlener Schwarzer Pfeffer • Salz nach Geschmack
Zubereitung:
Den Fisch putzen und ausnehmen. Den Kopf abschneiden, das Filet von der Gräte lösen, alles mit grobem Salz bestreuen und für 1 bis 2 Stunden mit einem Gewicht belasten, ruhen lassen, damit das Salz einziehen kann. Dann waschen und in kleine Stücke schneiden. Die fein gehackten Zwiebeln hinzufügen, dazu den gemahlenen Schwarzen Pfeffer und das Pflanzenöl. Mit gebackenen oder gebratenen Kartoffeln servieren.

Wer seine Hände in den Baikal taucht, lebt zehn Jahre länger.

Sprichwort vom Baikalsee

Baikal-Omul am Spieß (Variante 1)

Frisch gefrorener Omul eignet sich hervorragend zum Braten am Spieß. Es ist ein altes Rezept, das die sibirischen Fischer bis heute verwenden. Das Wichtigste ist, ganze, nicht ausgenommene Fische zu verwenden. Während der Fisch auftaut, müssen einige feste, glatte Ruten vorbereitet werden. Das sind die Spieße. Besser keine Zweige von Nadelbäumen nehmen, sie geben dem Omul einen harzigen Beigeschmack. Die aufgetauten Fische salzen und mit dem Kopf nach unten auf die Ruten spießen, diese dann rings ums Feuer in die Erde stecken. Es versteht sich von selbst, dass zu diesem Zeitpunkt eine ausreichende Menge glühender Kohlen vorhanden sein muss. Der Omul sollte nicht gebraten, sondern gebacken werden, Sie müssen ihn mindestens einmal drehen. Je gleichmäßiger das Feuer brennt, desto besser gelingt der Fisch. Das Gute am Omul ist, dass er beim Backen nicht austrocknet. Er bleibt schön saftig, so dass es ein echtes Vergnügen ist, dieses Gericht zu kosten. Lieber nicht zu große Fische nehmen. Wenn es nur große Fische gibt, schneiden Sie sie an den Seiten ein wenig ein, um den Garprozess zu beschleunigen. Ist der Fisch gut zubereitet, lassen sich die Schuppen leicht entfernen. In jedem Fall sollte der Fisch gleich gegessen werden.

Baikal-Omul am Spieß (Variante 2)

Dabei wird der Fisch auf einen drehbaren Spieß gesteckt. Die Oberfläche wird mit Salz eingerieben. Die Hitze kommt von den Holzkohlen eines Lagerfeuers. Der Fisch wird mit dem Kopf nach unten auf einen Spieß gesteckt, dabei den Schwanz nicht durchspießen, da der Fisch bei der Zubereitung sonst abrutscht. Den Spieß schräg in die Kohlen des Lagerfeuers stecken und von Zeit zu Zeit drehen, so röstet der Fisch von allen Seiten gleichmäßig. Vorher werden in der Haut 3 bis 4 schräge Schnitte vom Rücken zum Bauch gemacht, damit der Fisch das Salz besser aufnimmt. Für die Spieße einen Baum aussuchen, dessen Holz hitzebeständig ist und nicht verkohlt (am besten Lärche). Der Ast sollte trocken und frei von Harz sein. Der Spieß für einen Fisch, der im eigenen Saft gegart wird, also nicht ausgenommen ist, sollte vergleichsweise dünn sein, so dass der Fisch vom Kopf bis zum Schwanz aufgespießt werden kann. Den Spieß durch den Rücken führen, dabei mit den Fingern leiten, um die Gallenblase nicht zu verletzen. Bei ausgenommenen Fischen werden breitere Spieße verwendet, etwa 1,5 bis 2 Finger breit, damit er nicht auseinanderfällt. Großer Fisch wird in große Stücke geschnitten und in Stücken auf den Spieß gezogen. Gleich essen, also direkt vom Feuer.

Baikal-Omul in Pergament

Zutaten:
700 bis 800 Gramm Baikal-Omul • 1 Möhre • 1 Zwiebel • 2 Esslöffel Butter
2 Esslöffel gehackte Zitronenmelisse • Salz nach Geschmack • Wasser
Pergamentpapier
Zubereitung:
Den vorbereiteten Fisch in Stücke schneiden, 1 Stunde im Kühlschrank aufbewahren. Pergamentpapier in Quadrate schneiden, mit Butter einreiben. Die Omulstücke auf das Pergamentpapier legen. Darauf die geriebene Möhre und die fein gehackte Zwiebel geben, mit gehackter Zitronenmelisse und Salz bestreuen. Den Fisch in das Papier einwickeln und mit Fäden zubinden. Wasser in einen Topf zum Kochen bringen und die Fischpäckchen hineinlegen. Die Wärmezufuhr reduzieren und den Omul im Wasserbad etwa 20 Minuten garen lassen. Den Fisch aus dem Topf herausnehmen, aus dem Papier wickeln und auf einen vorgewärmten Servierteller legen und mit geschmolzener Butter beträufeln, Salzkartoffeln dazu reichen. Übrigens, wurde der Fisch früher nicht in Pergament, sondern in würzige Blätter gewickelt zubereitet.

Omulkaviar

Im Prinzip kann der Rogen eines jeden Fischs zur Zubereitung von Kaviar verwendet werden. Der Geschmack hängt unter anderem davon ab, wie der Rogen entnommen und der Fisch ausgenommen wurde, schachtartig, das heißt durch eine Öffnung im Bauchraum, oder schichtartig, dann wird die Wirbelsäule entfernt. Es darf kein Blut und keine Gallenflüssigkeit an den Rogen dringen. Um die Haut der Eierstöcke von den einzelnen Rogenkörnern zu entfernen, wird ein spezieller Pinsel aus den jungen, grünen Spitzen von Lärchenzweigen angefertigt. Es werden Zweigspitzen von 30 bis 50 Zentimeter Länge gewählt, die mindestens 4 Verzweigungen in verschiedene Richtungen aufweisen. Die Verzweigungen sollten nicht länger als 2 Zentimeter sein. Die Zweigspitzen werden entrindet, in das Gefäß mit dem Rogen gehalten und dann so zwischen den Handflächen gedreht, als wolle man Feuer machen. Ab und zu muss die an den Lärchenzweigen aufgewickelte Haut mit einem Messer entfernt werden. Dies wird so lange fortgesetzt, bis jedes einzelne Korn des Rogens abgelöst ist. Es sollten keine zwei Körner an der Haut kleben. Dann den Kaviar mit Wasser waschen. Für den Kaviar von zwei Fischen wird ein Gefäß mit mindestens 10 Liter Fassungsvermögen benötigt. Saubere, von Haut und Schleim befreite Rogenkörner setzen sich am Boden ab, alle anderen Bestandteile schwimmen nach oben. Die obere trübe Wasserschicht muss abgegossen werden. Die Prozedur wird mehrfach wiederholt, und zwar so lange, bis das Wasser ganz klar ist. Nun geht es ans Salzen. Es gibt zwei Methoden, eine schnelle Methode und eine gemächlichere.

Der beste Kaviar der Welt entsteht jedoch mit der 5-Minuten-Methode. Dafür verwendet man abgekochtes, noch heißes Wasser, in das man so viel grobkörniges Salz hineinschüttet, wie sich auflöst. Das heißt, es entsteht eine gesättigte Salzlösung. Der Rogen wird in ein Mulltuch gegeben und in die heiße Salzlösung gehängt. Nach 5 Minuten herausziehen und aufhängen, so dass die Salzflüssigkeit ablaufen kann. Der Kaviar ist fertig zum Verzehr.

Für ein allmähliches Salzen in kaltem Wasser wird der Kaviar in einem Mulltuch verpackt 6 Stunden in die kalte Salzlösung gehängt, dann aus der Lösung genommen und so aufgehängt, dass die Flüssigkeit abfließen kann. Dann ist der Kaviar verzehrfertig.

Gourmets empfehlen, gut gekühlten Kaviar zu warmem Weißbrot mit Butter zu essen, oder den gekühlten Kaviar in heiße Blini zu wickeln und sofort zu verzehren. Der im Handel erhältliche Kaviar wird in einem industriellen Verfahren hergestellt. Dabei werden häufig Konservierungsstoffe verwendet, damit der Kaviar länger haltbar ist. Seine geschmacklichen Eigenschaften sind allerdings sehr viel niedriger als die des handwerklich hergestellten Kaviars.

In Sibirien ist ein weiteres exotisches Fischgericht verbreitet, dabei wird gefrorener Omul verwendet, und die Art der Zubereitung entspricht im Wesentlichen der Stroganina-Zubereitung. Es heißt Raskolotka, Fischbruch. Der Omul wird wie der Fisch für Stroganina im Ganzen mit Kopf, Innereien und Schuppen eingefroren. Nach dem Einfrieren wird der Omul-Körper mit einem Hammer geklopft. Dabei zerbricht das Fleisch innerhalb der Haut in kleine Stücke und lässt sich so leicht von der Haut lösen. Die Fischstücke der Raskolotka werden in Pfeffer und Salz gestippt. Wichtig ist das Nachspülen mit

Wodka. Wie die Praxis zeigt, ist Raskolotka ziemlich ungefährlich für die Gesundheit, vielleicht weil der Baikal-Omul an sich ein ideal sauberer Fisch ist, der im ideal sauberen Wasser des Baikalsees lebt.

Raskolotka

Zutaten:
Stark gefrorener Omul • gemahlener Schwarzer oder Weißer Pfeffer
Salz nach Geschmack
Zubereitung:
Den Fisch mindestens 14 Tage gut einfrieren, dann den gefrorenen Omul von allen Seiten mit einem harten Gegenstand fest klopfen. Nun lässt sich die Haut leicht abziehen und das gefrorene Fischfleisch löst sich leicht von den Gräten. Die gefrorenen Fischstücke werden roh gegessen, man tunkt sie in eine Mischung aus Salz und Schwarzem oder Weißem Pfeffer.

Kleine Grusinier von Nikita Bentscharow

Das Gericht mit dem geheimnisvollen Namen ist eine Fischroulade, wie sie Nikita Bentscharow auf Olchon zubereitet. Es wird ein Teig wie für Pelmeni (Rezept: siehe Seite 48) gemacht, dazu eine Füllung aus zerkleinertem Fisch und Zwiebeln. Der Prozess erinnert an die Zubereitung von gefüllten Blini, jedoch wird das Werk zum Abschluss in der Pfanne gebraten und die fertige

> **Wer im Wasser des Baikal schwimmt, wird 100 Jahre alt.**
>
> **Wer einmal das Heilige Meer besucht hat, kommt wieder.**
>
> Sprichworte vom Baikalsee

Roulade in Scheiben aufgeschnitten, das sind dann die „Kleinen Grusinier". Gegessen werden sie mit zerlassener Butter. Köstlich. Am Baikal ist außerdem die Zubereitung von Frikadellen und Pelmeni mit Fischfüllung sehr beliebt.

Pelmeni mit Fischfüllung

Zutaten:
Pelmeni-Teig (Rezept siehe Seite 48)
Für die Füllung:
250 Gramm Lachs • 250 Gramm Kabeljau • 60 Milliliter Weißwein
2 Möhren • 100 Gramm Porree • 4 Esslöffel Pflanzenöl
Smetana (Schmand) • Petersilie • Salz • Pfeffer
Zubereitung:
Den Pelmeni-Teig wie beschrieben zubereiten. Die Möhre und das Porree fein stifteln und in Pflanzenöl anbraten. In einer Pfanne das Öl erhitzen und die feinen Gemüsestifte darin anbraten, bis sie weich sind. Den Fisch in kleine Würfel schneiden, zum Gemüse in die Pfanne geben, den Weißwein zugießen und auf kleiner Hitze 5 bis 6 Minuten köcheln lassen. Salzen, pfeffern nach Geschmack. Die Pfanne vom Herd nehmen, ein wenig abkühlen lassen. Nun mit einer Gabel Fisch und Gemüse zerdrücken. Aus dem Teig Kreise ausstechen, auf jeden ein wenig von der Fischfüllung geben, die Ränder zusammendrücken und zukneifen. In Fischbouillon 4 Minuten kochen, bis die Pelmeni an die Oberfläche steigen, dann mit einem Schaumlöffel herausnehmen. Auf Teller verteilen, mit Smetana begießen und mit Petersilie bestreuen.

Gefüllter Fisch in Alufolie

Frischen, sorgfältig geputzten Fisch mit frischen Kräutern und verschiedenen Gewürzen füllen, dabei können Zitronensaft, Tomatenmark, eine leichte Essiglösung, rote Paprika, Zwiebellauch oder Wildzwiebel, Bärlauch, Mayonnaise oder Käse Verwendung finden. Der Fantasie sind hier keine Grenzen gesetzt. Den gefüllten Fisch mit dem aufgeschnittenen Bauch nach oben auf eine Folie legen. In zwei bis drei Lagen Alufolie gewickelt wird der Fisch auf einem Rost über dem offenen Feuer gebraten, bis er gar ist.

Bratfisch

Gebraten wird Fisch am besten im Frühling, wenn es frischen Lenok oder fette weiße oder graue (keine schwarzen) Äschen oder Renken gibt. Just gefangener, ganz frischer Fisch schmeckt am besten. Wenn zwischen Fang und Verzehr höchstens zwei Stunden liegen, ist der Geschmack ein einmaliges Erlebnis. Die großen Renken werden längs der Mittelgräte aufgeschnitten und dann in Scheiben zerteilt, so dass sie gebraten werden können. Das Bratöl sollte keinen Beigeschmack haben. Am besten ist Butter, frisches Seerobbenschmalz oder Rinderschmalz. Für 1 Kilogramm Fisch nimmt man etwa 100 Gramm Butter. Zuvor den Fisch mit kreisenden Bewegungen schuppen und so weit aufschneiden, dass er flach in die Pfanne passt. Die Kiemen und Innereien entfernen. Den aufgeschnittenen Fisch nicht unter fließendem Wasser waschen, das nimmt ihm seinen Geschmack. Nur Neulinge waschen den Fisch, die echten Fischer waschen ausgenommenen Fisch niemals. Zur Ausbildung einer goldenen Kruste die Stücke in Mehl wenden, das mit Salz und Schwarzem Pfeffer gemischt ist. Bevorzugt wird graues Mehl oder zerstoßener Zwieback. Richtig zubereiteter Fisch hat eine gleichmäßig angebratene Haut, die nicht aufgeplatzt ist. Man benutzt eine große Pfanne, damit der Fisch mit Kopf gebraten werden kann. In die Pfanne kommt eine grob geschnittene Zwiebel. Der im Ganzen gebratene Fisch hat an allen Körperteilen einen anderen Geschmack. Wenn eine Seite gut angebraten ist, den Fisch wenden. Den fertigen Fisch mit Kräutern und Zitronenscheiben servieren.

Ucha nach Baikal-Art

Das Geheimnis der Baikal-Ucha besteht darin, dass ein Gläschen Wodka hineingegossen wird. Und zwar, sobald der Topf vom Feuer genommen wird. Die Fischsuppe sollte dann drei Minuten durchziehen, der Alkohol verdunstet, und der Geschmack der Hauptbestandteile tritt klarer hervor. Außer Fisch werden nur zwei weitere Bestandteile für eine Baikal-Ucha verwendet: geviertelte Zwiebeln, die herausgenommen und weggeworfen werden, sobald sie ausgekocht sind, und sehr fein geschnittene Möhren. Beim Servieren kommen einige frische Kräuter hinzu, Petersilie und Dill. Fertig! Die russische Ucha ist die einzige klare Fischsuppe der Welt. Flussbarsch, Zander, Renken, Sterlet, Sternhausenstör und Belugastör, das sind die Zutaten einer echten Ucha!

Für die Menschen am Baikal ist Ucha ein Ritual. Es sind viele Voraussetzungen dafür notwendig: Dämmerung, Nebel über dem Wasser, das Knistern der Holzscheite im Feuer, das Klingen der in den See zum Kühlen versenkten Heimlichkeiten, Scherze, Lachen, und natürlich die Ucha aus frisch gefangenem Fisch. Eine solche Ucha unterscheidet sich grundlegend von allen anderen Varianten. Das lässt sich genau so wenig erklären, wie das Morgenrot oder die Liebe.

Ucha vom Ostufer des Baikal

Am Ostufer des Baikal wird Ucha nach einem anderen Rezept zubereitet. Im Mündungsdelta des Tschiwyrkuj geraten sehr unterschiedliche Fische an die Angel. Aus Flussbarsch, Nalim, Hecht, weißer Äsche und Renke und dem gesamten Tagesfang Kleinfisch wird eine „dreistöckige Ucha" zubereitet. Dafür braucht man ein großes Kochgefäß. Den Fisch sortieren in Kleinfisch und große Fische, die auch Edelfische genannt werden. Die kleinen Fische werden ausge-

Adlerfarn

Die gesalzenen Triebe dieser mehrjährigen Pflanze aus der Familie der Farne werden seit Jahrhunderten als Speisezusatz in Korea, Japan und China verwendet. Nach Sibirien gelangte diese Mode Anfang der 1990-er Jahre, nachdem die Pflanze in großen Mengen für den Export nach Japan geerntet worden war. Adlerfarn hat einen eigenartigen Pilzgeschmack und wird im Juni gesammelt, wenn die Blattspitzen noch nicht ausgerollt sind. Die beste Tageszeit ist der Vormittag, wenn der Farn noch feucht vom Morgentau ist. Die jungen Triebe werden in einer Höhe von 10 Zentimetern über der Erde abgeschnitten. Die Ernte wird gleich verarbeitet. Die Technologie des Einsalzens ist relativ kompliziert und geschieht in drei Etappen. Der vorbereitete Farn wird gebündelt, in ein Holzfass geschichtet, das im unteren Bereich einen verschließbaren Abfluss hat, und dabei reichlich mit Salz bestreut. Von oben wird der Farn mit Steinen beschwert. Nach einer Woche lässt man den Sud durch den Abfluss ablaufen. Die beiden unteren Schichten der Farnbündel werden entfernt, die oberen Schichten werden nach unten gelegt, eine zehnprozentige Salzlösung wird zubereitet und über den Farn gegossen. Nach einer weiteren Woche wird der Salzsud abgelassen und durch neuen ersetzt. Für eine schnelle Zubereitung den Farn sorgfältig waschen und 5 Minuten lang in einer 10-prozentigen Salzlösung kochen, anschließend mit kaltem Wasser waschen, klein schneiden und in Öl anbraten, passt hervorragend als Beilage zu Kartoffeln, Pilzen und Zwiebeln.

nommen, jedoch nicht geschuppt. Edelfisch wird ausgenommen, geschuppt und zerlegt. In kaltem Wasser werden Reis, geschnittene Kartoffeln und Kleinfische (Karausche, Nerfling) angesetzt, den Fisch dabei in ein Tuch oder Säckchen aus Mull geben und zubinden. Ist der Fisch ausgekocht, wird das Säckchen noch einmal kräftig in die Bouillon ausgedrückt, die Reste werden mit dem Mulltuch zusammen entsorgt. Nun wird Flussbarsch in ein sauberes Mulltuch gelegt. Er muss nicht geschuppt werden. Ist er ausgekocht, wird er ebenso in die Bouillon ausgedrückt und der Rest mit dem Mulltuch entsorgt. Die Bouillon ist jetzt „zweistöckig", denn sie besteht aus zwei Fischsorten, und wird gewürzt. Nun werden die Stücke des Edelfischs zur Suppe gegeben und etwa 7 Minuten gekocht, bis die Fischaugen weiß werden. Den Fisch aus der Bouillon holen, auf Teller legen, die Bouillon abschmecken und zum Fisch geben.

Stroganina nach Baikal-Art

Das ist das Lieblingsgericht der sibirischen Jäger. Es wird häufig für Gäste zubereitet, weil es bleibenden Eindruck hinterlässt. Besonders geschätzt wird die frisch gefrorene Leber des Rehs. Stark gefrorenes Fleisch wird mit einem Messer in dünnen Scheiben vom Stück abgehobelt, wie Späne. Die gefrorenen rohen Fleischstücke werden vor dem Essen in eine Mischung aus Schwarzem Pfeffer und Salz getunkt. Mit einem Stück Zwiebel nachessen und ein Gläschen Wodka hinterhertrinken.

Kalt geräucherter Fisch

Es wird fein gesalzener Fisch (1,5 Tage) genommen, Reste von grobem Salz oder Sud werden im Baikalwasser abgewaschen. Dann wird der Fisch auf einer Trockenvorrichtung getrocknet (mit dem Kopf nach unten, damit überschüssige Flüssigkeit ablaufen kann). Weiter wird er im Verlauf von 1 bis 2

Tagen im Schatten an einen gut durchlüfteten Ort gehängt. Der Prozess verläuft richtig, wenn der Fisch nur an der Oberfläche trocknet, im Inneren jedoch die Feuchtigkeit bewahrt. Dann wird der Fisch nach dem Räuchern golden schimmern. Trocknet die Oberfläche nicht richtig, wird der Fisch braun. Zum Räuchern wird in der Erde ein hölzerner Kasten gebaut, in den Sägespäne geschüttet und angezündet werden, so dass sie schwelen. Der Rauch aus diesem Kasten wird über ein 3 Meter langes, in die Erde eingegrabenes Rohr geleitet. Bei Abkühlung setzen sich die Verbrennungsprodukte an den Wänden des Rohrs ab und in die Räucherkammer mit dem Fisch gelangt kalter Rauch ohne Ruß. Die Kammer muss hermetisch dicht sein. Die Sägespäne (in der Regel Kiefernholz) schwelen ununterbrochen 2 bis 3 Tage.

Heiß geräucherter Fisch

Zum heißen Räuchern empfiehlt es sich, Holz mit Rinde zu nehmen, optimalerweise von Obstbäumen wie Apfel- oder Faulbeerbaum. Birke wird nicht verwendet, weil sie Teer bildet, der den Fischen einen bitteren Geschmack verleiht. Am besten isst man den geräucherten Fisch direkt vom Feuer, solange der warme Fischsaft noch enthalten ist. Heiß geräucherter Fisch ist nur begrenzt haltbar, beim Transport zerbricht und zerkrümelt er leicht.

Sagatuj

Den frischen Fisch, am besten fettreiche graue Äsche oder Renke, sorgfältig schuppen, ausnehmen, unter fließendem Wasser das Blut abwaschen und entlang des Rückens in zwei Hälften teilen. Die Gräten entfernen und die Hälften in 3 bis 4 Zentimeter dicke Scheiben schneiden. Die vorbereiteten Stücke 20 Minuten lang in eine starke Salzlösung legen (1 Glas Salz auf 1 Liter kaltes abgekochtes Wasser). Durch einen Durchschlag abgießen, damit das Salzwasser abtropft, und klein geschnittene Zwiebeln, gemahlenen Schwarzen Pfeffer und Öl hinzugeben. Alles mischen und in Einweckgläser geben. In den Kühlschrank stellen. Das Gericht kann gleich nach der Zubereitung verzehrt werden. Der Geschmack des Fischs hängt davon ab, mit welchen Zutaten er verfeinert wurde, das kann mit Öl und verschiedenen Gewürzen geschehen, aber auch mit Mayonnaise oder Senf.

In der Regel bereiten die am Baikalsee lebenden Sibirjaken auch viele gesalzene Gemüse und Früchte als Wintervorrat zu. Werden Gäste bewirtet, kommt unbedingt ein Glas mit eingelegten Tomaten auf den Tisch, auch marinierte Gurken, marinierte Birkenpilze, Maronen und Pfifferlinge, selbst gemachter Kürbiskaviar und Konfitüre aus Taigabeeren sind beliebt. Sauerkraut wird mit Preiselbeeren oder Moosbeeren zubereitet. Seltener gibt es Salat aus Farn oder Bärlauch. Und natürlich immer gibt es selbst gebackene Piroggen. Sie können verschiedene Füllungen haben: mit Preiselbeeren, mit Fisch, mit Bärlauch, mit Reis, Pilzen oder Ei. Tee mit Konfitüre aus sibirischen Beeren und selbst gebackene Piroggen sind eine traditionelle Bewirtung für Gäste. Manchmal werden dem Tee getrocknete Preiselbeeren oder Sanddornbeeren zugesetzt. Zu den Lieblingsgerichten der Baikalbewohner gehören Blini mit Kaviar.

Blini mit Kaviarfüllung

Zutaten:
Für den Teig:
150 Milliliter Milch • 4 Eier • 50 Gramm Buchweizenmehl • 50 Gramm Weizenmehl • 1 Prise Salz • Butterschmalz zum Ausbacken
Für die Füllung:
300 Gramm Smetana (Schmand) • je ½ Bund Dill, Schnittlauch und Petersilie Salz • Pfeffer • 1 Prise Muskatnuss • 1 Prise Cayennepfeffer • 1 Prise Zucker

einige Tropfen Zitronensaft • 1 Esslöffel Meerrettich • 1 Glas Baikalkaviar
2 bis 3 Blatt weiße Gelatine
Zum Garnieren:
1 Kopf Blattsalat • 1 gelbe Paprikaschote • 2 bis 3 Tomaten
1 Esslöffel Apfelessig • 2 Esslöffel Sonnenblumenöl • Kaviar • Dillzweige

Zubereitung:

Die Milch mit den Eiern, dem Buchweizenmehl, dem Weizenmehl und dem Salz in einer Schüssel zu einem glatten Teig verrühren. Butterschmalz in einer Pfanne erhitzen und portionsweise Blini ausbacken, herausnehmen und beiseitestellen. Smetana in einer Schüssel glatt rühren. Die verlesenen, gewaschenen und fein geschnittenen Kräuter untermischen. Mit Salz, Pfeffer, Muskat, Cayennepfeffer, Zucker, Zitronensaft, und Meerrettich würzen. Den Kaviar unterheben. Die gut gewässerte, ausgedrückte Gelatine in ein wenig Wasser auflösen und zur Smetana geben. Smetana auf die Blini streichen, zusammenrollen und im Kühlschrank fest werden lassen. Den Kopfsalat verlesen, waschen, in mundgerechte Stücke zerpflücken und dekorativ auf den Tellern anrichten. Die Paprikaschote halbieren, entkernen, in Würfel schneiden. Die Tomaten enthäuten, entkernen und würfeln, auf dem Salat verteilen. Den Salat mit Apfelessig und Sonnenblumenöl beträufeln, mit Salz und Pfeffer würzen. Die Bliniröllchen in 4 bis 5 Zentimeter dicke Scheiben schneiden und auf dem Salat anrichten, mit Kaviar und Dillzweigen garnieren und servieren.

Ich habe festgestellt, dass am Baikalsee besonders viel Wert auf die schöne Gestaltung des Essens gelegt wird. Das entspricht meiner Überzeugung, dass die Kochkunst wie die Dichtkunst oder die Malerei ein Kulturgut ist, das die Menschen zu besonderer Kreativität anregt. Die Speisen sind hier beides: sowohl poetisch als auch malerisch.

Die Küche der Jukagiren

Die Jukagiren sind ein sehr kleines Volk. Nach Daten der Volkszählung von 2010 zählt es 1 597 Angehörige, die in Jakutien, auf Tschukotka und im Gebiet Magadan leben. Die Geschichte dieses Volkes, einem von 193 Völkern, die im Vielvölkerstaat Russland leben, ist für Historiker und Ethnologen ein Rätsel.

Die jukagirische Sprache gleicht keiner anderen Sprache der indigenen Völker des Nordens. Wie gelangte dieses Volk in die Weiten Sibiriens? Einst wuchsen dort, wo heute die Jukagiren leben, tropische Wälder und an die Ufer brandete das Wasser eines damals noch warmen Nordmeeres.

Als in Ägypten die Pyramiden gebaut wurden, streiften Mammutherden durch Sibirien. Ihnen folgte der Mensch, begründete die steinzeitliche Zivilisation des Hohen Nordens. Seit Jahrtausenden sind in Sibirien alte Völker aufeinander getroffen, führten Handelswege durch Sibirien, wurden Siedlungen und Heiligtümer errichtet. Die Zeit hat viele Spuren dieser alten Zivilisationen getilgt.

In der Mitte des 20. Jahrhunderts änderte sich der Alltag der Jäger und Rentierzüchter. In Sibirien wurden große Städte aus Beton und Stahl gebaut sowie Industrieanlagen errichtet. Dennoch begleiten die Rentierhirten nach wie vor ihre Herden auf der Suche nach Futterplätzen, fangen die Fischer die Fische auf althergebrachte Art, schlagen die Schamanen ihre Trommeln, und die Frauen der Nomaden verzieren ihre wunderschöne Fellkleidung mit den traditionellen Perlenstickereien.

Ein Journalist, mit dem ich bekannt war, verbrachte einmal den ganzen Sommer in einem Nomadenlager der Jukagiren. Er berichtete, dass die Jukagiren in der blühenden Tundra, in der die Blüten welken, kaum dass sie aufgeblüht sind, ihre Beziehung zur Schönheit ausgedrückt sehen. Denn das Schöne als Wert an sich kann man nur erleben, wenn die Schönheit flüchtig ist und verschwindet, ehe sie sich in etwas Alltägliches und Gewöhnliches verwandelt. Interessant ist das Verhältnis der Jukagiren zum Tod. Der westliche Mensch, Kind einer optimistischen Zivilisation, erweckt oft den Anschein, als gebe es den Tod nicht, und wenn, dann nicht so bald. Die Philosophie der Jukagiren verlangt vom Menschen, stets für den Tod bereit zu sein. Vielleicht ist es die kurze Blüte der Tundra, die diese Weltsicht begründet.

Alle, die bei den Jukagiren gelebt und sich mit ihrem Alltag vertraut gemacht haben, verweisen auf die Verwendung von Walfleisch in der Küche. Wer nicht weiß, dass es Walfleisch ist, könnte es für Rindfleisch halten. Der kommerzielle Walfang wurde 1968 durch eine weltweite Konvention verboten. Dieses Verbot wird von den Völkern des Hohen Nordens akzeptiert.

Im Sommer sind alle Küstenbewohner von Jakutien bis Magadan an den Flüssen unterwegs, um die Lachswanderung zu erleben. Die Menschen, die Bären, die Baikalrobben, die Seeadler, alle fangen Lachs, es ist ein richtiges Fischfest. Einmal bat der junge Journalist darum, die Jukagiren beim Einholen der Netze begleiten zu dürfen. Es waren dann aber nicht die prall mit Fischen gefüllten Netze, die den größten Eindruck bei ihm hinterließen. Er beobachtete die jungen Füchse, die im Gebüsch darauf warteten, dass die Fischer ihnen ein Gastgeschenk zurückließen. Doch einer der Fischer meinte: „Was sind schon Füchse! Hierher kommen sogar Bären!" Der junge Journalist hörte dem Fischer ungläubig zu. Bald jedoch sollte sich zeigen, dass der Jukagire die Wahrheit gesagt hatte.

Das Boot mit den Fischern kehrte zum Basislager zurück. Der Brigadeleiter und sein Sohn luden den Journalisten in eine kleine Waldhütte ein, in der die Jäger im Winter oft Rast machten. Sie fuhren mit dem Boot drei Kilometer den Fluss hinab und gingen ans Ufer. An der Jagdhütte wurde ein Lagerfeuer entfacht, um aus dem frisch gefangenen Lachs eine Ucha zuzubereiten. Als es appetitlich nach gekochtem Fisch roch, zeigte der Sohn des Brigadeleiters ins Gestrüpp und sagte: „Dort sind die Bären! Siehst du, sie warten, dass wir weggehen.

Dann werden sie am Feuer nach Leckereien suchen, die wir zurückgelassen haben ..." Und tatsächlich: Nur hundert Schritt entfernt entdeckte er die Bären. „Hab keine Angst", sagte der Jukagire, „die tun uns nichts ..."

Die Fischsuppe nach Art der Jukagiren lobte der junge Journalist in höchsten Tönen.

Doch kommen wir zu den Besonderheiten der jukagirischen Küche und ihren Rezepten. Wie alle Völker des Nordens ernähren sich die Jukagiren im Wesentlichen von Fisch und Fleisch. Sie verwendeten auch wilde Beeren, essbare Gräser und, im Unterschied zu den Jakuten, einige Pilzsorten. Fleisch und Fisch wurden am Spieß gebraten, gekocht, gebacken, getrocknet, luftgetrocknet, geräuchert und eingefroren. Auf Kolyma und Indigirka gibt es zahlreiche edle Fischarten in den Flüssen, darunter Stör, Sterlet, Renke, Muksun und Hering. Aus den Fischen mit weißem Fleisch wird vorzügliches Stroganina zubereitet. Besonders der Rogen des Sterlets wird sehr geschätzt, und das Fleisch des Sterlets ziehen die Jukagiren dem des Störs vor. Die anderen weißfleischigen Fische – Renke, Omul, Äsche – werden so natürlich wie möglich gegessen, also auch gerne roh, während der „schwarze" Fisch aus den stehenden Gewässern immer gekocht, gebraten oder gebacken wird. Als Vorrat für den langen Winter wird Jukola zubereitet.

Das Fleisch von Rentieren und Elchen wird gekocht. Wild wird nur gekocht gegessen. Im Sommer sammeln die Frauen Beeren. Pilze werden gesammelt, getrocknet und als Gewürz für Suppen verwendet. Für den Vorrat werden Wurzeln gesammelt, die die Jukagiren Puljchi nennen. Dieses wertvolle Naturprodukt bewahrte die Menschen nicht selten vor Hungersnot. Aus den getrockneten Wurzeln wurde im Mörser Mehl gemahlen. Daraus wurden Fladen gebacken. Puljchi wird bis heute manchmal dem Tee zugesetzt, oder es werden Fischpiroggen damit gebacken.

Kleinfisch backen die Jukagiren gern am Lagerfeuer, Fischrogen und Innereien werden vorzugsweise gebraten. Die Leber des Nalims essen die Jugakiren mit Vorliebe roh. Aus Fischrogen und zerkleinertem Fisch werden Fladen gebacken.

Einmal war ich in Jakutsk zu Gast bei einer jukagirischen Familie. Das junge Familienoberhaupt war Sprachwissenschaftler und erforschte die paleosibirischen Sprachen, darunter das Jukagirische und die verloren gegangene tschuwanische Sprache. Beim Abendessen fühlte ich mich im Feinschmeckerparadies. Die Frau des Hauses experimentierte gern und verwandelte gewöhnliche Lebensmittel in außergewöhnliche Speisen. Sie bewirtete mich mit Rinderfilet mit Pilzen nach einem Rezept, das sie sich selbst ausgedacht hatte, mit Bohnencreme und Moosbeerenwodka, und zum Schluss gab es ein eigenwilliges Dessert: kleine Cherrytomaten, die zur Hälfte in dunkle geschmolzene Schokolade getaucht worden waren.

Rinderfilet mit Pilzen und Smetana

Zutaten:

1 Kilogramm Rinderfilet • 2 Esslöffel Öl • 1 bis 2 Esslöffel Senf
1 Esslöffel Weizenmehl • 200 Gramm Smetana (Schmand) • Salz
2 Esslöffel Butter • 50 Gramm getrocknete Steinpilze

Zubereitung:

Das Fleisch waschen, mit einer Mischung aus Öl und Senf bestreichen und 2 Stunden in einem geschlossenen Gefäß aufbewahren. Dann den überschüssigen Senf mit einem Küchentuch abtupfen. Das Fleisch mit Salz und Mehl bestreuen und in einer sehr heißen Pfanne von allen Seiten in Öl braun anbraten. Die getrockneten Steinpilze in Wasser kochen. Das Fleisch mit dem Öl in einen Bräter geben, etwas Sud vom Kochen der Steinpilze hinzugießen und 20 bis 25 Minuten im Backofen schmoren lassen. Das fertige Fleisch quer zu den Fasern in dicke Scheiben schneiden und auf einem Servierteller anrichten. Eine Sauce aus dem Bratensaft zubereiten, dafür die gekochten und zerkleinerten Steinpilze in den Bratensaft geben, etwas mit Mehl verrührte und gesalzene Smetana hinzugießen und alles erhitzen, den restlichen Pilzsud verwenden, wenn die Sauce etwas flüssiger werden soll. Das aufgeschnittene Fleisch mit dieser Sauce begießen, den Rest in einer Saucenschüssel servieren. Dazu passt gekochter Reis.

Jukola

Zutaten:
große frische Fische
Zubereitung:
Die althergebrachten Rezepte haben zu Recht ihre Bedeutung für den Alltag der Jukagiren bewahrt. Jukola wird aus großen Fischen zubereitet, die als Edelfisch gelten. Der frische Fisch wird geschuppt und ausgenommen. Das Fleisch wird von der Hauptgräte abgetrennt, die bis zum Schwanz herausgeschnitten wird. Das Filet wird in 4 Scheiben geteilt, dabei wird die Haut nicht verletzt. Auf der Innenseite werden nun diagonale Schnitte in Form eines Tannenbaums angebracht. Die Scheiben werden zunächst im Freien an einem sonnigen Ort an Haken getrocknet. Wenn die Oberfläche getrocknet, das Innere jedoch noch weich ist, werden die Stücke in der Jaranga über dem Herd aufgehängt. Hier wird die Jukola geräuchert und vollständig getrocknet.

Rohes Rind- und Rentierfleisch wurde von den Völkern des Nordens seit alters her in hauchdünn aufgeschnittenen Scheiben gegessen. In Europa wurde dieses Gericht 1950 von Giuseppe Cipriani in Venedig für die Gräfin Amalia Nani de Mocenigo erfunden. Der nämlich hatten die Ärzte abgeraten, gekochtes Fleisch zu essen. Cipriani nannte seine Erfindung „Carpaccio" zu Ehren des großen Malers Vittorio Carpaccio, der in der Zeit der Frührenaissance in Venedig gelebt hatte. Die rote Farbe, die er auf seinen Bildern verwendet hatte, kam der Farbe des Rindfleischs sehr nahe, und das neue Gericht wurde gleichsam ästhetisch geadelt.

Jukagirisches Carpaccio

Rohes, angetautes Rindfleisch oder Rentierfleisch (Filet oder Rücken) wird hauchdünn geschnitten. Bei den Jukagiren wird das rohe Fleisch mit verschiedenen Gewürzen gereicht, zudem mit Zitronensaft, Weißem Pfeffer oder Mayonnaise.

Echalank (Rentierfleischkrümel)

Im Sommer und im Herbst wird Rentierfleisch für den Wintervorrat vorbereitet. Stücke von Rentierfleisch werden in längliche Scheiben geschnitten, auf Fäden aus getrockneten Sehnen gefädelt und an einem gut durchlüfteten, sonnigen Platz aufgehängt. Wenn das Fleisch genügend getrocknet ist, wird es zerkrümelt und in kleine Säcke geschüttet. Diese Säcke werden in der Vorratsjurte an einem kühlen und trockenen Platz aufbewahrt. Vor der Verwendung werden die Fleischkrümel mit fein geschnittenem Rentierbauchspeck vermischt und gebraten. Statt Rentierspeck kann man auch Fischfett nehmen. Echalank wird als eigenständiges Gericht serviert.

Kulibacha

Zutaten:
frischer Fisch • Blaubeeren • Fischfett
Zubereitung:
Den frischen Fisch schuppen, ausnehmen und die Gräten entfernen. Das Fleisch zerstoßen und mit zerdrückten Blaubeeren vermischen, etwas Fisch-

fett hinzufügen. Kuljibacha gilt als eigenständiges Gericht und wird ohne Beilagen gegessen.

Fisch nach Magadaner Art

Zutaten:
Fischstücke • Zwiebeln • Schwarzbrot • Butter • Margarine
Zubereitung:
Es gibt ein originelles Rezept der Zubereitung von Fisch in Schwarzbrot. Die obere Kruste des Schwarzbrotes abschneiden und das weiche Brotinnere herauslösen. Nun in das Brot Fischstücke und Zwiebelringe schichten, etwas Butter hinzugeben. Dann das Brot wieder mit der oberen Kruste abdecken. Die Naht mit in etwas Wasser aufgelösten Brotkrümeln verstreichen. Den Brotlaib mit Margarine einstreichen und im Backofen 40 Minuten lang aufbacken.

Lachs-Soljanka

Zutaten:
500 Gramm Lachs • 1 Zwiebel • 1 Möhre • 1 marinierte Gewürzgurke
2 reife Tomaten • Salz • Schwarzer Pfeffer • Gewürze • Lorbeerblatt
Zubereitung
Den Fisch waschen und ausnehmen, schuppen, zerlegen, salzen, Fischstücke 30 Minuten kochen, aus der Bouillon herausnehmen, Fischfleisch von Haut und Gräten befreien, in mundgerechte Stücke schneiden. In einer Pfanne geriebene

Gibt es einen Brotkanten, bist du auch unter der Fichte im Paradies.

Sprichwort der Jukagiren

Möhre und fein gehackte Zwiebel anschwitzen, dann geriebene Salzgurke und fein gewürfelte Tomate hinzugeben. 5 bis 7 Minuten dünsten. Nun das Gemüse mit dem Fisch in die Fischbouillon geben. Salz, Pfeffer und Gewürze nach Geschmack hinzugeben. 10 Minuten köcheln, dann 10 Minuten ziehen lassen.

Fischrogengetränk

Zutaten:
Rogen der Renke • Salz
Zubereitung:
Den frischen Rogen von Renken sorgfältig zerstoßen, bis er eine flüssige Konsistenz angenommen hat. Salz hinzufügen, umrühren, abkühlen lassen. In Tassen abfüllen und als Erfrischungsgetränk reichen. Dieses gesunde und schmackhafte Getränk wird seit alters her zubereitet.

Jugakirische Fladen

Zutaten:
frischer Fisch • Wasser • Salz • Mehl • Fett zum Braten
Rentierfett oder Öl
Zubereitung:
Den frischen Fisch schuppen, die Flossen entfernen, Kopf und Schwanz abschneiden, ausnehmen, in kaltem Wasser waschen und zum Kochen bringen. Dann die Gräten entfernen und den Fisch in sehr kleine Stücke schneiden. Frischen Fischrogen von Schleim und Haut säubern, zerstoßen und mit den Fischstücken mischen, mit Salz abschmecken, Mehl hinzufügen, einen festen Teig herstellen und zu einem runden Fladen ausrollen. In einer gefetteten Pfanne ausbacken. Vor dem Essen wird der Fladen in Stücke gebrochen. Er wird mit geschmolzenem Rentierfett oder Öl gegessen.

Brynsa

Zutaten:
Rentiermilch • Lab
Zubereitung:
Rentiermilch wird mit dem Labmagen eines jungen Rentiers angesetzt und fermentiert. Den Frischkäse ausdrücken und servieren. Brynsa kann auch in Ledersäckchen gegeben und mit den Blättern des Iwan-Tees bestreut auf Vorrat zubereitet werden.

Aromatisierter Wodka mit sibirischen Moosbeeren

Zutaten:
½ Liter Wodka • 350 Gramm Moosbeeren • 250 Gramm Zucker
½ Liter Wasser • 2 Esslöffel getrocknete Minze
Zubereitung:
Die gewaschenen Moosbeeren zuckern, mit Wasser begießen, die Minze hineingeben und auf den Herd stellen. Aufkochen und einige Minuten ziehen lassen. Den Sud abseihen, die Beeren durch einen Durchschlag passieren und in den Sud geben, den Wodka angießen. In Flaschen füllen und bei Zimmertemperatur abkühlen lassen. Sobald das Getränk kalt ist, kann es getrunken werden.

Wer entlang der sibirischen Flüsse reist, trifft von Zeit zu Zeit auf einen Baum der Wünsche, an den Bänder geknüpft werden mit der Bitte, einen Herzenswunsch in Erfüllung gehen zu lassen. Auch ich habe mein Bändchen an einen solchen Wünschebaum in Sibirien angebunden. Mein Wunsch war, wieder und wieder nach Sibirien zurückkehren zu dürfen. Wie herrlich doch die Welt ist!

Rezepte eine Übersicht

Vorspeisen

Salate

Suppen

Kascha (Grütze)

Gemüsegerichte

Teigwaren

Fischgerichte

Fleischgerichte

Schwein

Kalb

Rind

Hammel

383

Fladen

Dessert, Gebäck, Kuchen